자유케 하라

세움북스는 기독교 가치관으로 교회와 성도를 건강하게 세우는 바른 책을 만들어 갑니다.

자유케 하라

초판 1쇄 발행 2020년 1월 25일
초판 2쇄 발행 2020년 2월 20일

지은이 | 이준
그린이 | 이진
펴낸이 | 강인구

펴낸곳 | 세움북스
등 록 | 제2014-000144호
주 소 | 서울시 마포구 양화로 78, 502호(서교동, 서교빌딩)
전 화 | 02-3144-3500
팩 스 | 02-6008-5712
이메일 | cdgn@daum.net

교 정 | 이윤경
디자인 | 참디자인

ISBN 979-11-87025-47-4 (03230)

자유케 하라

의의나무 곧 여호와의 심으신 바 그 영광을 나타낼 자라
이사야 61장 3절

세움북스

목차

저자가 드리는 글

'의의나무 사역'을 시작한지 10년이 되었습니다. 오늘도 살아계시고, 역사하시는 하나님께서 원하시는 교회의 모습이 무엇일까 처절하게 고민하고, 심각하게 우리들을 부인하고 실체적 십자가를 지고 살아가려 했습니다. 그렇게 사역 첫 해부터 나누었던 하나님의 말씀과 마음이 바로 이 책입니다.

그 사이 미국 로스엔젤레스에서 시작된 사역이 '오병이어 사역'이란 이름으로 오병이어 식당, 아버지 창고, 멕시코 바하 켈리포니아의 뿔라(BEULAH) 공동체, 브라질 상파울루의 여호와의 은총, 파보지데오스(FAVOR DE DEUS) 빈민 어린이 사역, 볼리비아 라파즈의 뿔라 카페, 대학생 선교사역, 그리고 지속되는 하나님의 명하심을 따라 땅끝까지 성령의 불로 타오르고 있습니다.

보내시는 나라마다 도시를 예수 그리스도의 이름으로 소란케하고, 처음부터 동일한 메시지를 가지고 나아가고 있습니다. 읽어보십시오. 그리고 왜 하나님께서 이렇게 뜨거운 불로 급하고 강하게 사용하고 계신지 확인해 보십시오.

우리 뿐 아니라, 수 많은 이들을 영혼육의 가난과 질병과 저주에서 자유케 했던 하나님의 메시지를 들어보십시오. 그리고 삶으로 적용하십시오! 자유케 될 것입니다.

1

하나님의 사람과 영적 전쟁

들어가는 말

교회에 발을 들이기 전에, 하나님의 이름을 부르기 전에, 먼저 하나님의 마음을 온전히 알 수 있다면 복이 있는 자라 생각됩니다. 누구나 다 그럴 수만 있다면 긴 세월을 함부로 낭비하거나 그릇되게 신앙생활을 하는 일이 적으리라 믿습니다. 그런 마음으로 이 시리즈를 시작합니다. 먼저 환영합니다. 의의 나무에 관심을 갖게 되신 것을. 그리고 축하합니다. 왜냐하면 이 일은 우연히 일어날 수 없는 일이기 때문입니다. 오늘 이후로, 달라진 삶을 살 수밖에 없는 당신을 믿음으로 기대합니다.

주의 나라에서는 가장 연약한 자가 가장 강하게 쓰일 때가 많습니다

"형제들아 너희를 부르심을 보라 육체를 따라 지혜로운 자가 많지 아니하며 능한 자가 많지 아니하며 문벌 좋은 자가 많지 아니하도다 그러나 하나님께서 세상의 미련한 것들을 택하사 지혜 있는 자들을 부끄럽게 하려 하시고 세상의 약한 것들을 택하사 강한 것들을 부끄럽게 하려 하시며 하나님께서 세상의 천한 것들과 멸시받는 것들과 없는 것들을 택하사 있는 것들을 폐하려 하시나니 이는 아무 육체도 하나님 앞에서 자랑하지 못하게 하려 하심이라" (고전 1:26-29)

"우리 가운데 잘난 자가 많지 않다"고 했던 바울 사도의 말은 진심입니다. 그러나 누구든지 하나님께서 도와주시면 아무리 약하고, 못난 자도 강한 자이며, 잘난 자입니다. 땅 끝까지 불을 던지게 될 예수 그리스도의 능력이 있는 자입니다. 아이나 어른이나, 죽어 가는 병자라도 그 사람이 하나님의 영으로 채워짐을 받아 성령 충만해지면 세상을 바꾸어 놓을 불덩어리로 쓰실 수 있는 분이 하나님이십니다. 그러므로 지금 당신은 하나님의 약속 이하를 생각하거나, 바라보지 않도록 스스로 싸워야 합니다. 만약 지금 그런 그릇된 생각을 한다면 그 생각을 멈추십시오. 그리고 그 생각들을 버리기로 작정하십시오. 그렇지 않으면 지금 당신의 자유의지를 존중하시는 하나님의 공의 때문에 당신에게 허락하시길 바라는 선하신 뜻을 막게 됩니다. 또 분별력이 없어지고 사탄에게 속게 됩니다. 잊지 마십시오. 하나님께서는 그 누구에게나 동일하고 공평하게 역사하십니다.

세상엔 많은 소리가 떠돌아다니고 있습니다. 그러나 오늘의 이 소리는 당신을 살리는, 영혼을 향한 글소리가 될 것입니다. 그러나 그러기 위해선 정직한 반응이 필요합니다. '정직한 반응'은 겸손한 자들만이 할 수 있는 일입니다. 당신은 지금 겸손합니까? 겸손하다면, 분별을 통하지 않은 본인의 판단과 감정을 신뢰하지 않아야 합니다. 그것이 하나님을 신뢰하는 것의 시작입니다.

하나님께서는 지금도 당신의 중심을 보고 계십니다. 생각의 자유함 속에서 진리를 찾고, 진실을 추구하는 마음과 선을 향한 의도가 있다면 하나님께서 지금 이 순간 당신을 자유케 하시는 일을 시작하실 것입니다.

성경은 우리를 향한 살아계신 하나님의 사랑의 메시지입니다

성경은 우리를 향하여 쓰여진 살아 계신 하나님의 사랑의 메시지입니다. 이 메시지를 스스로 보거나, 듣거나, 아니면 누구의 전달을 통해 알게 될 때, 누구든지 하나님의 사랑을 경험할 수 있는 기회가 주어지게 됩니다. 이때 이 메시지를 듣는 사람이 자유의지로 하나님을 밀어내거나 받아들일 수 있습니다. 이 영적인 사건이 각자의 자유의지를 통해 결정되고, 또 그 결정은 하나님과 온 우주가 바라보는 가운데 기록됩니다. 하나님께서는 그 결정을 그분의 성품으로 인해 존중해 주십니다. 한 영혼, 한 영혼마다 창조하신 전부를 대하듯 하시는 하나님의 당신을 향한 주시하심을, 그분의 귀와 눈동자를 의식하길 바랍니다.

하나님의 단 하나 밖에 없는 아들, 예수님께서 이 땅에 오신 이유!

예수님께서 성령(하나님의 영)께 이끌리어 광야에서 40일 동안 금식하신 이후 처음 회당에서 가르치시며, 이 땅에 오신 이유를 직접 말씀하시는 부분이 누가복음 4장 18-19절입니다.

> "주의 성령이 내게 임하셨으니 이는 가난한 자에게 복음을 전하게 하시려고 내게 기름을 부으시고 나를 보내사 포로된 자에게 자유를, 눈 먼 자에게 다시 보게 함을 전파하며 눌린 자를 자유롭게 하고 주의 은혜의 해를 전파하

게 하려 하심이라 하였더라" (눅 4:18-19)

이 말씀은 구약에 미리 오래전 예언되었던 말씀으로써 이사야서 61
장 1-3절 말씀 중 일부분입니다.

> "주 여호와의 영이 내게 내리셨으니 이는 여호와께서 내게 기름을 부으사 가
> 난한 자에게 아름다운 소식을 전하게 하려 하심이라 나를 보내사 마음이 상
> 한 자를 고치며 포로된 자에게 자유를 갇힌 자에게 놓임을 선포하며 여호
> 와의 은혜의 해와 우리 하나님의 보복의 날을 선포하여 모든 슬픈 자를 위
> 로하되 무릇 시온에서 슬퍼하는 자에게 화관을 주어 그 재를 대신하며 기쁨
> 의 기름으로 그 슬픔을 대신하며 찬송의 옷으로 그 근심을 대신하시고 그들
> 로 의의 나무 곧 여호와께서 심으신 바 그 영광을 나타낼 자라 일컬음을 얻
> 게 하려 하심이니라" (사 61:1-3)

예수님은 이 땅에 오신 이유가 하나님이 필요하다고 정직하게 고백
하는 영혼들, 즉 하나님을 몰라 영혼의 가난을 느끼는 자들을 위해서
라고 외치십니다. 모든 영혼들을 억누르고 있는, 눈에 보이지 않는 존
재들을 향해 전쟁을 선포하시며, 이젠 그들이 더 이상 포로로 묶여 있
지 못하도록 하겠다고 하셨습니다. 또 그들의 눈 먼 영혼을 다시 보게
함으로, 모든 눌림에서 자유케 하시고, 이 모든 사건을 단지 하나님의
거저 주시는 은혜로 이루어지게 하겠다고 외치셨습니다. 이 예수님의
외침 속에서 주시해야 할 사실은 이 일이 이루어지기 위해, 먼저 '주 여
호와의 영'이 예수님에게 임해야 했으며, 그 이후 예수님에게 임하셨
던 그 신, 즉 성신 혹은 성령이라 불리는 '하나님의 영'이 우리 안에도
들어오셔야 된다는 것입니다.

예수님이 오시기 전, 먼저 하나님께서는 요한이라는 선지자를 보내시고 물로 세례를 주시는 일을 하게 하십니다. 세례란 간단히 말해서 '죽음'을 의미합니다. 그러나 사탄과 그의 어둠의 영들은 오랫동안 이 세례에 대해 그릇된 생각을 교회에 심어 놓았습니다. 세례를 말할 때 갖은 수식어와 미사여구가 많지만 정작 세례의 원래의 뜻인 죽음을 강조하지 못하게 할 때가 많습니다. 세례는 '새로 태어남'이라고 많이들 말하지만, 태어남을 위한 '죽음'을 빼놓고 이야기할 수는 없겠지요. 확실한 것은 죽음이 없이는 새로 태어날 수 없기에, 반드시 죽음을 다루어야 한다는 것입니다. 이 죽음의 개념을 분명히 하기 위한 것이 바로 '세례들'입니다.

앞서 언급한 '성령'이라는 하나님의 영이 우리 안에 들어오시기 위해서는 두 번의 세례가 필요합니다. 이 일을 위해 하나님께서는 우리에게 세례 요한이라는 선지자(先知者, 하나님의 마음을 먼저 보게 된 자)를 통해 "회개하라! 천국이 가까이 왔느니라"고 외치게 하십니다. 이 외침은 많은 사람들의 생각과는 달리 두려움이나 괴로움을 반영하기 보단 '천국으로의 초대장' 같은 것이었습니다. 이 초대장의 의미는 초대받은 자가 스스로의 어둠들을 들여다보고, 이젠 더 이상 그럴 필요가 없다는 것을 깨달아 알아, 오랫동안 스스로를 속여 왔던 그 죽음 같은 어둠들을 향해 '죄로 인한 모든 고통과 어둠들을 죽이는 믿음의 행위'를 하라는 것입니다. 두 번의 세례 중 첫 번째 세례인 소위 '물세례'라고 하면 물에 들어갔다 나오는 의식을 말하기는 하는데, 사실 눈에 보이는 의식은 하나님이 보시기에는 과히 중요하지 않습니다. 진정한 물세례는 우리 눈에 보이는, 또 마시는 '물(H2O)'의 개념이 아닙니다. 온전한 '물세례'란 속지 아니하시는 하나님 앞에서 진정으로 죄를 뉘우치고, 죄라고 불리는 모든 어둠의 실체에 대해 "원하느냐? 원치 아니하느냐?" 하는 질문을 스스로에게 정직하게 물어보며, 이 질문에 대해 진실한 마음으로 대답하는 선택의 행위를 말합니다. 이때 기억나는 모든 죄는 물론이고 미처 기억하지 못하는 모든 죄들마저도 포함해서 생각해야 하겠지요.

눈에 보이는 물이 아니라 하더라도, 지금 우리를 보고 계시는 하나님 앞에서 차라리 한 방울의 진정한 눈물로 스스로를 씻으려 하는 마음이 중요합니다. 그렇게 진심으로 노력하려 한다면, 지금 우리의 중심을 보시는 하나님 앞에서 그 마음을 확연하게 드러내게 되는 것입니다.

본인은 물론 사람들에게 보이는 '물세례의 예식'이 중요한 것이 아니라 살아계신 하나님께서 보시기에 숨길 수 없는 마음 깊이 있는 양심이 살아나야만 하는 것 말입니다.

**그 정직한 마음, 돌이킨 양심을 하나님에게 들키는 그 순간에야
비로소 두 번째 세례인 '성령세례'를 구할 수 있게 됩니다**

"물은 예수 그리스도께서 부활하심으로 말미암아 이제 너희를 구원하는 표니 곧 세례라 육체의 더러운 것을 제하여 버림이 아니요 하나님을 향한 선한 양심의 간구니라"(벧전 3:21)

분명히 하나님께서는 이 약속을 지키기 위해서 예수님을 보내셨으

며, 예수님은 성령 하나님을 우리 안에 들어오게 하시려고, 먼저 우리의 모든 죄 들을 십자가에서 본인의 몸 위에 옮겨 놓으시고 우리 대신 죽으심(예수님의 세례)으로 그 계획을 이루셨습니다. 물론 이 사건은 영적인 전쟁이 치열하게 일어나는 일이라 들어도 이해할 수 없을 수도 있지만, 혹 이 글을 대하는 당신이 하나님께서 미리 마음을 준비시키시고, 벌써 그 삶을 만지시고 있을 수도 있기에 먼저 나누었습니다. 그럼 이제 그냥 진도 나가겠습니다.

그렇다면 우리를 누르고 있는 이 영적인 존재들은 누구이며, 무엇인지 살펴 보겠습니다.

하나님의 허락 속에 있는
영적 전쟁의 배경과 역사

창세기 1장 1절과 2절 사이에 가로놓였던 거대한 영적 전쟁의 실체

성경 속의 순서와 내용은 하나님께서 그분의 의도대로 허락하신 이유들이 있습니다. 영원의 시작과 영원의 보이지 않는 끝 사이의 공간 속에서 제시하시는 하나님의 방법은, 스스로 그 방법을 선택하신 완전하신 이유가 있습니다. 우리 모두가 분명히 알아야만 할 것은, 하나님의 의도적인 계시와 진리로 깨우침을 받는 일은 그분이 약속하신 성령님의 인도하심 안에서만 가능하다는 사실입니다. 그러니 이 말씀을 읽거나 들을 때 하나님만을 의지하길 바랍니다. 전하는 자가 누구라 할지라도 '그들로 깨닫지 못하게 숨긴 바 되었다'면 어찌하겠습니까(눅 9:45)?

> "우리가 이것을 말하거니와 사람의 지혜가 가르친 말로 아니하고 오직 성령께서 가르치신 것으로 하니 영적인 일은 영적인 것으로 분별하느니라 육에 속한 사람은 하나님의 성령의 일들을 받지 아니하나니 이는 그것들이 그에게는 어리석게 보임이요, 또 그는 그것들을 알 수도 없나니 그러한 일은 영적으로 분별되기 때문이라"(고전 2:13-14)

하나님의 말씀의 시작인 창세기 1장 1절을 보면

"태초에 하나님이 천지를 창조하시니라(In the beginning God created the heavens and the earth)"라는 구절이 나옵니다. 여기서 천지라 하는 것은 영적인 세계와 물질적인 세계 전부를 말합니다. 우리가 영적인 이야기를 할 때 그리고 특별히 영이신 하나님의 말씀을 접할 때 영적인 사건들을 하나님의 안목에서 볼 수 있어야 합니다. 그러나 이 일은 반드시 하나님의 허락 안에서 '계시'라는 은혜 속에서만 가능합니다. 은혜 속에 허락된 계시의 말씀으로 하나님께서 이 땅의 인간들을 창조하신 이유가 '하나님의 영광을 나타내기 위해서'라고 말씀하셨습니다. 그런데 왜 하필이면 그 일을 아무런 영적인 힘과 능력이 없는 우리를 통하여 하셔야만 했는지 설명하시는 비밀의 사건이 바로 창세기 1장 1절과 2절 사이에 있습니다.

참고로 하나님의 말씀, 창세기 1장 1절과 2절 사이의 시간적 공백과 영적인 사건들의 공백에 대해 설명하시는 것이 이사야 14장 11-20절, 에스겔 28장 11-19절, 그리고 요한계시록 12장 4절과 7-9절입니다. 또, 예수님과 사탄(Lucifer)의 광야에서의 사건과 그 전후에 일어난

마태, 마가, 누가, 요한복음의 수많은 사건들로도 이 전후의 사실을 알수 있습니다.

루시퍼와 타락한 천사들: 에스겔 28장 11-19절

하나님께서 아담과 하와를, 즉 인간들을 창조하시기 전에 Heavens (천상들)라 불리는 영적인 세계와 질서를 하나님의 영광을 위해 창조하셨습니다. 이를 계시로 드러내신 곳이 여러 군데 있는데 그 중에 먼저 살펴보고자 하는 것은 에스겔 28장 11절부터 19절입니다. 이 일은 다시 강조하지만 인간의 창조 전의 사건입니다.

"여호와의 말씀이 또 내게 임하여 이르시되 인자야 (1) 두로 왕을 위하여 슬픈 노래를 지어 그에게 이르기를 주 여호와의 말씀에 너는 완전한 도장이었고 지혜가 충족하며 온전히 아름다웠도다 네가 (2) 옛적에 하나님의 동산 에덴에 있어서 (3) 각종 보석 곧 홍보석과 황보석과 금강석과 황옥과 홍마노와 창옥과 청보석과 남보석과 홍옥과 황금으로 단장하였음이여 네가 지음을 받던 날에 너를 위하여 (4) 소고와 비파가 준비되었도다 너는 (5) 기름 부음을 받고 지키는 그룹임이여 내가 너를 세우매 네가 하나님의 성산에 있어서 (6) 불타는 돌들 사이에 왕래하였도다 네가 지음을 받던 날로부터 네 모든 길에 완전하더니 (7) 마침내 네게서 불의가 드러났도다 네 (8) 무역이 많으므로 네 가운데에 강포가 가득하여 네가 범죄하였도다 너 지키는 그룹아 그러므로 내가 (9) 너를 더럽게 여겨 하나님의 산에서 쫓아냈고 불타는 돌들 사이에서 멸하였도다 (10) 네가 아름다우므로 마음이 교만하였으며 네가 영화로우므로 네 지혜를 더럽혔음이여 내가 (11) 너를 땅에 던져 왕들 앞에 두어 그들의 구경거리가 되게 하였도다 네가 죄악이 많고 (12) 무역이 불의하므로 (13) 네 모든 성소를 더럽혔음이여 내가 네 가운데에서 불을 내어 너를 사르게 하고 너를 보고 있는 모든 자 앞에서 너를 땅 위에 재가 되게 하였도다 만민 중에 너를 아는 자가 너로 말미암아 다 놀랄 것임이여 네가 공포의 대상이 되고 네가 영원히 다시 있지 못하리로다 하셨다 하라" (겔 28:11-19)

말씀을 쉽게 이해하기 위해 번호순으로 설명하려 합니다. 먼저 (1)번으로 표기된 '두로 왕'이라는 단어를 살펴볼까요? 우리가 역사를 통하여 알고 있는 한, 두로에는 왕이 없었고 방백만이 있었을 뿐입니다. 그렇다면 그 두로 왕은 누구인가? 그 답은 두로 왕으로 묘사된 자에게 선포된 심판을 보면 명백해집니다. 방백들의 뒤에서 인간의 눈에는 보이지 않지만 그들을 배후에서 조정하고 움직여 나가는, 즉 왕 노릇 하는 자가 있었으니 그가 바로 두로 왕이라 불리는 마귀이자 사탄이었습니다.

하나님께서는 영원히 패배하는 자, 사탄에 대해 정확하게 말씀하고 계시며, 두로의 지상 통치자 배후의 힘이 사탄이 된 루시퍼라는 것을 확증해 주십니다. 성경에 등장한 사탄을 보면 뱀(Serpent, 창 3:15)이라는 다른 이름이나, 혹 다른 중간자를 통하여 그의 영향력을 행사하려는 것을 자주 볼 수 있습니다. 재미있는 사실은 성경학자들이 성경을 풀어 번역하는 과정에서 원래 쓰였던 히브리 단어들을 번역할 때에 번역자들이 선택한 단어들의 부적당함과 부족함이 있었을 수 있다는 사실입니다. 히브리 단어 נָחָשׁ 'nachash' 영어로 번역된 Serpent 즉 한국말로 '뱀'이라고 번역된 단어는 동물 중에 하나인 것으로 표현이 되었지만 히브리 언어의 뿌리를 살펴보면 크게 세 가지 다른 단어의 형태로 볼 수 있기도 합니다. 크게 세 가지라 함은 첫째는 명사적 해석이 Serpent, 즉 '독사'라는 표현이 될 수 있고 둘째는 동사의 뿌리를 들어 deceiver, divider, 즉 '속이는 자', '나누게 (이간)하는 자'라는 뜻으로 해석될 수 있으며, 형용사적 뿌리(어원)를 사용하면 'Shining One' 'Brazen' 'Bronze'란 뜻들로 볼 수 있다는 재미있는 사실입니다. 여기서 형용사적 어원으로 해석을 하면 루시퍼(Lucifer)의 이름, 즉 하나님의 영광의 빛에 힘입었던 '빛나는 자'로 해석할 수도 있겠으나 성경의 말씀들을 종합해 보았을 때, 'brazen' 즉 하나님께 반역을 꾀함으로 '스스로를 향한 욕망의 불에 타 버린자'나 '그을린 자'로 해석하는 것이 바른 해석이라 여겨집니다. 분명한 사실은 그 영적인 배후의 세력을 하나님께서는 극명하게 성경에서 드러내셨다는 것과 하나님의 말씀 자체가 인간의 육신의 모습으로 우리에게 오신 예수님의 말씀과 사역들 속에서도 나타난다는 사실입니다

예를 들어, 베드로가 잠시 동안 적(사탄)이 자신의 생각을 주장하게끔 하자 예수님도 자신의 제자 베드로에게 "사탄아, 내 뒤로 물러가라"며 함께 있던 숨겨진 영을 드러내시며 말씀하시는 장면을 성경 속에서 볼 수도 있습니다(마 16:23).

이렇게 설명한 것처럼, 우리가 살고 있는 세상의 많은 사람들과 권력의 배후에는 그들로 악을 행하게 하는 어둠의 영의 세력들이 있다는 것입니다.

다시 위의 번호 순서대로 설명해 나간다면, 사탄은 (2) '옛적에 하나님의 동산, 에덴'에 있었는데 그 동산은 아담이 거닐던 '동방의 에덴(garden in the east, in Eden)'이 아닌 '하나님의 동산 에덴(in Eden, the garden of God)'을 말합니다. '에덴'이라는 것은 하나님께서 통치하시는, 거니시는 곳으로서, 두 곳이 서로 다른 '에덴'임을 알 수 있습니다. 그래서 창세기에 하나님께서는 "동방의 에덴에 동산을 창설하시고"(창 2:8)라고 부연설명을 해 놓으셨습니다.

또 하나님께서는 그가 누구였으며, 어떤 지위에 있었는지 설명해

주시는데, 그가 지음을 받을 때 (3) '각종 보석으로 단장되어 있었다'고 하십니다. 여기서 보석들이란 여러 가지 '영적 능력'들과 영적인 존재들이 귀하게 여기는 '가치성'들을 함축적으로 설명하는 말입니다. 우리 현재의 과학이나 자연적 두뇌의 이해로 불가능하지만 거짓이 없는 하나님의 속성에 의해 우리에게 계시하신 하나님의 단어는 각 보석들이 내포한 영적인 에너지의 함수나 형식이 단어에 따라, 정확한 표현이기에 그렇게 하셨다고 믿습니다.

우리가 정확하고 자세하게 알 수 없는, 아니면 알 필요가 없는 것일 수는 있으나, 그래도 하나님께서 우리가 꼭 알기를 바라셨던 것은 그가 엄청난 우리의 상상을 초월하는 힘과 능력이 있었다는 것입니다. 그러나 이 모든 힘과 능력은 오직 하나님께 비롯되었으며, 하나님의 영광을 위해, 그분의 뜻에 따라 언제든지 변할 수 있고 또 그 선후도 뒤바뀔 수 있다는 사실을 알아야만 합니다.

찬양을 담당하며 왕, 제사장, 선지자의 역할을 감당했던 루시퍼

말씀을 보니, 그가 지음을 받던 날에 (4) "소고와 비파가 준비되었도다"는 표현을 통해 루시퍼가 하나님 앞에서 특별한 찬양을 하는 자였다는 것을 나타내십니다. 그리고 루시퍼가 찬양의 기능을 담당할 때, 그가 사용할 수 있도록 특별히 고안(?)된 악기가 나옵니다. 이 소고와 비파는 지금 사람들이 사용하는 악기가 아닌 루시퍼만을 위해 그와 더불어 창조된 악기들입니다.

또 그를 보고 (5) "기름 부음을 받고 지키는 그룹임이여"라고 말씀하셨습니다. 이 기름 부음이란 하나님께서 왕이나 제사장, 선지자를 세우실 때 하셨던 것으로 루시퍼가 그때는 왕과 제사장 그리고 선지자의 역할을 감당했다는 것을 시사하며, '지키는 그룹(Guardian Cherub)'이라는 것은 '덮는다' 즉, '통치한다'는 뜻과 '그룹(Cherub: High Ranking Angel)', '높은 자 위에 있는 천사'라는 단어가 합하여, '통치하는 위치에 있는 자', 즉 하나님의 보좌를 받들고 있는 천사들 가운데서도 가장 높은 자리에 있었던 자였다는 것을 말합니다. (6) '불타는 돌들(fiery stone) 사이'라는 것은 하나님과 피조물 사이에 있는 '거룩, 거룩, 거룩(완전)한 공간'(지극히 거룩함을 나타내는 표현으로 거룩함의 한계, 거룩함의 극대화)을 말하며, 하나님께서 그 사이를 제사장이었던 루시퍼가 홀로 왕래하게 하셨다는 것입니다.

이같이 온 우주의 예배를 주관했던 루시퍼가 왕래했던 '불타는 돌들 사이(among the fiery stones)'는 다른 피조물의 접근이 허용되지 않았습니다. 하나님만 온전히 거룩하시기 때문에, 완전한 거룩에 미치지 않는 모든 영적인 불순물과 악(죽음의 흔적)은 거룩한 생명의 공간 안에는 존재할 수 없었습니다. 그로 인해 그 거룩한 생명의 공간을 침범하면 불완전한 생명들은 그 안의 죄악으로 인해 소멸될 수밖에 없게되었습니다. "이는 하나님의 완전하신 거룩하심의 속성중에 '불멸함'이 있으셨고 '완전한 거룩'에 미치지 못한 자는 '멸함'을 받을 수밖에 없었기에 '생명의 속함'이 도로 하나님께 취해지어, 그로 인해 '생명을 잃게 되는 현상'이 일어나야만 했습니다.

그래서 그 거룩한 공간을 왕래 하는 일을 수행하기 위해선, 특별히 고안된 소고와 비파 즉, 하나님의 은혜의 손길로 직접 창조된 특별한 찬양의 능력, '은혜의 악기들'로만 가능한 특별한 찬양의 능력이 절대로 필요했습니다. 이처럼 하나님께서 선물로 허락하신 은혜의 '찬양 능력'은 하나님께 가까이 갈 수 있도록 하나님으로부터 허락된 방법이 었기 때문이었습니다. 그래서 하나님을 향한 온전한 찬양은 하나님의 은혜만을 절대적으로 의지해야 하는 일이며, 하나님의 영광만이 드러 나야 하는 일이기도 한 것입니다.

우리도 하나님을 신령과 진정으로 찬양하기 위해 창조되었기에 은 혜의 예수님으로 인해 우리를 향한 하나님의 원래의 의도가 회복되면 그 어느 피조물도 접근할 수 없는 하나님의 거룩한 영광 가운데 있게 된다고 믿습니다. 그래서 신령과 진정으로, 찬양케 되는 은혜의 흐름 으로 바뀌게 되어 하나님의 영원한 물로 표현된 성령이 들어오시고, 예수 그리스도의 피 즉, 하나님의 영원한 피가 흐르게 되면, 물과 피(몸 안에 있는 전부)로 찬양하는 자에게는 때때로 하나님께서 원하실 때에 그와 함께하시는 하나님의 임재를 경험하게 하시는 것입니다.

그러나 그후에 그가 (7) '마침내 불의가 드러났다'고 하시며, 그 이유 를 바로 (8) '무역이 많으므로'라고 말씀하십니다. 즉, 중간자로써 이득 을 얻으려 했다고 하십니다.

오늘날 많은 믿음이 있다 하는 자들 가운데, 어느 단체의 사역자들 이나 목회자들 또 그 어느 누구라도 겸손하지 아니하면 루시퍼와 동 일한 죄를 저지를 수 있는 위험이 있습니다. 누구든 하나님과의 사이 에 '중간자'가 되려 하는 것은 악행이며, 루시퍼가 저지른 것과 같은 죄 를 짓게 되는 것입니다. 우리가 하나님이 허락하신 겸손한 믿음이 있 는 자들이라면, 항상 우리의 자아를 죽이고 오직 성령으로 인하여 누 구든지 오직 예수 그리스도와 더불어 직접 일맥상통하게 하는 것이 모든 하나님을 믿는 믿음의 자녀들이 해야 할 일입니다. 우리는 서로 그 냥 은혜로 인한 하나님의 축복의 통로일 뿐입니다. 진정한 인도자 되 시고 목자되신 분은 단 한 분, 예수님밖에 없습니다.

그다음 말씀에서는 가장 높이 하나님의 영광에 가까이 갈 수 있었 던 루시퍼의 교만과 이유가 (9)번과 (10)번에서 마침내 드러나게 되었 다고 설명하십니다. (루시퍼의 생각과 감정 상태는 이사야 14장 11절 이 후에서 다시 살펴보기로 하겠습니다.) 앞에서 언급한 것처럼 루시퍼는 불 타는 돌들 사이를 왔다갔다 무역하며, 왕 노릇과 제사장과 선지자 노 릇을 했었습니다.

그러나 그때 그가 누렸던 모든 것들이 풍성하면 할수록 교만하여져 서 스스로 경배를 받기를 원하는 불의를 나타내는 행위, 즉 하나님께 대한 반역을 도모하게 됩니다. 그 권세와 능력과 엄청난 권위와 특권 을 부여받았던, 강하고 아름다웠던 그의 존재 속에서 그의 불의(반역의 음모)는 루시퍼 스스로의 자유의지에 의해 생겨났습니다. 즉, 어쩔 수 없었다는 것이 아니라 본질적으로 스스로 악하기로 작정하여 저지른 무서운 죄악이었다는 것 입니다.

루시퍼의 죄의 본질은 자기를 높이려는 교만에서 온 반역이었습니 다. 하나님은 '유일무이'하신 분이시기에 그분의 영광을 부분적으로 탐 하여 나누거나 가로채려는 것은 곧 하나님을 죽이려는 것과 같은 무 서운 죄였던 것이었습니다. 루시퍼는 뛰어난 영물로서 하나님은 오직 한 분이라는 것을 너무나 잘 알고 있었습니다. 그리고 그 영광은 피조 물이 스스로 가질 수 없는 거룩함의 극치임을 알고 있었지만, 하나님 의 도움과 인도함 없이 자기가 하나님과 같이 되려 하여 '창조주의 영

24
자유케 하라

광'을 밟는 행위를 서슴치 않았습니다. 그것은 분명히 하나님을 '죽이려는 의도', 하나님을 향해 무서운 살기를 품은 사악한 반역의 의도였던 것입니다.

> "네가 아름다우므로 마음이 교만하였으며, 네가 영화로우므로 네 지혜를 더럽혔음이여 내가 너를 땅에 던져 열왕 앞에 두어 그들의 구경거리가 되게 하였도다" (겔 28:17)

하나님은 그를 땅(EARTH)에 던져 구경거리가 되게 하십니다
So I threw you to the earth;

"I made a spectacle of you before kings" (Ezekiel 28:17)

한 번도 스스로의 능력을 의심해 보지 않았던 루시퍼는 (10) '아름다우므로 교만'하여졌으며, 결국 하나님께서는 교만한 그를 더 이상 참지 아니하시고 (9) '그를 더럽게 여겨' 그를 불타는 돌들 사이의 자리(왕, 제사장, 선지자의 자리)에서 쫓아내고 멸하십니다. 이때 (13) '네 모든 성소'라고 말씀하시어 그가 제사장이었으며(오직 제사장에게만 성소가 부여되었기에) 하나님의 위대한 축복과 은혜를 받았음에도 불구하고 루시퍼, 즉 사탄은 직무유기를 범했다는 것을 설명하십니다.

하나님의 권위가 아닌 자기의 권위를 높이려는 그의 교만의 죄는 죄 중에서 가장 무서운 죄이며, 그로 인한 저주로 다른 모든 피조물까지도 물들게 하여 결국은 온 우주를 파괴하는 일도 서슴치 아니하였던 것입니다. 원래의 하나님의 의도, 즉 다스리고 통치하는 것을 허락하신 하나님의 축복을 도리어 다른 피조물들 위에 군림하고 저주로 바꾸려고 했던 그를 하나님은 땅(Earth)에, 즉 '지구' 위에 내리꽂아 던지 십니다(11).

이에 대한 설명으로 요한계시록 12장 3절부터 12절을 보게 되면 '큰 붉은 용, 옛 뱀, 마귀라고도 하고 사탄이라고 하는 그가 하늘에서 내쫓 길 때에 그의 사자들(타락한 천사들)도 그와 함께 내쫓기니라'(9절)고 말 씀하시며 '그 꼬리가 하늘의 별 삼분의 일을 끌어다가 땅에 던지더라'(4 절)고 설명하셔서 엄청나게 많은 수의 악령들(타락한 천사들)이 지구에 루시퍼와 함께 던져짐을 당했다고 말씀하십니다. 그 수에 대해서 우리 가 성경적으로 가늠을 해본다면, 계시록 5장 11절 말씀에 "내가 또 보 고 들으며 보좌와 생물들과 장로들을 둘러선 많은 천사들의 음성이 있 으니 그 수가 만만이요 천천이라"하여, 이를 수로 계산 하면 10,000 X 10,000 X 1,000 X 1,000= 100조(100,000,000,000,000)입니다. 그러나 여기서 100조는 하나님의 보좌 앞에 선 천사들의 수이고, 모든 천사의 수들이 아니니 그 엄청난 수를 가늠해 볼 수 있습니다.

이렇듯 성경에서는 그 천사를 별로 표현한 부분들이 있습니다. 앞 부분에 나온 이사야 14장 11절에서부터 13절 말씀 속에도 "너 아침의 아들 계명성이여", "내가 하늘에 올라 하나님의 뭇별 위에 나의 보좌를 높이리라", 욥기 38장 7절, "그때에 새벽 별들이 함께 노래하며 하나 님의 아들들이 다 기쁘게 소리하였었느니라", 사사기 5장 20절, "별들 이 하늘에서부터 싸우되", 마태복음 2장 2절, "유대인의 왕으로 나선 이가 어디 계시뇨 우리가 동방에서 그의 별을 보고……", 계시록 9장 1절, "다섯째 천사가 나팔을 불매 내가 보니 하늘에서 땅에 떨어진 별 하나가 있는데 저가 무저갱의 열쇠를 받았더라", 계시록 1장 20절, "네

본 것은 배 오른손에 일곱 별의 비밀과 일곱 금촛대라. 일곱 별은 일곱 교회의 사자(Angels)요. 일곱 촛대는 일곱 교회니라."

이렇게 별들과 천사들에 대한 성경의 설명들이 있습니다.

그렇게 루시퍼와 타락한 천사들이 땅에 던져짐을 당하고 아주 오랫동안(얼마 동안인지 정확하게 알 수 없으나) 그들은 하나님께서 통치하시는 우주 속에 허락된 '열왕'이라는 영적인 존재들과, 반역에 참가하지 않고 자유의지로 믿음을 지켰던 모든 나머지 천사들과 영물들 앞에서 구경거리이자 조롱의 대상이 되었습니다.

(13) '내가 네 가운데에서 불을 내어 너를 사르게 하고'

여기서 또 잠시 도움을 주기 위해 설명을 더하자면, 흔히들 말하는 지옥에 대한 이야기를 할 때나 그림을 그릴 때, 사탄이 삼지창 같은 것을 들고 불구덩이 속 지옥을 통치하는 힘이 있는 것처럼 표현하는 경우가 많습니다. 그러나 말씀에 의하면 사탄은 아직 지옥에 던져지지 않았습니다. 앞으로 반드시 던져질 것이지만 지금은 '공중권세 잡은 자'로서 잠시 이 땅에 허락되어 있습니다. 또 사탄과 그의 악령들은 하나님과 사탄을 백과 흑, 선과 악으로 나누어 마치 하나님과 사탄이 대등한 힘이 있는 것처럼 속이기를 원합니다. 그 이유는 열세에 있는 악령들의 힘을 사람들에게 우세한 것으로 속이려 하는 것입니다. 그 거짓을 사람들이 믿으면 믿을수록 악령들이 인간을 공격하기 쉽기 때문입니다. 그래서 문화를 사용해서도 흑백을 나누려 하며, 마치 하나님과 사탄이 선과 악의 비슷한 힘을 가진 것처럼 공격합니다. 그렇기 때문에 믿는 자들은 더더욱 올바로 깨달아야 하며, 올바로 깨닫게 된 진리로 마음과 생각을 지킬 줄 알아야 합니다. 믿는 자들은 무분별한 생각들과 이념들로부터 자유하게 되어 또 다른 영혼에게 진리를 선포하고 전함으로 말미암아 믿는 자들을 자유하게 하며, 동시에 악한 영들을 무장해제 하게 함으로 완전히 무력화시켜야 하는 것입니다.

이렇게 사탄의 가운데서 (탐욕과 복수심의) 불이 나와, 스스로의 죄악과 그로 인한 처절한 절망의 상태에 빠졌으며, 모든 자 앞에서 지구(땅) 위의 재(ashes), 즉 존재가치를 완전히 상실한 상태로 태워짐(brazen)을 당한 것입니다. 완전하신 하나님의 선하신 의도를 저버린 결과로 인해, 예배하기 위해 창조된 모든 축복들을 박탈당하게 된 것입니다.

이제 이사야 14장 11-20절 말씀을 통해 그들의 심적 상태와 죄질을 좀 더 자세히 살펴보도록 하겠습니다.

"네 영화가 스올에 떨어졌음이여 네 비파 소리까지로다 구더기가 네 아래에 깔림이여 지렁이가 너를 덮었도다 너 아침의 아들 계명성이여 어찌 그리 하늘에서 떨어졌으며 너 열국을 엎은 자여 어찌 그리 땅에 찍혔는고 네가 네 마음에 이르기를 내가 하늘에 올라 하나님의 뭇 별 위에 내 자리를 높이리라 내가 북극 집회의 산 위에 앉으리라 가장 높은 구름에 올라가 지극히 높은 이와 같아지리라 하는도다 그러나 이제 네가 스올 곧 구덩이 맨 밑에 떨어짐을 당하리로다
너를 보는 이가 주목하여 너를 자세히 살펴 보며 말하기를 이 사람이 땅을 진동시키며 열국을 놀라게 하며 세계를 황무하게 하며 성읍을 파괴하며 그에게 사로잡힌 자들을 집으로 놓아 보내지 아니하던 자가 아니냐 하리로다 열방의 모든 왕들은 모두 각각 자기 집에서 영광 중에 자건마는 오직 너는 자기 무덤에서 내쫓겼으니 가증한 나무 가지 같고 칼에 찔려 돌구덩이에 떨어진 주검들에 둘러싸였으니 밟힌 시체와 같도다 네가 네 땅을 망하게 하였고 네 백성을 죽였으므로 그들과 함께 안장되지 못하나니 악을 행하는 자들의 후손은 영원히 이름이 불려지지 아니하리로다 할지니라" (사 14:11-20)

마귀인 사탄을 섬기고 따라, 타락한 모든 천사들은 각각 하나님의 거룩함을 따르기 보단 자기들의 극이기적인 필요에 따른 유익과 반역을 통해 얻을 수 있는 영광과 이득을 탈취하기 위해 '자유의지'로 루시퍼를 따랐습니다. 어떤 학자들은 '루시퍼가 하나님께서 그들에게 허락하신 영광 이상의 것을 암시했을 것이다'라고 추측하기도 합니다. 분명한 사실은 그들이 자원하여 루시퍼를 따랐으며, 루시퍼가 그랬던 것처럼 그들도 하나님처럼 되려고 하는 같은 죄성을 가지고, 함께 내쫓김을 당했다는 것입니다.

그렇게 악마이자 사탄인 루시퍼가 하나님을 반역한 이후, 우리가 살고 있는 현재의 지구에 갇혀 그와 같이 던져짐을 당한 수많은 타락한 흑암의 천사들의 무리와 함께 거하며 저항하려 했지만 우두머리로써 아주 오랫동안 죽음 같은 어둠 속에서 '온 힘으로 땅을 긁으며 이를 부득부득 가는 것밖에는' 할 수 있는 것이 없었습니다. 또 그들은 온 우주의 하나님의 천사들과 모든 영들이 그들을 경멸의 눈으로 바라보며 '세계를 황무하게 하며 성읍을 파괴하며 그에게 사로잡힌 자들을 집으로 놓아 보내지 아니하던 자가 아니냐(사 14:17)라고 비웃는 소리를 들어야만 했습니다.

이사야 14장 11절에서는 '네 영화가 음부에 떨어졌음이여'라고 하나님은 표현하셨으며, '한때 높이 울리던 그의 찬양의 비파소리까지도 즉, '그의 모든 뛰어남 마저도 썩어져 갔고' 그 위에 구더기와 지렁이가 덮이듯이 어둠 속으로 떨어지게 되었다'고 하셨습니다.

'스스로를 높이려는 마음'이 그를 악마,
사탄이 되게 한 루시퍼의 '죄의 중심생각'입니다

이사야 14장 12-14절을 보면 도대체 왜 그가 땅(지구)에 찍혔는가 (cast down to the earth)에 대해 설명되어 있습니다. 그가 그의 마음에 이르기를

(1) 내가 하늘에 오르리라

(2) 하나님의 뭇별 위에 내 자리를 높이리라

(3) 내가 북극 집회의 산위에 앉으리라

(4) 가장 높은 구름에 오르리라

(5) 지극히 높은 이와 같아지리라

루시퍼는 이 죄들을 지은 것입니다. 영어로 다섯 번의 **I will**이라는 '내가 하리라'고 울부짖는 단어가 나옵니다. 루시퍼가 스스로 하나님이 되겠다는 결정을 다섯 번이나 하는 가운데, 하나님께서 거룩과 사랑으로 통치하시는 천국을 부셔버리고, 자신의 극이기주의적인 유익만을 위해 반역을 꾀하고 훔치고 강도질하여 찬탈하려는 마음, 사악한 폭력으로 가장 높은 보좌를 차지하려는 마음, 모든 권세를 얻으려는 마음, 가장 높은 영광을 차지하려는 마음, 스스로를 제일 위로 높이려는 이 칠흑같이 어두운 마음들이 그를 악마, 사탄, 거짓의 아비가 되게 한 것이었습니다. 이 추악함들과 사악함들이 루시퍼 스스로의 중심에서부터 넘치고 쏟아져 버려, 그를 송두리째 타 버리게 한 '더러운 불'의 영적 쓰레기 더미가 되어버렸습니다.

물론 오늘도 사탄은 하나님의 사람들을 같은 생각으로, 같은 죄악

들의 모습으로 몰아가려 하고 있습니다. 또 수많은 사람들은 사탄과 같은 생각에 동의하여, 비슷한 성품으로 어둠에 눈이 멀어, 영적인 살기를 품에 안은 채로 영원한 어둠(지옥)으로 끌려가고 있는 것도 사실입니다.

그런데 하나님께서는 이 모든 것을 단번에 사탄과 그의 무리들을 사라지는 안개와 같이 없어지게 하실 수도 있으나, 그들의 능력을 빼앗지도 아니하시고 그들의 악한 의도를 없애지도 아니하시고 도리어 한 곳에 모으사 땅에 찍어버리심으로 온 우주로 하여금 하나님의 영광을 바라보도록 계획하셨습니다. 그때에 시작되는 사건이 창세기 1장 2절 이후로 일어나는 사건들입니다.

창세기의 비밀과 계시: 창세기 1장 2절-3장 24절

"태초에 하나님이 천지를 창조하시니라 땅이 혼돈하고 공허하며 흑암이 깊음 위에 있고 하나님의 영은 수면 위에 운행하시니라" (창 1:1-2)

창세기 1장 2절부터 전개되는 사건들은 어둠의 세력들에 의해 아주 오랫동안 왜곡되어 왔던, 그러나 영적 전쟁의 전체적인 실마리를 쥐고 있는 중요한 일들입니다. 누구든지 하나님의 말씀과 말씀 안에 있는 하나님의 진정한 의도를 어떤 이유든지 왜곡되게 받아들였을 때에 오는 결말은 너무나도 비참합니다. 인류의 역사적인 사건가운데 하나로,

사탄은 인류의 역사 속에 다윈(Dawin)의 『종의 기원』이라는 책의 발표 이후 창세기 초반의 사건들을 지극히 야만적이고 진화(?)가 덜 되었으며, 우스꽝스럽고 혹은 만화같이 하찮게 들리는 이야기로 전락시키려 했습니다. 이렇게 어둠의 세력들은 여러 가지 방법으로 오랜 세월 동안 하나님의 나라를 공격해 왔습니다.

그러나 하나님의 성령이 있는 사람들로 인하여 하나님의 진리는 전해져 내려왔고, 끊임없이 하나님의 사람들을 거듭나게 해 왔습니다. 그 일을 오늘 당신이 경험하기를 바랍니다.

오직 하나님과 대화할 수 있는 능력만으로,
하나님께서 지으신 모든 것을 다스리게 하신 하나님

사탄과 그의 무리들이 오랫동안 어둠 속에 갇힌 이후, 어둠에 익숙하여 눈이 점점 멀어가려 할 때에, 갑자기 하나님께서는 지구 위에 천상의 거룩했던 영광의 모습을 비추기 시작하십니다. 두려움에 놀란 그들을 뒤로 하고 하나님께서는 "우리의 형상을 따라(성부, 성자, 성령) 우리의 모양대로(성부, 성자, 성령) 우리가 사람을 만들고 그들로 바다의 물고기와 하늘의 새와 가축과 온 땅과 땅에 기는 모든 것(creatures that move along the ground, 즉, 패배한 자에 대한 또 다른 시적 표현)을 다스리게 (Rule over) 하자"(창 1:26) 하시고 남자와 여자를 창조하셨습니다. 그리고 하나님께서는 아담과 하와에게 하나님께서 창조하신 바다의 물고기와 하늘의 새와 가축들을 다스리는 권세를 주시고, 또 온 땅과 땅에 기는 모든 것을 다스리게 하십니다. 다시 한 번 말하지만 여기서 '땅에 기는 모든 것'은 패배한 모든 것들을 포함해서 말씀합니다. 그래서 창세기에 사탄인 루시퍼를 원래의 이름으로 불러주지 아니하시고, 예수님께서도 당시의 시대적 상황과 이해함을 고려하신, 그러나 정확한 성경적 표현인 옛뱀이라 말씀하신 것입니다. 계시록 20장 2절 말씀에 "용을 잡으니 곧 옛뱀이요, 마귀요, 사단이라" 하셨습니다. 그러나 그 말씀이 '뱀'이란 동물 자체가 사단이라는 것은 아닙니다. 즉, 하나님께서 아담과 하와에게 루시퍼와 그를 따르는 모든 어둠의 세력들 마저도 다스리게 하신다는 것입니다.

그때 사탄과 그의 무리들은, 하나님께서 자신들이 내동댕이쳐진 땅 (지구)의 아무것도 아닌 흙 한 줌으로 인간을 만드시고, 사탄과 그 무리들과는 달리 인간에겐 아무런 특별한 영적 능력도 주지 않으시고, 오직 하나님의 생기를 그 코에 불어넣어 생령이 되게 하시는 것을 보았습니다.

하나님과의 올바른 관계는 바로 하나님과 거룩한 대화를 할 수 있는 능력

그리고 인간에게 은혜로 허락된 단 하나의 능력인 하나님의 생기로, 즉 하나님과 대화할 수 있는 신비스런 능력을 허락하십니다. 그리고 그 거룩한 대화의 능력만으로 아담과 그의 아내에게 교만이 하늘을 찔렀던 루시퍼와 그를 따랐던 타락한 천사들을 다스리게 하신 하나님께 악마와 그의 군대들은 말대꾸 한번 하지 못한 채 온 우주 앞에서 창피와 수모를 당해야만 했습니다. 그로 인하여 오직 완전한 능력은 여호와 하나님께로만 비롯된다는 것이 생명이 있는 모든 자들(영적인 존재들까지) 앞에서 증명이 되었습니다.

끝까지 자신들의 것이라고 생각했던 엄청난 영적인 능력들로 교만

했던 그들에게, 하나님께서는 그들의 능력들과 힘들을 사라지게 하거나 뺏지는 않으시고 그들을 상관하지 않기 시작하셨습니다. 즉, 더 이상 은혜를 허락하지 아니하십니다. 그로 인하여 '하나님과의 올바른 관계'를 잃어버린 결과가 얼마나 비참한 것이며, 아무리 모든 능력들과 힘들을 지니고 있다 해도 '하나님과의 거룩한 대화'를 잃어버린다면 모든 것을 잃어버리는 것이라는 것을 온 천하에 증명하기 시작하셨습니다.

이 하나님의 명령으로 인해 온 우주에 있는 모든 영들은 하나님의 영광을 보았고, '모든 능력은 주 여호와께만 있다'는 사실을 자각해야만 했습니다. 이 사실을 보고 있던 높은 계급의 천사들도 "거룩하다! 거룩하다! 거룩하다!"라고 표현할 수밖에 없었으며, 찬미할 수밖에 없는 위대하신 하나님께 영광을 돌렸습니다. 그 후부터 계속 지구는 우주에서 하나님의 영광(Display of God's Glory)을 나타내는 쇼케이스가 되었으며, 이 일은 사탄과 그의 무리들에게는 죽음보다 더한 영원한 치욕이 되어 갔습니다.

루시퍼(악마)와 같은 죄: 스스로 하나님 되려는 죄

루시퍼는 한국어 성경에는 '뱀'이라는 이름으로, 영어 성경에는 'Serpent'라는 이름으로 나타납니다. 앞에서도 설명한 것처럼 '그을린 자' '불타 버린 자' 사탄은 이렇게 이름마저도 더 낮은 계급으로 전락하여 영들의 세계에서 가장 하등한 것으로 취급되는 것 같이 등장합니다. 그러나 사탄, 마귀는 '첫 사람'인 아담을 영적으로 공격했으며 루시퍼가 지었던 똑같은 죄악, 즉 '스스로 하나님 되려는 죄'를 저지르게 함으로 말미암아 지구를 바라보고 있는 모든 하나님의 피조물들에게 도리어 하나님을 욕보이게 하는 현장이 되게 하려 했습니다.

그 사건이 바로 창세기 2장 25절부터 3장 24절까지의 사건입니다. 창세기 2장 25절을 보면 "아담과 그의 아내 두 사람이 벌거벗었으나 부끄러워하지 아니하니라"고 나오는데, 이 말은 많은 사람들이 생각하는 것과는 달리, 영적인 시각의 이야기이며 '옷을 벗었다'는 것보다는 'Naked Heart' 즉, '서로 마음에 거리낌이 없었다, 죄가 없었다'는 영적인 상태를 이야기합니다. 우선 말씀을 읽어 설명을 돕도록 하겠습니다.

"그런데 뱀은 여호와 하나님이 지으신 들짐승 중에 가장 간교하니라 뱀이 여자에게 물어 이르되 하나님이 참으로 너희에게 동산 모든 나무의 열매를 먹지 말라 하시더냐 여자가 뱀에게 말하되 동산 나무의 열매를 우리가 먹을 수 있으나 동산 중앙에 있는 나무의 열매는 하나님의 말씀에 너희는 먹지도 말고 만지지도 말라 너희가 죽을까 하노라 하셨느니라 뱀이 여자에게 이르되 너희가 결코 죽지 아니하리라 너희가 그것을 먹는 날에는 너희 눈이 밝아져 하나님과 같이 되어 선악을 알 줄 하나님이 아심이니라 여자가 그 나무를 본즉 먹음직도 하고 보암직도 하고 지혜롭게 할 만큼 탐스럽기도 한 나무인지라 여자가 그 열매를 따먹고 자기와 함께 있는 남편에게도 주매 그도 먹은지라 이에 그들의 눈이 밝아져 자기들이 벗은 줄을 알고 무화과 나무 잎을 엮어 치마로 삼았더라 그들이 그 날 바람이 불 때 동산에 거니시는 여호와 하나님의 소리를 듣고 아담과 그의 아내가 여호와 하나님의 낯을 피하여 동산 나무 사이에 숨은지라 여호와 하나님이 아담을 부르시며 그에게 이르시되 네가 어디 있느냐 이르되 내가 동산에서 하나님의 소리를 듣고 내가 벗었으므로 두려워하여 숨었나이다 이르시되 누가 너의 벗었음을 네게 알렸느냐 내가 네게 먹지 말라 명한 그 나무 열매를 네가 먹었느냐 아담이 이르되 하나님이 주셔서 나와 함께 있게 하신 여자 그가 그 나무 열매를 내게 주므로 내가 먹었나이다 여호와 하나님이 여자에게 이르시되 네가 어찌하여 이렇게 하였느냐 여자가 이르되 뱀이 나를 꾀므로 내가 먹었나이다 여호와 하나님이 뱀에게 이르시되 네가 이렇게 하였으니 네가 모든 가축과 들의 모든 짐승보다 더욱 저주를 받아 배로 다니고 살아 있는 동안 흙을 먹을지니라 내가 너로 여자와 원수가 되게 하고 네 후손도 여자의 후손과 원수가 되게 하리니 여자의 후손은 네 머리를 상하게 할 것이요 너는 그의 발꿈치를 상하게 할 것이니라 하시고"(창 3:1-15)

하나님의 성품을 왜곡하여 속이는 사탄

'Serpent'라는 타락한 루시퍼의 이름을 한국어 성경에서는 문화적인 해석으로 한국말로 번역했을 당시 가장 사악한 동물이었던 '뱀'이라는 단어로 표현했습니다. 이 뱀이라는 단어는 예수님도 옛 뱀, 혹은 사탄이라는 표현을 사용하심으로 일치성이 있습니다. 그러나 일부 그릇된 관점과 해석으로 동물 중에 뱀이라고 생각하는 불미스러운 일이 생기기도 했습니다. 이 그릇된 생각을 또다시 염두에 두고 생각을 해야만 합니다.

사탄은 아담을 공격하기 위하여 먼저 여자(이때까지 아직 이름이 없어 '여자'라 불리웠음)를 공격합니다. 이것은 사탄이 여자는 직접적인 꾐을 당하도록 하지만, 옆에 있던 아담은 스스로 결정하게 하여 죄를 짓게 하려는 속임수이기도 했습니다. 여자는 아담의 책임이었고, 사탄이 여자를 유혹할 때 아담이 바로 옆에 있었기 때문입니다.

먼저, 창세기 3장 1절에서 루시퍼는 '하나님의 성품'을 공격합니다. 'Serpent' 즉, 사탄이 하와에게 했던 "하나님이 참으로 너희에게 동산 모든 나무의 열매를 먹지 말라 하시더냐?"라는 질문은 곧 하나님을 독재자인 것처럼, 혼자만을 위하는 악한 군주인 것처럼 하나님의 성품을 뒤트는 음해성 질문이었으며, 갑작스런 이 질문에 놀아난 여자는 하나님의 의도를 왜곡하기 시작합니다. 그래서 여자의 표현이 "하나님의 말씀에 너희는 먹지도 말고 만지지도 말라. 너희가 죽을까 하노라 하셨느니라"라며 '만지지도 말라'고는 말을 하지 않으셨던 하나님을 필요 이상 엄하고 무서운 분으로 비하하게 됩니다.

그 틈을 타 사탄은 자기의 거짓된 생각이 들어간 여자와, 또 그 옆에 있던 아담에게 "너희가 결코 죽지 아니하리라"라고 속삭입니다. 즉, 하나님께서 선악과를 먹지 말라 하신 이유가 그들이 선악과를 먹어 하나님처럼 될까 봐, "하나님 혼자만 하나님 노릇(모든 것을 자기 마음대로 주무르려고 하는 자처럼 하는 그릇된 표현) 하려고 그렇다"라는 무서운 독과 같은 사악한 생각을 그들의 영에 주입시켰습니다.

선악과를 먹고 죽을지도 모를 여자를 (혹시나 사탄의 말이 맞을지도 모른다는 비양심적인 생각으로) 옆에서 그냥 방관했던 아담의 경솔함과 무책임한 태도는 여자가 먼저 먹고 아직 죽지 않은 채로 아담 자신에게도 먹어 보라는 여자의 권유를 뿌리치지 못하게 하는 결과를 가져왔습니다.

아담과 그의 아내, 여자가 선악과를 먹는 순간 갑자기 그들의 영안이 열리며 태초부터 완전한 선이신 하나님의 의도와 악 중의 악인 사탄의 음모를 순식간에 알게 되었고, 갑자기 머릿 속으로 밀려온, 선악과를 먹기 전에는 깨닫지 못했던 천상의 전쟁들의 모습을 생생히 본 그들은 두려움에 사로잡히게 되었습니다.

두려움을 못 견뎌, 궁여지책으로 그들이 했던 행동은 무화과 나뭇잎을 꿰매어 치마(Covering, 커버링: 성경 번역 당시 한국의 치마는 큰 치마로

미니와 미디가 아닌 상태)를 만들었고, 그것으로 그들을 가리어 숨으려고 했습니다. 그래서 치마가 옷을 이야기하는 것이 아니라 영어 단어대로 '커버링(Covering)'으로 무화과 나뭇잎들이 일종의 텐트와 같은 구실을 하기를 원했던 것입니다. 아담이 꿰매는 데 사용한 실과 바늘이 무엇이었는지는 알 수 없으나, 지금 우리와는 달리 뇌의 100%를 사용했던 아담의 뛰어난 솜씨는 우리의 상상을 초월하는 것이 분명합니다. 그런데 당시의 동방의 에덴의 온난한 기후 조건을 감안하면 큰 잎사귀가 많았는데도 불구하고 그런데 왜 하필이면 시간과 공을 들여 작은 무화과 나뭇잎들을 꿰매었을까요?

현재의 우리와는 달리 아담은 영, 혼, 육의 온전함이 있었던 천재 중의 천재였기에 모든 자연 생물 속에 허락된 과학적인 특성과 영적인 능력을 잘 알고 있었습니다. 그래서 그가 급히 선택한 최선의 방법이 무화과 나뭇잎이었고, 그 이유는 무화과 나무의 특성 때문이었습니다. 그렇습니다. 무화과 나뭇잎은 열매를 가리는 품성이 있습니다. 그것을 잘 알고 있었던 아담은, 혹시나 하는 마음으로 무화과 잎으로 죄의 열매를 가리기를 원했던 것입니다.

예수님도 예루살렘에 들어가시기 전 잎이 무성한 무화과 나무 뒤에 열매가 없는 것을 보시고 책망하시며 다시는 열매를 맺지 못할 것이라 저주하신 적이 있습니다(막 11:12-24). 이것은 예수님이 나무를 사랑하지 않아서, 혹은 배가 고파 짜증이 나서 그 나무를 저주하신 것이 아니라 창세기의 비밀을 드러내시기 위한 비유의 말씀이었습니다.

이 일은 겉으로 보이는 '종교적인 모습'으로 '강도와 도적'의 마음을 가린 '예루살렘의 영적 상태'와 또 인간의 원조인 아담이 두려움 속에서 했던 다소 바보스러운 행동에 대한 책망이셨습니다. 그렇게 한심하게도 우리의 상상을 뛰어넘는 솜씨, 즉 현재의 과학을 월등히 초월한 솜씨를 지녔던 아담과 그 아내는 무화과 잎을 꿰매어 스스로 만든 어둠의 텐트 속에서 떨고 있었습니다.

'두려워하여 숨었나이다…'

그러나 하나님께서는 분노하시기 보다는 오래 참으십니다. 그렇게 하나님께서는 날이 서늘할 때까지, 즉 그들이 숨어서 될 일이 아니라는 것을 스스로 깨달을 수 있을 때까지 기다리셨다가 아담과 그의 아내에게 나타나셨고, "네가 어디 있느냐"라는 하나님의 질문에 아담은 "두려워하여 숨었나이다"라고(벌거벗어 창피해서 숨은 것이 아니라) 대답해, 본인의 죄를 나타냈습니다.

또 아담은 왜 그랬냐고 다시 질문하시는 하나님께 "하나님이 주신 여자가 주어서…'라는 형편없고 궁색하며 치사한 변명을 합니다. 하나님께서 주신 여자가 그랬기 때문에 '하나님의 잘못이다'라는 투의 비겁한 항변을 했던 것입니다. 연이어 하나님께서 여자에게도 물으셨고, 여자는 하나님께 '사탄이 꾀어서'라고 대답합니다. 그런데 그때 하나님께서는 뱀(사탄, 루시퍼)에게는 "왜?"라는 질문도 허락하지 아니하십니다. 그 이유는 벌써 사탄의 거짓된 성품과 악함을 하나님은 물론 태초부터 지켜보고 있던 온 우주와 그 안의 하나님이 창조하신 모든 것들이 이미 다 잘 알고 있었기 때문이었습니다.

그때 하나님께서는 사탄에게, 또 아담과 여자에게 수수께끼 같은 말씀을 선포하십니다. 이 말씀은 오랫동안 사탄과 그의 무리들을 전전

궁금하게 했습니다(그러나 그 후에도 사탄은 하나님을 또다시 대적하기 위해 역사적 사건들 속에서 인간들을 계속 다스리려 하고, 죽이려 합니다).

그 사건들 속에 하나님께서 선포하신 말씀, 곧 하나님의 영원하신 약속이 바로 창세기 3장 14-15절입니다.

"여호와 하나님이 뱀에게 이르시되 네가 이렇게 하였으니 네가 모든 가축과 들의 모든 짐승보다 더욱 저주를 받아 배로 다니고 살아 있는 동안 흙을 먹을지니라 내가 너로 여자와 원수가 되게 하고 네 후손도 여자의 후손과 원수가 되게 하리니 여자의 후손은 네 머리를 상하게 할 것이요 너는 그의 발꿈치를 상하게 할 것이니라" (창 3:14-15)

이 말씀을 이해하기 위해서는 이 수수께끼 같은 시적인 표현을 이해해야 합니다. 영적인 존재들 가운데 으뜸이었다고 자부하던 타락 전의 사탄과 그의 무리들을 영은 없고 혼의 기능만 있는 동물보다 더 하등하게 취급되리라, 즉 모든 짐승보다 더욱 저주를 받아 엎드리어 배로 다니며 영원히 또 철저히 패배하리라 선포하십니다.

그리고 그들이 스스로 취하려던 하나님의 생명의 열매에 입도 대지 못하게 하시고, 또 그들을 다스리게 하신 아담과 여자 사이에서 태어난 모든 인간들 속에서도, 하나님의 참 생명을 통한 진정한 은혜를 사탄과 그의 무리들에게는 허락하지 않겠다고 하시며, 하나님의 은혜를 잃어버린 자들로서 입 안에 흙을 씹듯이 쓴맛을 영원히 보리라 선포하십니다.

살아도 죽은 것 같이 여기게 하는 악령들을 향한 이 하나님의 약속들은, 패배를 당한 사탄과 그를 따르는 무리들에게 처절하고도 철저히 모멸감을 느끼게 하는 것입니다. 이는 영물인 그 자가, 사람이든, 천사이든 패배를 인정할 수밖에 없도록 하려는 하나님의 강권적인 조치였습니다. 이것이 바로 하나님께서 사탄에게 명령하신 영원한 저주입니다. 그러나 그 뒤의 말씀은 예수님의 탄생 전까지 수수께끼처럼 사탄과 그의 무리들에게는 숨겨져왔던 비밀스러운 하나님의 지혜였습니다.

약속의 때가 차자

약속된 '여자의 후손'(복수가 아닌 단수)은 마리아라는 이름의 가진 동정녀를 택하셔서 등장하게 하셨습니다. 신실한 하나님의 의도를 믿고 "말씀대로 내게 이루어지이다"(눅 1:38)라고 외칠 수 있었던 그녀에게 하나님께서는 가브리엘이라는 전령천사를 보내셔서 이 일을 준비하고 도우십니다. 그때에 뒤늦게 이 일을 안 사탄은 헤롯 왕을 사용하여 '여자의 후손'이 태어난 베들레헴에 있는 두 살 이하의 사내아이들을 전부 도륙하는 끔찍한 일을 벌입니다. 하나님의 예언된 선포의 말씀이 이루어 지는것이 두려웠기 때문입니다. 그러나 하나님께서는 신실하게 약속들을 지켜 가셨습니다.

이어지는 영적 전쟁 속에 하나님께서는 예언하신 대로 나사렛이라는 동네에 마리아를 머물게 하시고, 정확한 하나님의 때를 기다리게 하십니다. 마태복음 1장 1절에는 "아브라함과 다윗의 자손 예수 그리스도의 계보라"로 시작하여 예수님의 때까지 말씀하시는 계보(Genealogy)가 등장합니다.

우리가 알듯이 사람은 누구나 다 남자의 자손입니다. 남자의 정자가 여자의 난자와 합하여 하나님의 섭리대로 한 아기가 탄생하게 됩니다. 다스리고 번성하라는 하나님의 명대로 이루어지는 지극히 과학적이고 의학적인 이치입니다. 모든 사람들은 다 남자의 자손이라는 것을 잘 알고 있던 사탄은 한 번도 이루어지지 않았던, 하나님이 말씀하시기 전에는 들어보지도 못한 '여자의 후손'이라는 개념에 소란스러웠고 미리 언급한 창세기 속의 하나님의 예언을 두려워했던 것이 분명합니다. 마태복음 1장 1절에서 18절 사이의 예수 그리스도의 계보(Genealogy)를 읽게되면 처음부터 예수 그리스도의 잉태 바로 전까지는 계속 '남자가 남자를 낳고'라고 설명을 하다가 오직 예수님만 여자에게서 성령으로 잉태하여 낳았다고 정확하게 설명하십니다. 즉 인류역사상 '여자의 후손'이란 예수 그리스도 단 한 분이라는 것입니다.

그래서 인간의 역사 속에서 무조건 생명들을 대량말살하려고도 했고 하나님의 개입하심이 두려워 인간들이 하나님의 성품과 멀어지게도 했으며, 자신의 죄악된 품성을 인간들에게 계속 품게 하고 자라게 하여 한 줌의 흙으로 만든 인간들을 자신의 영토들로 확장해 나갔습니다. 그러나 하나님께서는 약속하신 데로 동정녀의 순결함 속에 말씀과 더불어 하나님의 온전한 피가 '성령으로 잉태'케 되는 기적을 일으켜 주십니다. 그러므로 남자의 피가 아닌, 하나님의 거룩한 피로 세상에 단 하나뿐인 '여자의 후손'인 예수님이 이 땅에 보냄을 받게 됩니다.

만일 우리가 하나님과 관계가 없다면 우리는 단지
사탄이 쫓겨나 내던져진 지구 위의 '한 줌의 흙'일 뿐입니다

어둠의 영들이 사람들을 자신의 영토로 주장하는 이유는, 하나님께서 루시퍼와 그의 타락한 천사들을 지구 위에 던져 내리 꽂았을 때, 즉 아담과 하와가 창조되기 전부터, 흙덩이인 지구는 그들의 감옥이었으며 또 그들의 위배지 였기도 했기 때문입니다.

그들이 무가치하다고 생각했던 흙먼지 속에서 하나님께서는 그 한 줌의 흙으로 아담(붉은 흙)을 지으시고 하나님의 생령을 불어넣어, 즉 그 생령으로 살아있는 하나님과의 대화 속에, 관계 속에, 어둠의 영들과 지구 위에 있는 모든 것들을 다스리게 하셨습니다.

그러나 앞에서 다루었듯이 처절한 모멸 속에 사탄은 도리어 그 한 줌의 흙들을 자신의 것으로 돌리려 공격을 감행했으며, 이 악한 계획을 위해 그가 선택한 방법은 자신과 동일한 죄성, 즉 스스로 하나님 되려 하는 죄를 아담과 그의 아내 된 여자가 짓게 합니다.

이런 사탄의 공격으로 인간과 하나님과의 관계가 훼손되었고, 아직 인간에게는 자유의지가 남아 있으나 하나님의 생령이 훼손된 상태인 한 줌의 흙에 불과한지라 사탄에게 "흙을 먹을 지니라" 말씀하신 대로 인간들도 그렇게 어둠의 영들의 밥이 되어갔습니다.

그렇습니다. 우리 안에 하나님과의 올바른 관계가 없다면, 하나님과의 진정한 '생령으로의 대화'가 없다면 모든 인간은 죄악 속에 파묻힌 먼지덩어리, 흙덩어리에 불과하게 되어 사탄과 그의 타락한 천사들의 밥으로 전락할 수밖에 없는 것입니다. 그냥 시적인 표현인 것 같았던 흙의 개념 속에 이토록 처절하리만큼 초과학적이고 신과학적인 하나님의 말씀 그대로가 이루어지는 일이 벌어지게 된 것입니다.

그러나 주시하여야 할 것은 하나님의 약속은 거기서 끝나지 않습니다. '여자의 후손'이 사탄, 루시퍼의 '머리를 상하게 할 것이요'라고 하나님께서 직접 분명히 말씀하셨으며, 또 사탄, 루시퍼, 뱀은 '그의 발꿈치를 상하게 할 것이니라'라고 약속하셨다는 사실입니다.

하나님의 비밀, 예수 그리스도의 등장

앞에서 언급한대로, 예수님께서는 하나님의 약속의 때가 차자 청년의 모습으로 온 세상 앞에 그의 모습을 드러내시며, 왜 이 땅에 예수님이 오셨는지 그 목적을 선포하십니다. 그것은 바로 그가 사탄, 마귀, 즉 타락한 천사장 루시퍼의 권세를 멸하려 오셨다는 것을 온 우주가 지켜보는 가운데 공표하신 것이었습니다.

이때에 사탄과 그 악령의 무리들은 여자의 후손, 즉 하나님의 아들인 예수 그리스도가 자신(사탄)의 머리를 상하게 하기 전에, 악마의 머리가 부서지기 전에, 모든 힘을 잃기 전에 먼저 그(예수 그리스도)의 발꿈치, 즉 아킬레스 건을 상하게 할 것을 결심합니다. 즉, 그를 죽일 것을 결정합니다. 다시 말해서 하나님의 계획을 불구화하기로 작정합니다.

사탄의 이해 속에는 발꿈치, 즉 아킬레스 건을 상하게 하는 것, 즉 예수 그리스도를 죽여 버리면 하나님의 계획을 이룰 수 없다고 믿었기에 여지없이 그 일을 실행합니다. 그래서 벌써부터 사탄의 손아귀에 있었던 거짓 종교인들과 스스로 왕이 되려고 하는 악한 무리들을 다 동원하여 예수님을 십자가의 무서운 형벌로 사정없이 몰아갔고, 그를 찢어 죽이기를 서슴치 않았습니다. 그러면서 그는 "하나님의 뜻대로 발꿈치를 상하게 했으니 하나님의 계획이 수포로 돌아갔다고……." 십자가에 달린 예수 그리스도를 향하여 저주하며 조롱을 퍼부어 댔습니다.

그러나 그 조롱은 곧 영원한 패배의 울부짖음으로 변해 갔습니다.

동물의 피로도, 동물이 자신의 죄 때문에 죽었다고 믿는 사람의 죄를 용서하기로 약속하셨던 하나님께서는 이제는 동물의 피가 아니라 하나님의 피, 하나님의 하나 밖에 없다 하신 아들(독생자)의 영원한 피, 완전히 거룩하신 하나님의 피로 사탄이 공격할 수 있는 모든 죄의 뿌리를 십자가의 죽음으로 갚아 버린 사건이 일어났기 때문입니다. 이 예언된 십자가의 사건을 모두가 믿음으로 바라보게 하신 것은 사탄이 깨달을 수 없었던 하나님의 비밀한 계획이셨습니다.

모든 산 자의 어미 '하와'

창세기에서 아담에게 선포하신 '너는 흙이니, 흙으로 돌아갈 것이니라'는 말씀, 즉 하나님의 생령이 없으면 한 줌의 흙일 수밖에 없는 것을 아담에게 알게 하실 때, 아담은 도리어 하나님의 은혜를 깨닫고 그 아내에게 '하와(모든 산 자의 어미)'라는 이름을 지어주는 믿음의 행동을 하게 됩니다. 하나님에게 소망을 품고 하나님께서는 선하시니 용서하시고 기회를 주사 우리를 살리실 것이라는 믿음으로 아내의 이름을 '산 자의 어미'라는 뜻으로 결정한 것입니다.

그 믿음을 보시고 하나님께서는 아담과 그의 아내를 위하여 동물을 죽이시고, 동물의 시체인 가죽옷을 그들에게 입히십니다. 죄의 결과로 자신들이 죽었어야 했는데도 불구하고 자기의 죄 대신 죽어버린 동물의 시체를 입고 "앞으로 오실 여자의 후손을 기대하며 은혜로, 믿음으로 구원받게 하셨던 것입니다.

그렇습니다. 구약(즉, 아담과 하와, 그리고 모든 믿음의 조상들)도 은혜로 말미암아, 또 신약도, 즉 우리들도 은혜로 말미암아, 오직 예수 그리스도(희생양, 세상 죄를 지고 가는 어린양)로 말미암아, '십자가에서 흘린 영원하신 하나님의 피'로 말미암아 모든 '한 줌의 흙들'이 하나님의 생령으로, 성령으로 원래 의도되었던 하나님의 자식들의 모습으로 회복되게 되는 것입니다.

십자가의 죽음 이후, 약속의 말씀대로 예수님은 삼일 만에 무덤에서 살아나 부활의 모습으로 나타나십니다. 모든 사람의 죄를 스스로의 생명, 즉 하나님의 생명을 걸고 대신 갚으시는 일을 완전히 치르신 것입니다. 완전한 죽음을 상기시키기 위한 삼일의 시간들 속에 우리의 죄도 완전히 예수님의 죽음과 같이 십자가에 못 박혔는지 점검해야 합니다. 그리고 예수님의 죽음을 통하여 하나님의 생령이 회복되었는지 확인해야 합니다.

이 하나님의 생령은 '하나님의 입김'으로 또는 '성령'으로 말씀하기도 하셨습니다. 요한복음 20장 22절엔 죽음에서 살아나신 예수님께서 제자들에게 나타나, 그들을 향하사 숨을 내쉬며 말씀하시길 "성령을 받으라"고 하셨습니다. 그래서 지금 우리가 같이 하나님의 말씀과 하나님의 뜻을 나누면서 이제 더 이해하고 깨달아 성령을 받기를 원한다 할지라도, 속지 아니하시는 하나님께서 보시기에 지금 우리가 하나님의 성령으로 우리와 하나님과의 관계를 회복시키지 못한다면, 여전히 사탄, 루시퍼와 그의 어둠의 영들의 밥이 될 수밖에 없습니다. 아무리 피 흘리며 처절하게 노력을 해도 마귀의 저주의 칼부림에 당할 수밖에 없습니다. 살아 있는 것 같으나 죽은 자의 삶을 살지 말고, 오늘 믿음으로 온전히 죽어 하나님께서 직접 당신을 살아 일으키시길 바랍니다.

하나님의 성령이 한 줌의 흙 안에 들어오사 성령으로 인해 하나님의 자녀의 모습이 회복될 때, 하나님의 약속대로 왕 같은 제사장이자 선지자의 삶을 살게 하사 성령으로 거듭난 하나님의 자녀가 지금은 악마가 된 가장 높은 지위에 있었던 루시퍼의 직책을 뛰어넘는 능력의 삶을 살게 하시는 것입니다.

지금, 한 영혼이 하나님의 자녀로 거듭날 때, 우주를 메우고 있는 하나님의 천군천사들이 지구를 쳐다보며, "영광, 영광, 영광"이라 외치면서 오직 하나님께로만 능력이 비롯됨을 또다시 선포할 것입니다. 그때에 루시퍼, 옛 뱀이자 마귀라 불리는 악마와 그의 무리들은 하나님께서 아담과 하와에게 예언하신대로 더욱 저주를 받아 영원히 패배의 쓴 잔을 거푸 마시게 될 것입니다(창 3:14).

'죄'를 향한 첫 번째 죽음, '자아'를 향한 두 번째 죽음

그러니 더 이상 하나님을 논하기 전에, 성경을 논하기 전에, 먼저 해결해야 할 두 가지가 있으니 바로 두 번의 죽음입니다. 성경에서는 죽음들을 '세례들'이라고도 표현합니다. 예수님도 성경에서 그때엔 우리가 몰랐던, "나는 받을 세례가 있으니 그것이 이루어지기까지 나의 답답함이 어떠하겠느냐"(눅 12:50)라고 하시며 십자가에서의 죽음을 의미하는 말씀을 하셨습니다. 예수님은 십자가에서의 죽음을 통하여 우리의 모든 죄를 그분 생명 안에 얹으시고 그 죄들을 자신의 몸에 부여안고 자신을 죽음으로 몰고 가셨습니다. 그렇게 우리의 단 한 분 뿐인 목자이신 그분은 우리에게 생명을 얻게 하기 위하여 우리의 죽음의 근원, 죽음의 이유였던 죄악들과 더불어 그로 인한 사탄의 권세를 십자가 위에서 물리치셨던 것입니다.

우주에서 가장 높이 계신 하나님의 모든 영광과, 왕 중 왕의 자존심을 던져 버리시고 십자가에서 '나'를 위하여, 바로 '나' 때문에 갈기갈기 찢기시고 부서지시고 갖은 모욕과 멸시, 저주와 천대를 당하신 것입니다.

분명한 사실은, 지금 이 순간 이 사건이 인류를 위한 일이 아니라 당신에게 일어난 일인 것을 알아야 합니다. 예수님이 짊어지신 십자가는 당신 한 사람을 향한 하나님의 초대입니다. 그렇습니다. 또 사탄에게 속지 마십시오! 만약 세상에 '당신 홀로' 남게 되었다 할지라도 하나님께서는 예수님을 보내실 분입니다.

그러니 지금 선택하십시오. 주저할 이유가 하나도 없는 이 은혜의 초청에, 하나님의 자존심을 건 초대장에 침을 뱉지 마십시오.

그러나 하나님께서는 당신을 로봇으로 창조하시지 않으셨기에, 자유의지(신령한, 진정한 예배를 위한 필수조건)를 허락하시고 그 자유의지를 사용하여 스스로에게 첫 번째 죽음인 죄를 향한 죽음을 고백하고 선포하게 하십니다. 즉 억지로는 될 수 없다는 말입니다. 자, 만약 당신이 읽게 된, 혹은 듣게 된 이 이야기들 속에 진리가 들어있다면, 이것이 사실이라면 스스로 당신에게도 두 번의 죽음을 선포하시겠습니까?

하나님의 아들인 예수 그리스도께서 당신을 위해, 당신 대신 십자가에서 죽으셨다는 그 사실을 조금이라도 소망하고, 믿음으로, 지금, 입술로 고백한다면 고백한 당신의 모든 죄들이 해결됨을 하나님의 약속으로, 거룩한 예언의 말씀으로 선포합니다. 따라 해보십시오.

"

만약에 하나님이 살아계시고, 이 모든 일들이 사실이라면, 첫째, 나의 모든 죄들을 향하여 죽음을 선포합니다. 나를 오랫동안 억눌러오고 괴롭혀 왔던 모든 죄들을 향하여, 모든 연약함과 악함을 향하여 외칩니다. 하나님의 아들, 예수님이 하나님께서 약속하신대로 나의 죄를 다 없애기 위하여, 그리하여 내가 모든 어둠의 세력, 즉 사탄, 마귀의 묶임과 공격에서 자유함을 얻게 하기 위하여, 십자가에서 나를 위하여 대신 죽으신 것을 믿고, 또 소망합니다.

그래서 나의 기억나는 모든 죄들, 또 기억치 못하는 모든 죄들이 바로 하나님의 아들을 죽게 했음을 알았습니다. 이제 저의 죄들을 돌아보고 잘못을 인정합니다. 하나님, 지금 거짓 없는 나의 중심을 보시고, 하나님 저의 모든 죄를 사하시고, 멸하시고, 없이하여 주세요. 하나님의 아들, 예수님의 이름으로 기도합니다.

둘째, 나의 '자아'를 향하여 죽음을 선포합니다.

"

하나님, 이제 약속하신 하나님의 영, 성령을 내 안에 주세요. 이제는 더 이상 그냥 흙으로만 남아 악령들의 밥이 되길 원하지 않습니다. 그러니 약속하신 하나님의 실제의 성령께서 내 안에 들어오사, 나를 자유하게 하시고, 이제는 하나님의 자식의 삶을 멋있고 강하게 살게 해 주세요. 예수님의 이름으로 기도합니다.

이제 이 두 가지의 죽음을 진심으로 선포하셨다면, 당신은 새 생명을 얻었습니다. 비로소 이제, 하나님으로 인해, 자유함 받고 다른 사람들도 자유하게 할 수 있는 자가 된 것입니다. 이제, 시작입니다.

축하합니다. 근처에 있는 예수님의 교회, 하나님의 교회, 하나님의 의도를 사람의 생각으로 바꾸려 하지 않는, 많은 건강하고 아릅다운 교회들을 찾아가서 서로 분별하시고, 하나님 사랑, 이웃 사랑하면서 멋들어지게 사십시오!

2

너희가 믿을 때에
성령을 받았느냐?

너무나도 당연한 하나님의 말씀이 있는 그대로 전해지지 않고, 또 받아들여지지 않는 가장 중요한 이유는 예수님께서 말씀하신 물세례와 불세례의 기본 과정을 거치지 않기 때문입니다. 또 이 기본 과정이 영적 전쟁의 승패를 가르기 때문이라고 믿습니다. 다음 말씀을 살펴보고 확인하십시오.

물세례

물세례는 '죄'에 대한 죽음이며, 자기 죄를 회개한 자에게 허락한 양식입니다

물세례는 자유의지를 사용하여 자신의 삶을 돌아보고, 죄 된 삶에서 돌이키는 것입니다. 그리고 하나님께 돌아오고자 하는 자가 죄 속에 뒹굴던 삶을 이제는 하나님의 뜻대로 살겠다고, 죄악된 삶에 죽음을 선포하는 일입니다.

"이 때에 예루살렘과 온 유대와 요단 강 사방에서 다 그에게 나아와 자기들의 죄를 자복하고 요단 강에서 그에게 세례를 받더니 요한이 많은 바리새인들과 사두개인들이 세례 베푸는 데로 오는 것을 보고 이르되 독사의 자식들아 누가 너희를 가르쳐 임박한 진노를 피하라 하더냐" (마 3:5-7)

요한은 물을 사용하여 세례를 주는 물세례가 '자기의 죄를 회개한 자에게 주는 증표'로 허락된 것으로써, 물속에 들어갔다 나옴으로 죄악에 찌든 몸이 물속에 들어가 죽고, 회개의 심령으로 물에서 다시 나올 때는 새로 살 사람으로 나오는 예식임을 알았습니다.

요한의 물세례는 예수님을 나타내고, 그의 길을 예비하기 위한 예식이었습니다.

"그는 선지자 이사야를 통하여 말씀하신 자라 일렀으되 광야에 외치는 자의 소리가 있어 이르되 너희는 주의 길을 준비하라 그가 오실 길을 곧게 하라 하였느니라" (마 3:3)

이렇듯 요한은 물로 세례를 주는 것이, 예수님을 이스라엘에게 나타내려 함이라고 분명히 말합니다. 요한복음 1장 30-31절에서도 계속 설명합니다.

"내가 전에 말하기를 내 뒤에 오는 사람이 있는데 나보다 앞선 것은 그가 나보다 먼저 계심이라 한 것이 이 사람을 가리킴이라 나도 그를 알지 못하였으나 내가 와서 물로 세례를 베푸는 것은 그를 이스라엘에 나타내려 함이라 하니라" (요 1:30-31)

'... reason I came baptizing with water was that he might be revealed to Israel'

"지극히 높으신 이의 선지자라 일컬음을 받고 주 앞에 앞서 가서 그 길을 준비하여 주의 백성에게 그 죄 사함으로 말미암는 구원을 알게 하리니"(눅 1:76-77) 했던, 그러나 평생을 광야에서 지낸 세례 요한도 하나님께서 약속하신대로 예수님께 성령이 임하시는 것을 보고서야 '아, 저분이 하나님의 약속의 아들 예수 그리스도(메시아, 구원자)이시구나!' 하고 알게 되었던 것입니다.

> "외치는 자의 소리여 이르되 너희는 광야에서 여호와의 길을 예비하라 사막에서 우리 하나님의 대로를 평탄하게 하라 골짜기마다 돋우어지며 산마다, 언덕마다 낮아지며 고르지 아니한 곳이 평탄하게 되며 험한 곳이 평지가 될 것이요"(사 40:3-4)

> "그는 선지자 이사야를 통하여 말씀하신 자라 일렀으되 광야에 외치는 자의 소리가 있어 이르되 너희는 주의 길을 준비하라 그가 오실 길을 곧게 하라 하였느니라"(마 3:3)

여러 말씀들 속에서 이렇게 지속적으로 설명하는 것은 오직 요한의 세례, 물세례는 예수 그리스도를 나타내고 준비하기 위한 것이며, 죄의 산을 낮추어 예수님이 오시는 길을 평탄하게 하기 위한 준비예식이라는 것입니다.

> "요한이 또 증언하여 이르되 내가 보매 성령이 비둘기 같이 하늘로부터 내려와서 그의 위에 머물렀더라 나도 그를 알지 못하였으나 나를 보내어 물로 세례를 베풀라 하신 그이가 나에게 말씀하시되 성령이 내려서 누구 위에든지 머무는 것을 보거든 그가 곧 성령으로 세례를 베푸는 이인 줄 알라 하셨기에 내가 보고 그가 하나님의 아들이심을 증언하였노라 하니라"(요 1:32-34)

회개에 합당한 열매를 맺으라

요한은 물세례를 거치고 회개한 자가 "우리가 무엇을 하리이까?"라고 물을 때, 그들을 향해 "회개에 합당한 열매를 맺으라"고 외칩니다.

> "그러므로 회개에 합당한 열매를 맺고 속으로 아브라함이 우리 조상이라 말하지 말라 내가 너희에게 이르노니 하나님이 능히 이 돌들로도 아브라함의 자손이 되게 하시리라 이미 도끼가 나무 뿌리에 놓였으니 좋은 열매 맺지 아니하는 나무마다 찍혀 불에 던져지리라 무리가 물어 이르되 그러면 우리가 무엇을 하리이까 대답하여 이르되 옷 두 벌 있는 자는 옷 없는 자에게 나눠 줄 것이요 먹을 것이 있는 자도 그렇게 할 것이니라 하고 세리들도 세례를 받고자 하여 와서 이르되 선생이여 우리는 무엇을 하리이까 하매 이르되 부과된 것 외에는 거두지 말라 하고 군인들도 물어 이르되 우리는 무엇을 하리이까 하매 이르되 사람에게서 강탈하지 말며 거짓으로 고발하지 말고 받는 급료를 족한 줄로 알라 하니라" (눅 3:8-14)

이처럼 정의와 공의를 실현하며 양심을 따라 옳고 그름을 분별하여, 온전히 살아 나아감으로서 살아 계신 하나님과의 관계를 이루어 나가는 것이 진정한 회개의 삶이며, 하나님께서 인정하시는 물세례의 결과입니다. 하나님의 최고의 선물을 누리기 위한 우리의 최선은 진실된 마음에서부터 시작되어야한다는 것이 하나님의 마음이십니다.

세례 요한(혹 회개 요한)도 물세례의 사건이 단순히 자신의 죄 값을 피하기 위한 수단이 되어서는 안 되며, 의로움과 선함으로 마음을 돌이키어 궁극적으로 하나님의 빛의 자녀의 삶을 살아야 한다는 것을 정확히 외쳤습니다. 그렇습니다. 하나님께서 지금 우리에게 원하시는 것은 '마음의 돌이킴'과 하나님을 향한 '정직한 바라봄'입니다. 물세례를 받고 그 열매로 착하고 선한 삶을 사는 것이 중요하나, 하나님의 진정한 의도는 인간의 최선, 즉 회개의 삶은 마땅히 행하여야 할 도리일 뿐이지 천상의 것을 대변하거나 대체할 수는 없다는 것을 우리가 알기를 바라신다는 것입니다.

회개에 합당한 열매를 맺는 삶은 '세례'의 결과가 아니라 하나님께서 우리에게 원하시는 축복의 삶을 살기 위한 기본적인 마음밭입니다. 회개에 합당한 열매를 맺는 것이 물세례의 목적이자 이유라고만 생각하면 하나님의 자녀로서의 삶, '예수 그리스도'의 삶을 누리기를 원하시는 '하나님의 위대한 피값'을 평가절하하는 결과를 갖게 됩니다.

그래서 그 사실을 분명히 알았던 세례 요한, 즉 회개 요한은 "회개에 합당한 열매를 맺으라"고 외쳤던 그의 평생의 외침이, 하나님의 아들 예수 그리스도의 일, 즉 불세례와 성령세례를 받기 위한 준비작업이라는 것을 알았던 것입니다.

불세례, 성령세례

**나는 너희로 회개하게 하기 위하여 물로 세례를 베풀거니와
그는 성령과 불로 세례를 베푸실 것이요**

"나는 너희로 회개하게 하기 위하여 물로 세례를 베풀거니와 내 뒤에 오시는 이는 나보다 능력이 많으시니 나는 그의 신을 들기도 감당하지 못하겠노라 그는 성령과 불로 너희에게 세례를 베푸실 것이요 손에 키를 들고 자기의 타작 마당을 정하게 하사 알곡은 모아 곳간에 들이고 쭉정이는 꺼지지 않는 불에 태우시리라" (마 3:11-12)

이와 같이 세례 요한은 물을 사용하여 세례를 주는 물세례가 전부가 아니라는 것을 너무나도 확실히 알았습니다. 물세례만으로 구원을 받거나, 물세례로 하나님의 뜻이 온전히 이루어질 수는 없습니다.

우리가 물세례를 받았다고 성령세례가 자동으로 이루어지는 것은 아닙니다. 성령세례는 회개한 자가 성령을 구할 때 하나님께서 그의 중심을 보시고, 허락하시면 일어나는 일입니다.

사람이 물과 성령으로 나지 아니하면 하나님의 나라에 들어갈 수 없느니라

인간의 최선인 회개 이후의 물세례 사건은 하나님의 최선인 성령세례의 사건과 합하여, 누구든지 자유의지를 사용하여 하나님의 의도에 능동적으로 대처하는 모든 이들을 하나님께로 인도할 것입니다. 이 길만이 올바른 하나님의 의도이기에 예수님도, 아무도 예수 그리스도를 통하지 않고서는 하나님께로 올 자가 없다고 생명을 걸고 부르짖으신 것입니다(요 14:6).

예수님은 바리새인 중 유대인의 지도자인 니고데모가 찾아왔을 때에도, 하나님 나라에 들어가기 위해서는 물과 성령으로 거듭나야 한다고 말씀하십니다.

"예수께서 대답하여 이르시되 진실로 진실로 네게 이르노니 사람이 거듭나지 아니하면 하나님의 나라를 볼 수 없느니라 니고데모가 이르되 사람이 늙으면 어떻게 날 수 있사옵나이까 두 번째 모태에 들어갔다가 날 수 있사옵나이까 예수께서 대답하시되 진실로 진실로 네게 이르노니 사람이 물과 성령으로 나지 아니하면 하나님의 나라에 들어갈 수 없느니라 육으로 난 것은 육이요 영으로 난 것은 영이니 내가 네게 거듭나야 하겠다 하는 말을 놀랍게 여기지 말라 바람이 임의로 불매 네가 그 소리는 들어도 어디서 와서 어디로

가는지 알지 못하나니 성령으로 난 사람도 다 그러하니라"(요 3:3-8)

"명절 끝날 곧 큰 날에 예수께서 서서 외쳐 이르시되 누구든지 목마르거든 내
게로 와서 마시라 나를 믿는 자는 성경에 이름과 같이 그 배에서 생수의 강
이 흘러나오리라 하시니 이는 그를 믿는 자들이 받을 성령을 가리켜 말씀하
신 것이라(예수께서 아직 영광을 받지 않으셨으므로 성령이 아직 그들에게 계시지 아니하시더
라)"(요 7:37-39)

요한복음 7장에 나오는 '그들'은 3년 반 동안 예수님과 함께하며, 물
세례를 이미 받은 예수님의 제자들이었습니다. 그러나 예수님께서는
자신이 아직 십자가의 사건을 거치지 않으셨으므로, 제자들도 이때까
지 성령을 받지 못하였다고 말씀하십니다.

예수님의 말씀 속에는 아무리 성경(구약)을 연구하고 공부한 선생
이라 할지라도, 또 예수님과 동고동락(同苦同樂)했던 제자들이라 할지
라도 물과 성령으로 거듭나야만 한다고 하신 것입니다.

인간의 최선인 회개와 하나님의 선물인 성령

물세례(회개)와 성령(불)세례는 분명히 별개의 사건입니다. 위의 말
씀처럼 믿는 자들이 받을 성령은, 허다하게 많은 무리들이 세례 요한
에게 '물세례를 받고 회개에 합당한 열매를 맺으라'는 외침을 듣고 회
개의 삶의 열매를 맺은 이후에도 반드시 받아야 했던 세례입니다.

우리에게 '개인의 영성'이라는 것은 없습니다. 오직 '예수 그리스도
의 영성'만이 있을 뿐입니다. 즉, 회개 후 삶이 바뀌고 나아졌다 해서

나아진 삶으로 저절로 성령을 얻는 것은 절대로 아니라는 것입니다.

> "너희가 나를 사랑하면 나의 계명을 지키리라 내가 아버지께 구하겠으니 그
> 가 또 다른 보혜사를 너희에게 주사 영원토록 너희와 함께 있게 하리니 그는
> 진리의 영이라 세상은 능히 그를 받지 못하나니 이는 그를 보지도 못하고 알
> 지도 못함이라 그러나 너희는 그를 아나니 그는 너희와 함께 거하심이요 또
> 너희 속에 계시겠음이라" (요 14:15-17)

> "내가 아직 너희와 함께 있어서 이 말을 너희에게 하였거니와 보혜사 곧 아버
> 지께서 내 이름으로 보내실 성령 그가 너희에게 모든 것을 가르치고 내가 너
> 희에게 말한 모든 것을 생각나게 하리라" (요 14:25-26)

그렇습니다. 흔히 말하는 '개인의 영성'은 없습니다. 즉, 하나님의 허락없이 개인의 노력과 영적인 훈련으로는 아무리 애를 써도 성령의 인도하심을 받을 수 없다는 것입니다. 믿는 자에게는 오직 성령님의 인도하심에 따르는 '예수 그리스도의 영성'만이 있을 뿐이며, 하나님께서 허락하신 '말씀'의 의도 안에 있는 주권만이 있을 뿐입니다. 오직 우리 안에 성령께서 들어오셔야, 성령께서 우리에게 말씀하시고 우리를 의의 길로 인도하시는 것입니다.

많은 경우에 회개를 하고 회개에 합당한 열매를 맺어도 성령의 인도하심을 구하지 않는다면 성령의 능력을 경험하는 일과는 상관이 없을 수 있습니다.

이 사실을 알고 사탄은 어릴 때부터 물세례를 받고 믿는 자들에게 '이제 되었으니 잘 믿고 착하게 살라'고 합니다. 그러면 착하게 살려고 노력하겠지요. 그리고 죄스러움을 느낄 때마다 회개를 하겠지요. 그러나 회개를 하면 할수록 곤고한 죄책감에 자꾸 눌리며, 결국은 능력의

삶을 살지 못하게 됩니다. 본인이 죄에서 자유하지 못하니 아무도 자유하게 하지 못합니다. '인간의 최선'인 '회개'만을 의지하고 '하나님의 선물'인 '성령'을 구하게 하지 않았기 때문입니다.

이제는 실제를 바라보고 진리를 알았으니, 더 이상 속지 말고, 후회하지 말고, 회개하고 성령을 구한 후, 그분의 인도 하심에 순종함으로 성령의 능력을 경험하는 여러분이 되기를 예수님의 이름으로 축복합니다.

> "내가 아직도 너희에게 이를 것이 많으나 지금은 너희가 감당하지 못하리라 그러나 진리의 성령이 오시면 그가 너희를 모든 진리 가운데로 인도하시리니 그가 스스로 말하지 않고 오직 들은 것을 말하며 장래 일을 너희에게 알리시리라 그가 내 영광을 나타내리니 내 것을 가지고 너희에게 알리시겠음이라 무릇 아버지께 있는 것은 다 내 것이라 그러므로 내가 말하기를 그가 내 것을 가지고 너희에게 알리시리라 하였노라 조금 있으면 너희가 나를 보지 못하겠고 또 조금 있으면 나를 보리라 하시니" (요 16:12-16)

예수님은 성령을 받지 못한 제자들이 말씀을 온전히 다 이해하지 못할 것을 아시고, 성령께서 오시면 그들을 진리 가운데로 인도하시리라고 약속의 말씀을 하셨습니다. 그리고 약속하신 대로 십자가에서 우리의 죄를 온전히 감당하사 죽으시고 장사한 지 사흘 만인 안식 후 첫날 다시 제자들에게 나타나십니다.

성령을 받으라

다시 설명하지만 예수님의 제자들은 벌써 물세례를 받은 자들이며, 요한이 물세례를 주었던 곳에서 수많은 사람들에게 도리어 물세례를 주었던 자들이었습니다. 그러나 그들도 반드시 또 받아야 할 세례가 바로 불세례, 즉 성령세례였던 것입니다.

"이 날 곧 안식 후 첫날 저녁 때에 제자들이 유대인들을 두려워하여 모인 곳의 문들을 닫았더니 예수께서 오사 가운데 서서 이르시되 너희에게 평강이 있을지어다 이 말씀을 하시고 손과 옆구리를 보이시니 제자들이 주를 보고 기뻐하더라 예수께서 또 이르시되 너희에게 평강이 있을지어다 아버지께서 나를 보내신 것 같이 나도 너희를 보내노라 이 말씀을 하시고 그들을 향하사 숨을 내쉬며 이르시되 성령을 받으라" (요 20:19-22)

예수님께서는 약속하신 대로 부활 후 사십 일 동안 제자들과 함께 하시며, 성령세례를 받아야 할 일과 오직 성령이 임하시면 권능을 받고 증인의 삶을 살아야 할 것을 정확하게 설명하셨습니다.

"사도와 함께 모이사 그들에게 분부하여 이르시되 예루살렘을 떠나지 말고 내게서 들은 바 아버지께서 약속하신 것을 기다리라 요한은 물로 세례를 베풀었으나 너희는 몇 날이 못되어 성령으로 세례를 받으리라 하셨느니라 그들이 모였을 때에 예수께 여쭈어 이르되 주께서 이스라엘 나라를 회복하심이 이 때니이까 하니 이르시되 때와 시기는 아버지께서 자기의 권한에 두셨으니 너희가 알 바 아니요 오직 성령이 너희에게 임하시면 너희가 권능을 받고 예루살렘과 온 유대와 사마리아와 땅 끝까지 이르러 내 증인이 되리라 하시니라 이 말씀을 마치시고 그들이 보는데 올려져 가시니 구름이 그를 가리어 보이지 않게 하더라" (행 1:4-9)

이때까지도 제자들은 약속의 성령이 없었음으로 인해 하나님의 마음을 헤아리지 못하였고, 예수님을 정치적 쿠데타의 주인공으로만 생각했었습니다. 그래서 예수님께서 이스라엘의 왕권을 회복시키신 후에 본인들이 한 자리 차지하게 될 것을 염두에 둔 질문으로, '주께서 이스라엘 나라를 회복'시키시는 때를 예수님께 묻습니다. 예수님께서 누누히 이야기하셨던 '성령의 역사'에 대해 전혀 이해와 관심이 없는 상태였던 것입니다. 그러나 예수님께서는 "오직 성령이 너희에게 임하시면 너희가 권능을 받고 예루살렘과 온 유대와 사마리아와 땅 끝까지 이르러 내 증인이 되리라"는 말씀을 하시고 하늘에 오르십니다.

이 말씀을 듣고 하늘로 오르시는 예수님의 모습을 보고, 충격에 휩싸인 많은 제자들은 그제서야 마음을 같이 하여 전혀 기도에 힘썼으며, 바야흐로 오순절 날이 이르자 다 같이 모여 기도하는 가운데 하나님께서 약속하셨던, 또 예수님께서 계속 설명하셨던 성령세례의 사건이 일어납니다.

> "홀연히 하늘로부터 급하고 강한 바람 같은 소리가 있어 그들이 앉은 온 집에 가득하며 마치 불의 혀처럼 갈라지는 것들이 그들에게 보여 각 사람 위에 하나씩 임하여 있더니 그들이 다 성령의 충만함을 받고 성령이 말하게 하심을 따라..." (행 2:2-4 중반)

이 사건을 바라보며 수많은 사람들이 놀라며 또는 의심하며 혼란 속에 있을 때에, 성령을 받은 자 중의 한 사람인 예수님의 제자 베드로가 성령의 도움으로 하나님의 마음을 전하게 됩니다. 많은 사람들의 불편한 시선들을 무릅쓰고 베드로가 외친 하나님의 마음은 그들로 하여금 예수님을 기억하게 하였고 예수님의 권능과 기사와 표적들을 상기하게 하였으며, 예수님이 하나님의 아들이라는 것과 그들의 죄로 인해 죽임을 당하게 되셨다는 사실을 깨달아 알게 하였습니다.

물로써 씻을 수 없는 그들의 엄청난 죄를 아들의 영원한 피로써 씻으신 하나님의 사랑과 은혜의 법을 듣고 괴로워하며, 마음을 찢고 회개하는 그들에게 베드로는 이렇게 선포합니다.

> "그리스도의 부활을 말하되 그가 음부에 버림이 되지 않고 그의 육신이 썩음을 당하지 아니하시리라 하더니 이 예수를 하나님이 살리신지라 우리가 다 이 일에 증인이로다 하나님이 오른손으로 예수를 높이시매 그가 약속하신 성령을 아버지께 받아서 너희가 보고 듣는 이것을 부어 주셨느니라"(행 2:31-33)

이 하나님의 마음을 듣던 모든 자가 마음의 바닥까지 찔려 "형제들아, 우리가 어찌할꼬?" 하며 괴로워할 때 성령 충만한 베드로가 이렇게 외칩니다.

> "너희가 회개하여 각각 예수 그리스도의 이름으로 세례를 받고 죄 사함을 받으라 그리하면 성령의 선물을 받으리니 이 약속은 너희와 너희 자녀와 모든 먼 데 사람 곧 주 우리 하나님이 얼마든지 부르시는 자들에게 하신 것이라 하고 또 여러 말로 확증하며 권하여 이르되 너희가 이 패역한 세대에서 구원을 받으라 하니"(행 2:38-40)

베드로는 이렇게 간절하게 외치면서 누구든지 하나님께 죄 사함(물세례)을 받고 성령세례(불세례)를 구하면, 앞으로 마지막 날까지 동일한 방법으로 성령을 선물로 받을 것이니 지금 구원을 받으라고 호소합니다. 그 결과로 이날 많은 사람들이 예수 그리스도의 이름으로 세례를 받고, 진정으로 '하나님 사랑과 이웃 사랑'을 통한 회복과 기쁨을 누리기 시작했습니다. 그 이후에도 오늘까지 하나님께서는 변치않는 하나님의 약속의 법칙을 지속되는 사건들을 통해 우리에게 확인해 주시며 물으십니다.

"예루살렘에 있는 사도들이 사마리아도 하나님의 말씀을 받았다 함을 듣고 베드로와 요한을 보내매 그들이 내려가서 그들을 위하여 성령 받기를 기도하니 이는 아직 한 사람에게도 성령 내리신 일이 없고 오직 주 예수의 이름으로 세례만 받을 뿐이더라 이에 두 사도가 그들에게 안수하매 성령을 받는지라" (행 8:14-17)

위의 말씀을 보면 사마리아인들은 물세례는 받았으나 성령세례는 아직 받지 못하였으므로 사도들이 베드로와 요한을 보내었다고 기록되어 물세례와 성령세례가 다른 사건임을 설명하고 있습니다.

그래서 그들은 '주 예수의 이름으로 세례만 받을 뿐'이라며, 그것만으로는 온전치 못하기에 제자들을 보내어 예수님의 약속의 성령을 받을 수 있도록 했음을 설명하고 있습니다.

그러나 또 우리가 주목해야 할 사실 중 하나는, 베드로가 예수님의 제자 중 수제자의 역할을 하고 있었음에도 불구하고 예수님의 명령 중 제일 중요한 하나를 간과했으니, 그것은 바로 이 물세례, 불세례의 약속은, 즉 하나님께서 '회개'와 '성령세례'를 통해 우리를 자유케하심을 모든 족속에게 땅 끝까지 퍼지게 해야 하는 일이었습니다. 그런 그에게 예수님은 기도 중에 환상을 통하여 이방인들, 즉 유대인(이스라엘 사람들) 말고도 하나님께서는 모든 족속들과 나라들, 다른 백성들도 하나님의 은혜와 사랑을 물세례, 불세례, 즉 회개와 성령세례를 통해 얻게 하시겠다고 설명하시며, 하나님께서 깨끗하게 하신 것(이방인들)을 속되다(더럽다) 하지 말라고(행 10:15) 힌트를 주십니다. 이 환상을 속으로 '의심'하고 있던 베드로를 결국 이방인 중 의인이자 하나님을 경외하는 자인 고넬료의 가정으로 인도하시고 이번엔 물세례도 받지 않았던 자들에게 하나님께서 직접 성령세례를 주시는 사건이 일어나게 하십니다. 즉, 사람이 물을 뿌리거나 물에 넣지 않았어도, 하나님께서 벌써 회개한 자는 성령세례를 주신다는 것을 직접 시청각교육을 시키신 것입니다. 그래서 사도행전 10장 47절에서도 회개한 고넬료와 식구들에게 임했던 불세례(성령세례) 이후 "이 사람들이 우리와 같이 성령을 받았으니 누가 능히 물로 세례 줌을 금하리요"라고 했던 베드로의 고백을 들을 수 있었습니다.

또 사도행전 18장에서 일찍부터 예수님에 관한 것을 배워 자세히 말하며 가르치던 '아볼로'라는 자도 요한의 세례 즉, 물세례에 대해서만 알고 있었습니다. 그러던 그에게 바울의 동지였던 브리스길라와 아굴라가 나타나 '하나님의 도(물세례, 불세례—예수님이 오신 이유)'를 온전히 전했으며, 사도행전 19장에서는 아볼로의 가르침을 받았던 에베소의 사람들에게 하나님께서 바울을 보내셔서 "너희가 믿을 때에 성령을 받았느냐?"라는 질문을 하게 하시고, 요한의 세례(물세례)밖에 알지 못한다는 그들에게 주 예수의 이름으로 성령세례를 베풀게 하십니다.

이렇듯 하나님께서 구체적이고 체계적으로 '성령세례'를 강조하시는 이유는, 성령이 없는 가르침은 말싸움에서는 이길 수 있어도 하나님의 능력의 나타나심은 없기 때문입니다. 그렇습니다. 성령이 없는 가르침은 증인의 삶을 살 수 있게 하지 못합니다. 그러니 제발, 성령의 인도하심 안에 하나님의 능력을 얻게 되는 당신이 되기를 예수님의 이름으로 축복합니다.

하나님을 믿는 사람이건 믿지 않는 사람이건, 현재 가지고 있는 생각들 가운데, '하나님의 의도'를 뺀 모든 것들은 하나님 앞에서 '겸손'하게 없어져야만 합니다. 언제나 하나님의 말씀 위에 하나님의 의도를 방해하는 그 어떤 것도 놓지 않기를 바랍니다. 그 어떤 감정이나 선입견도 두지 마십시오.

성령 세례를 받으라고 할 때 두려워하는 사람들이 많습니다. 왠지 아십니까? 여러 이유가 있겠지만 그중 하나가 사탄이 두려움을 줘서 성령세례를 받지 못하게 하기 때문입니다. 두려워하지 말고 하나님의 마음을 받아들이십시오. 하나님의 선하신 의도는 그 어느 누구도 억압하거나 누르지 아니하며 반드시 자유롭게 하며, 최선의 삶을 살게 하시려는 것입니다. 성령세례의 육신적 현상을 바라보지 말고, 성령세례를 구할 때에 본인의 마음을 스스로 점검하되 '진실성'이 있는지 되묻고 구하십시오.

그리고 성령을 구하셨다면, 성령세례 이후 내가 '예수님의 증인이냐, 아니냐'를 점검하십시오. 만약에 한 번도 하나님의 성령을 진지하게 구한 적이 없다면, 이번 기회에 본인의 믿음을 점검하고, 기도하는 마음으로 하나님의 성령을 구하십시오. 물론 회개에 합당한 열매를 맺으려 하는 마음의 근본을 놓치지 않은 채로 말입니다.

지금 '성령세례'를 받기를 원하십니까? 자, 따라해 보십시오.

"""

"예수님, 나의 죄 때문에 예수님께서 죽으셨음을 인정합니다. 지금 제가 기억하는 모든 죄, 기억나지 않는 모든 죄를 예수님의 이름으로 회개합니다. 그러니 이제 약속하신 성령을 제 안에 주시옵소서. 그리고 다시는 떠나지 마시고, 영원히 저와 함께해 주시옵소서. 예수님의 이름으로 나를 축복하며 기도합니다."

이제 우리를 인도하기를 기뻐하시는 하나님의 뜻대로 순종하고 행동하면, 하나님의 모든 축복이 당신의 삶에 임하고, 하나님의 기사와 이적을 경험할 것입니다. 자신의 죄를 돌아보아 오직 예수님의 이름으로 회개하고, 이제는 하나님의 영, 성령을 구하신 당신에게 하나님의 축복이 있기를 예수님의 이름으로 기도합니다.

3

주의 영이 계신 곳에는
자유함이 있느니라

주는 영이시니 주의 영이 계신 곳에는
자유가 있느니라

"주의 성령이 내게 임하셨으니 이는 가난한 자에게 복음을 전하게 하시려고 내게 기름을 부으시고 나를 보내사 포로된 자에게 자유를, 눈 먼 자에게 다시 보게 함을 전파하며 눌린 자를 자유롭게 하고 주의 은혜의 해를 전파하게 하려 하심이라 하였더라" (눅 4:18-19)

"주는 영이시니 주의 영이 계신 곳에는 자유가 있느니라" (고후 3:17)

믿는 자가 믿음 안에서 성령으로 자유하게 되는 일은 반드시 일어나야만 합니다

자유하게 되는 일은 하나님의 성령이 우리에게 임함으로만 일어나는 일로써 꼭 점검을 필요로 하는 일입니다. 왜냐하면 자신이 치유함 받고 자유하게 됨이 없이 다른 사람들을 자유하게 할 순 없기 때문입니다. 물론 하나님의 은혜가 크기 때문에, 오직 넘치는 은혜로 자신의 상처가 아직 아물기도 전에 자신의 상처와 상관없이 다른 영혼들을 성령의 인도하심으로 인해 치유하게 하는 일도 있습니다. 그러나 하나님의 온전하신 의도는 '하나님의 성령이 임한 자는 반드시 자유하게 되는 일이 일어난다'는 것임을 알아야만 합니다(사 61:1-3).

우리 중 누구든지 계속 성령 충만한 삶을 유지하는 가운데 하나님과 동행하면, 많은 사건과 인도하심을 통해 자유롭게 되는 일들이 하나님의 약속과 더불어 자연스럽게 일어날 것입니다.

우리를 억누르려 하는 많은 것들은 영적인 존재들이기 때문에 만약 우리 안에서 살다가 쫓겨남을 당해도 그들의 보금자리라 생각했던 그곳으로 다시 들어가려 하고, 쫓겨 나가기 전보다 더 강한 연합전선을 펴고 달려들으려 한다는 사실을 망각해서는 안 됩니다.

당신에게 성령이 임하셔서 영적인 눈멈에서 벗어나 실체적으로 눈을 뜨게 되어 영적인 세계를 보고, 인식하게 되었다면, 끝까지 봐야만 합니다. 믿음의 실눈을 크고 부릅뜨게 되는 사건이 이 시간 일어나길 예수님의 이름으로 기도합니다.

"강한 자가 무장을 하고 자기 집을 지킬 때에는 그 소유가 안전하되 더 강한 자가 와서 그를 굴복시킬 때에는 그가 믿던 무장을 빼앗고 그의 재물을 나누느니라 나와 함께 하지 아니하는 자는 나를 반대하는 자요 나와 함께 모으지 아니하는 자는 헤치는 자니라 더러운 귀신이 사람에게서 나갔을 때에 물 없는 곳으로 다니며 쉬기를 구하되 얻지 못하고 이에 이르되 내가 나온 내 집으로 돌아가리라 하고 가서 보니 그 집이 청소되고 수리되었거늘 이에 가서 저보다 더 악한 귀신 일곱을 데리고 들어가서 거하니 그 사람의 나중 형편이 전보다 더 심하게 되느니라"(눅 11:21-26)

예수님의 말씀에 비추어 보니 이 악령들을 강한 자라 하십니다. 무장 강도와 같이 우리의 삶에 침입하여 영육 간에 자리를 차지하고 자기 집처럼 마음대로 부수고 더럽게 하는 자들이라고 말씀하십니다. 이때 사탄의 무장이란, 사탄이 심어 놓은 열매들에 대해 우리가 동의한 죄성입니다. 사탄이 감성과 이성과 아이디어로 공격해 올 때, '글쎄(Maybe)'라고 대답하지 말고 성령 안에서 분별하여 사탄의 성품이거든 단호히 'No!' 즉 '원하지 않는다'라고 대답해야 합니다.

하나님께서는 어둠의 영들이 인간에게 죄악된 성품들을 심어 놓고 그 성품, 추악하고 더러운 그들의 열매들을 마음대로 수확하며 도리어 안전하다고 소리쳐대는 악하고 강한 자라고 하십니다.

그러나 더 강한 자, 즉 하나님의 성령, 그리스도께서 보내신 성령이 우리 안에 들어오셔서 그들을 이기실 때, 어둠의 영들은 자기들의 것이라고 믿었던 우리 삶에서의 무장을 빼앗기게 되고 우리는 잃어버렸던 우리의 복들을, 하나님의 축복과 온전한 삶을 되찾게 됩니다.

반대로 만약 우리 안에 성령 하나님께서 들어오셔서 일하실 때에 그분의 뜻과 함께하지 아니하면 하나님을 반대하는 자요 또 성령님의 뜻을 향하여 자기의 힘을 모으지 아니하는 자는, 스스로를 해치는 자라고 하십시다. 이런 자들이 하나님의 '한 줌의 영토'를, 즉 자신의 삶을 악령들에게 내어주는 자가 되는 것입니다.

하나님의 은혜로 어둠의 영들이 더 강한 자되신 성령의 능력으로 쫓겨나서 그 사람(집, 영혼)이 순간적으로 자유하게 되었다 하더라도, 그 집을 더 강한 자되신 성령께서 완전히 다스리시도록 하기 위해서는, 그 집과 그 영혼이 하나님의 성품으로 채워져야 합니다. 그렇지 않으면 그 영혼의 빈집을 보고, '강한 자들'이라 불렸던 악령들이 자신들이 쫓겨나가 없는 동안 빈집이 청소되고 수리되었을 때(삶이 조~금 자유스러워졌다 할지라도), 이제는 그들보다 더 악한 귀신, 더 더럽고 사악하고, 더 강한 마귀의 영들을 데리고 들어가려 한다는 실체의 영적 전쟁을 알아야만 합니다.

생각의 경로와 감정의 원인을 점검해야 합니다

사탄은 많은 때에 습관을 공격합니다. 그래서 어떤 사람들이 하나님을 믿는다 하면서도, 더욱 더 악의 구렁텅이로 빠져가는 것을 볼 수 있으며, 예수님을 안다하며, 나아진 삶, 치유된 삶이 아닌 전보다 더 암울한 삶을 살게 되는 것을 볼 수도 있는 것입니다. 그렇기 때문에 분별해야만 합니다. 소위 '무의식'이라고들 이야기하는 상태로 아무 영들이나 들락거리지 못하도록 생각의 정결함을 지키시고, 어느 상황에서도 긴장을 놓지 마시고 몸과 마음과 영을 오직 예수님께서 주인되게 하셔야만 합니다.

"우리가 그에게서 듣고 너희에게 전하는 소식은 이것이니 곧 하나님은 빛이시라 그에게는 어둠이 조금도 없으시다는 것이니라 만일 우리가 하나님과 사귐이 있다 하고 어둠에 행하면 거짓말을 하고 진리를 행하지 아니함이거니와 그가 빛 가운데 계신 것 같이 우리도 빛 가운데 행하면 우리가 서로 사귐이 있고 그 아들 예수의 피가 우리를 모든 죄에서 깨끗하게 하실 것이요 만일 우리가 죄가 없다고 말하면 스스로 속이고 또 진리가 우리 속에 있지 아니할 것이요 만일 우리가 우리 죄를 자백하면 그는 미쁘시고 의로우사 우리 죄를 사하시며 우리를 모든 불의에서 깨끗하게 하실 것이요 만일 우리가 범죄하지 아니하였다 하면 하나님을 거짓말하는 이로 만드는 것이니 또한 그의 말씀이 우리 속에 있지 아니하니라" (요일 1:5-10)

그렇습니다. 우리가 진정으로 자유하게 되기 위해서는 살아 계시고 속지 아니하시는 하나님과의 실제의 사귐이 있어야 합니다. 실제의 사귐이란, 하나님께 순종하여 성령에게 이끌리는 삶입니다. 하나님과 실제의 사귐이 있다하는 자, 곧 이제 하나님의 자녀가 된 자들은 어두운 일들을 멀리하게 됩니다. 그러나 하나님을 알고 하나님의 자녀라 하고 은혜 가운데 거한다 하면서도 어둠, 즉 죄 가운데 계속 거하게 되면 거짓말이요 진리에 거하지 못하여 하나님이 원하시는 것을 할 수도 없으며 그 결과로 악한 자, 즉 악령들에게 영과 육을 빼앗기는 자가 되는 것입니다. 그래서 우리는 우리의 영, 혼, 육을 사탄에게 빼앗기지 않기 위해 우리의 죄와 연약함을 예수님 앞에 먼저 인정하고, 하나님을 또 다시 바라보며 순간순간 예수 그리스도의 피로 씻겨야 합니다. 이 말은, 하나님의 아들이신 예수님이 내가 고백하는 그 죄 때문에 피를 흘리셨고 죽임을 당하셨으며, 대신 죽으심으로 갚으신 십자가에서의 그 실제적 사건을 통해 어둠의 영들이 움켜쥐려 했던 죄악의 발판이 사라져 버린다는 엄청난 하나님의 영적 법칙을 말씀하는 것입니다.

어두운 생각과 죄악의 감정으로 침투해 오려는 악령들의 끊임없는 공격에 맞서 우리가 할 수 있는 것은, 그들이 공격의 발판으로 딛고 들어올 수 없도록 모든 어두운 생각과 감정들을 몰아내고 싸워야 합니다. 만약 조금이라도 생각과 감정의 상태가 흔들려 마음으로 죄의 성향이 묻어나려 할 때는 가차없이 회개해야 합니다. 즉, 그릇된 일과 그에 대한 생각들을 멈추고 하나님께 돌아서서, 하나님이 원하시는 방법으로 바꾸어 나아가야 합니다. 하나님의 말씀과 더불어 성령의 충만하심이 우리 안에 지속되게 하는 것입니다.

이때 유의해야 할 것이 있는데, 본인에게 '믿는다 하는 감정'만 있는지, 아니면 '행함이 있는 믿음'이 있는지 반드시 분별하는 것입니다. 모든 죄들을 자백하고 맞서 싸워서 그 죄들이 되풀이되지 않도록 해야 합니다. 우리의 최선을 드려서 치유함이 일어나게 해야 합니다.

◎ 지금 현재 알면서도 성령께 순종하지 않는 것이 있는지 봐야만 합니다.

◎ 과거에 저지른 죄들 가운데 아직도 본인을 공격하도록 방치한 죄의 기억들을 자백하고 회개해야 합니다.

◎ 태어날 때부터 지금까지 본인의 삶의 역사를 그려 보십시오.

◎ 기억 속에 있는 모든 것들을 다 자백하고 회개로 예수님께 드리십시오.

◎ 혹시 기억하지 못하거나 기억하길 원하지 않는 그것까지도 드리십시오.

그리고 진리를 행해야만 합니다

◎ 먼저, 이미 알고 있는 일들 가운데, 하나님께서 원하시는 것을 순종합니다.

◎ 감정적으로만 하지 않도록 구체적으로 계획합니다.

◎ 당장 시작할 수 있는, 오늘 할 수 있는 일들은 오늘 해야만 합니다.

◎ 기록하고 계획하고 수행하고 점검할 수 있도록 믿는 지체들과 서로 나누십시오.

◎ 구체적이고 적극적으로 행하십시오. 그리고 진보를 서로에게 나타내십시오.

예수님께서는 이사야서 전체의 하나님의 의도, 어쩌면 성경 전체 속에 있는 우리를 향한 하나님의 의도를 이사야서 61장에서 선포하셨다고 해도 과언이 아닙니다. 누가복음 4장 18-19절에서 예수님이 말씀하신 구절은 이사야서 61장 1-3절의 앞부분이요, 이 일을 위해서 오셨다고 분명히 밝히고 계십니다.

> "주의 성령이 내게 임하셨으니 이는 가난한 자에게 복음을 전하게 하시려고 내게 기름을 부으시고 나를 보내사 포로된 자에게 자유를, 눈먼 자에게 다시 보게 함을 전파하며 눌린 자를 자유롭게 하고 주의 은혜의 해를 전파하게 하려 하심이라 하였더라" (눅 4:18-19)

포로된 자에게 자유를

나를 묶고 있고 내가 갇혀 있는, 하나님께서 원하지 않으시는 모든 것으로부터의 자유함을 누려야만 합니다. 이 자유함은 먼저 하나님께서 원하신 것임을 믿고 예수님을 의지하여 고백하고 선포하며 순종할 때, 이 믿음의 흐름들을 통하여 경험하게 됩니다.

눈먼 자에게 다시 보게 함

성령이 오시기 전에는 누구든지 영적으로 눈먼 자입니다.

다시 보게 함이란, 원래의 하나님의 의도, 창세전부터 바라셨던 올바른 하나님과의 관계 회복 속에 영적인 눈이 뜨이고 실체를 보게 된다는 것이며, 예수님께서 우리의 죄악으로 인한 십자가를 지셨음을 믿음으로 누구든지 하나님과 그 사람 사이에 놓여 있던 죄로 인한 막힌 담을 하나님의 뜻대로 예수님께서 허물어 주심을 실제로 경험하게 되는 일입니다.

눌린 자를 자유롭게 함

예수님께서는 우리를 억누르고 있었던 영적인 공격들과 연약함에서의 자유, 또 근본적인 모든 눌림에서 자유하게 하러 오셨습니다. 이 일들은 오직 예수님이 그리스도이심을 믿는 것만으로 가능한 일입니다. 그리스도라 함은 예수님만이 길이요 진리요 생명이시라는 뜻입니다. 성령 안에서 '나'와 하나님과의 관계는 반드시 회복되고 발전되어야만 합니다. 하나님께서도 우리의 믿음이 자라기를 바라십니다. 모든 일에 우리 안에 계신 성령님께 묻지 않는 것이 '교만'입니다.

간혹 잘못 이해하여 하나님의 일은 은사를 받은 특별한 자들만이 하는 것이라고 생각하는 사람들이 있습니다. 우리는 주의 성령이 우리 안에 들어오심으로 이미 모든 은사를 받았습니다. 적어도 하나님께서는 성령이 허락된 하나님의 모든 자녀들이 예수 그리스도의 믿음의 분량까지 자라기를 바라신다는 사실입니다.

"자기 아들을 아끼지 아니하시고 우리 모든 사람을 위하여 내주신 이가 어찌 그 아들과 함께 모든 것을 우리에게 은사로 주지 아니하시겠느냐" (롬 8:32)

우리에게 허락된 가장 큰 은사는 '예수 그리스도'이십니다. 예수 그리스도의 영, 성령을 받고 또 따로 밖에서 은사를 받는 것이 아닙니다. 모든 은사는 오직 우리 안에 계신 '성령의 나타나심'입니다(고전 12-14장).

이 부분은 좀 더 상세히 다루어져서 훈련이 되어야 하는 일이므로 계속되는 의의 나무 시리즈에서 하나하나 구체적으로 짚어 나가도록 하겠습니다.

4

제사장의 삶,
지성소에 임하는 삶

앞에서 나누었던 흐름들을 기억하시고 혹시, 이해가 잘 되지 않는 부분이 있으시다면, 거듭 읽어보셔서 그냥 넘어가지 않도록 하시는 것이 중요합니다. 그래야 앞부분에서의 배움을 통해 그릇된 믿음이나 성경적 오해에서 자유케 되는 것과 동시에 지금부터 믿음의 힘을 오직 하나님이 예수 그리스도를 통하여 허락하신 성령의 인도하심으로 누릴수 있게 됩니다. 이처럼 성령께서 우리에게 들어오시면 하나님의 뜻 데로, 하나님의 자녀로서의 위대하다 할수 있을만큼의 엄청난 능력의 삶을 살아갈수 있게 됩니다.

성경 속 구약에서 계속 설명하신것처럼 하나님의 기름부으심은 왕이요, 제사장이요, 선지자에게 행하신 뜻인 것처럼, 우리에게 하나님의 거룩한 불, 즉 성령의 기름부으심이 일어나면 우리도 오직 하나님의 뜻데로 왕같은 제사장이며 하나님의 선지자같은 삶을 누리게 하시는 것입니다. 그러니 특별히 더, 앞에 기본진리의 삼단원들 사이에서 혹시 하나님이 원하시는 방법과 인도하심을 따라 진심으로 회개하고 성령을 구하시지 않았다면, 더이상 진도 나가지 마시고 본인의 삶을 돌아보시기 부탁합니다. 왜냐하면, 하나님의 말씀을 더 깨닫고 알아갈 수록 거룩하신 말씀을 대면한 책임이 생기기 때문입니다.

그렇다면 이제, 하나님앞에서 거짓없이 하나님께 돌아오셨음을 믿고 그다음으로 나아가겠습니다.

기름 부으심을 받는 왕 같은 제사장, 선지자의 삶

성령께서 우리의 삶에 들어오신 후, 부활하신 예수님과 더불어 사는 새 삶이 바로 왕같은 제사장, 선지자의 삶입니다.

하나님께서 우리를 사랑하사 우리를 자유하게 하신 이유는 하나님 사랑, 이웃 사랑을 통해 예배의 삶을 회복시키시고 이제는 우리가 하나님의 축복의 통로들이 되어 다른 영혼들을 자유하게 하기를 원하셨기 때문입니다. 그 일을 시작하시려고 우리에게 하나님의 영이요 그리스도의 영이신 성령을 허락하셨으며, 성령의 기름 부으심을 통해 제사장의 삶, 왕의 삶, 선지자의 삶을 살게 하셨습니다.

이 멋진 하나님의 계획을 이루시기 위해 우리 안의 모든 죄를 하나님의 피, 하나님의 단 하나뿐인 아들 예수 그리스도의 피로 씻어 주신 것입니다. 여러 가지 죄의 결과로 더럽혀진 우리의 영과 혼과 육의 상태를 하나님께서 예수님의 생명을 희생시킴으로 인해 의로운 피로 정하게 바꾸어 주셨습니다.

누구든지 이 사실을 믿으면, 그 믿음을 '의롭다' 여기시고, 부활하사 다시 살아나신 예수님과 더불어 새 생명을 살게 하셨으니 이 삶이 바로 왕이요, 제사장이요, 선지자의 삶입니다. 이 삶이 어떤 삶인지 확인하여보시고, 열매를 점검하십시오.

생명의 열매가 있는 자는 자유하게 된 자요, 생명의 열매가 없는 자는 자유하게 된 자가 아닙니다. 왜냐하면 약속의 말씀에 의해 예수님께서 자유하게 한 자는 반드시 다른 영혼들을 자유하게 하기 때문입니다. 먼저 성령이 우리 안에 들어오시면 예배의 회복이 시작됩니다. 예배를 받으시는 영이신 하나님께서는 멀리 계신 분이 아니라, 이제는 우리 안에 들어오신 아주 가까이 계신 분이니 당연히 온전한 예배의 모습이 시작되게 됩니다.

삶이 예배로 바뀌어, 살아가는 방법과 결정하는 방식들이 하나님께서 원하시는 모습으로 바뀌면 살아 있는 성전의 삶이 시작됩니다. 이것을 보고 '신령과 진정으로 드리는 예배'라고도 합니다.

하나님께서는 하나님의 영이신 성령께서 우리의 삶에 항상 함께하심으로 인하여 예배의 시작과 끝이 없이, 항상 삶이 예배화되는 방법을 제사장의 삶을 통하여 설명하셨습니다. 이것을 이해하기 위해서는, "바로 내가 '살아 있는 성전'이어야 하는구나!" 하는 사실을 다시 한 번 되새기면 도움이 되리라 믿습니다. 이를 설명하기 위해 예수님께서도 "너희가 이 성전을 헐라. 내가 삼 일 만에 일으키리라!"라고 말씀하셨습니다. 물론 예수님께서 '헐라'고 하신 성전은 예루살렘이 아닌 본인의 몸 된 성전을 말씀하신 것이었으며, 이 말씀은 성령께서 우리 안에 들어오심으로만 이해되고, 또 그 성령의 음성을 들으며 순종할 때, 하나님과 '동행의 삶'을 살 수 있게 되는 것입니다.

성막 안의 삶, 제사장의 삶

하나님께서 직접 관여하시길 바라시는 능력의 삶의 첫 흐름은 제사장으로서의 삶입니다.

성경 속의 약속의 제사장의 삶이란, 우리의 삶의 중심에 여호와 하나님의 불(쉐카이나)이 끊임없이 타오르는 상태를 유지하는 것을 말합니다. 하나님의 불은 하나님의 현현을 말하는데 그가 인정하시는 거룩한 상태, 신령한 상태를 필요로 합니다. 이 하나님의 거룩한 불이 우리 안에서 계속 활활 타오르게 하기 위해 예수님은 우리의 영원한 제사물, 희생양이 되어 주신 것입니다.

삶으로의 예배의 본을 보여 주신 예수님과 더불어 우리도 이제 그 예배의 삶, 하나님의 성막의 삶으로 들어가 보겠습니다.

동쪽으로 향한 문: 문 되신 예수 그리스도

제일 먼저 이 성막의 삶으로 들어가려면 단 하나의 문을 통할 수밖에 없는데, 이 문은 바로 동쪽으로 나 있는 문입니다. 예수님께서는 "

내가 문이니 누구든지 나로 말미암아 들어가면 구원을 받고 또는 들어가며 나오며 꼴을 얻으리라"라고, 요한복음 10장 9절에서 말씀하셨습니다.

이 말씀은, 항상 동쪽을 향해 있는 문처럼 날마다의 삶 속에 해가 뜨는 순간, 아니면 하루의 처음 시작점의 모든 순간부터 예수님의 문으로 들어가는 자처럼, 성전 속에 거하는 자로서 하루를 예배로 시작하는 예배자의 삶을 사는 것을 말합니다. 오직 문 되신 예수님을 통해서, 즉 예수님이 제시하신 길과 방법과 인도하신 그 문을 향해 나아갈 때만이 비로소 제사장의 삶이 시작되며, 다른 길과 방법은 없다는 것을 하나님은 누구를 막론하고 분명히 알기를 바라십니다. 온전한 믿음을 바라는 자는 '예수 그리스도'란 이름 안에 정의와 공의, 진실과 성실과 정직, 사랑과 평화의 선하고 거룩하고 '완전한 의로움'이 있다는 것을 아는 자입니다. 또한 필요와 이득을 구하는 자가 아니라 바른 길을 선택하는 자입니다.

눈으로 보기엔 좁은 문처럼 보이고 협착한 길처럼 보여도, 그 길을 향해, 그 문을 향해 나아갈 때 모든 삶의 영역에서 구원을 얻고, 들어가며 나오며 생명을 얻고, 또 더 풍성히 얻어 나누는 삶, 축복의 통로로서의 삶을 살게 되는 것입니다. 하나님의 약속의 능력의 기름 부으심을 누리고 살아가기 위해서는 오늘의 삶의 목적과 이유가 예수님이어야만 합니다. 그래서 눈을 뜬 그 순간부터, 첫 숨을 내어쉬는 하루를 시작할 때 예수님의 문으로 들어가겠다고 작정을 해야 합니다. 그일은 저절로 되는 것이 아니라 문 되시고 본이 되신 예수님을 온전히 바라보고 스스로 결정하여 들어가려는 실제적 행동을 요구하는 것입니다.

이러한 모습들을 하나님께서 직접 보시고 그다음 축복의 단계로 인도하시는 것입니다. 예수님 보시기에 옳은 삶을 살지 않으면 하나님 아버지의 축복을 누릴 수 있다고 생각하는 것 자체가 억지이며 강도짓과 같다는 것을 아는 것도 중요합니다.

"내가 진실로 진실로 너희에게 이르노니 문을 통하여 양의 우리에 들어가지 아니하고 다른 데로 넘어가는 자는 절도며 강도요" (요 10:1)

번제단, 삶을 번제로 드림

거룩한 제사장으로서의 삶의 시작점인 동문을 통과하면 비로소 번제단이 나옵니다. 번제단은 회개의 삶을 말합니다. 회개 중에 있다는 것은 '괴로워하고 있다'는 것이 아니라 '하나님을 향하여 지속적으로 가는 과정'을 말합니다. 결국 회개는 천국에 가는 날까지 하는 것이며, 하나님께 등을 돌리지 않고 하나님께 계속 가까이 가려는 것입니다. 회개는 죄의 길에서 의의 길로 돌아가는 유턴(U-Turn)이며, 하나님께로 가까이 가는 여정입니다.

자주 사탄은, 마귀는, 또 타락한 천사의 영들은, 회개를 후회, 눌림의 모습으로 속입니다. 그러나 그렇지 않습니다. 회개는 기쁨으로의 초대입니다. 번제단은 소멸시키는 불로써 우리가 완전히 재가 될 때까지 타야만 하는, 반드시 통과하여만 하는 제사장의 삶의 중요한 일부분입니다. 우리의 부족함과 죄악들과 불순한 모든 요소들이 불 속에서 달구어지고 타올라 결국은 투명해지고 맑아져 정금같이 나오는 그 기쁨으로의 초대입니다.

예수님께서 불 가운데 함께하시는 것을 경험하십시오. 우리 대신 흘리신 그 뜨거운 피가 불 속에서 타서 끓어올라, 도리어 우리를 보호하시는 하나님의 은혜를 회개를 통하여 경험해야 합니다.

그렇습니다. 예수님이 우리 대신 죽어주셔서, 우리가 불 속으로 들어가도 타지 않는 것입니다. 불이 너를 사르지 못한다는 하나님의 말씀은 바로 그 개념입니다. 우리가 불로 들어가도 예수님께서 우리를 위해 번제물이 되어 주셨기에 번제불로 들어가도 우리가 타 죽기는커녕 그을리지도 않는다는 것입니다. 날마다 번제단에 들어가도 우리의 죄가 완전히 십자가에서 소멸되었으므로 불이 우리를 사르지 못합니다. 그래서 그 사실을 믿기로 작정한 자는, 이제 그 기쁨의 회개의 삶을 날마다 살아야만 합니다. 또 그러기로 결정해야만 합니다.

물론 잘못한 일이 있을 때 그 죄를 가볍게 여겨서는 절대로 안 됩니다. 그 일로 예수님이 죽으셔야만 했으니까요. 그러나 괴로워만 하고 후회만 하는 것은 옳지 않습니다. 후회만이 아닌 하나님께로 향하는 삶, 맘의 결정을 행동으로 당장 실행에 옮기는 번제단의 삶을 점검하십시오. 날마다 후회하고 후회하여 감정적인 파도타기만 하지 말아야 합니다. 속지 마십시오.

번제단에 들어가는 능력의 삶에 대하여 나누기 위해서는 반드시 성경 속의 번제에 대해 알아야 하며, 우리가 실제로 하나님의 거룩하신 성령의 불로 태워지는 번제물이 되어야 합니다.

"이스라엘 자손에게 말하여 이르라 너희 중에 누구든지 여호와께 예물을 드리려거든 가축 중에서 소나 양으로 예물을 드릴지니라 그 예물이 소의 번제이면 (1) 흠 없는 수컷으로 회막 문에서 여호와 앞에 기쁘게 받으시도록 드릴지니라 그는 (2) 번제물의 머리에 안수할지니 그를 위하여 기쁘게 받으심이 되어 그를 위하여 속죄가 될 것이라 (3) 그는 여호와 앞에서 그 수송아지를 잡을 것이요 아론의 자손 제사장들은 그 피를 가져다가 (4) 회막 문 앞 제단 사방에 뿌릴 것이며 그는 또 (5) 그 번제물의 가죽을 벗기고 (6) 각을 뜰 것이요 제사장 아론의 자손들은 (7) 제단 위에 불을 붙이고 불 위에 나무를 벌여 놓고 아론의 자손 제사장들은 (8) 그 뜬 각과 머리와 기름을 제단 위의 불 위에 있는 나무에 벌여 놓을 것이며 (9) 그 내장과 정강이를 물로 씻을 것이요 제사장은 (10) 그 전부를 제단 위에서 불살라 번제를 드릴지니 이는 화제라 여호와께 향기로운 냄새니라" (레 1:2-9)

하나님의 뜻대로 각자의 삶에서 이제 성령의 불이 타오르기 시작한 자들은 신령과 진정으로 드리는 예배가 무엇인지 어렴풋이라도 체험해 나아갈수 있는 길이 허락됩니다.

이 길과 이 삶은 힘든 것이 아니라 인간으로서 하나님의 창조하신 최고의 목적을 실제로 경험해 나아가는 엄청난 축복인 것입니다. 실제로 순간순간 하나님의 뜻 안에서 예수 그리스도와 동행하며 성령충만함에 힘입어 하나님과의 약속들을 맛보거나 누리기 시작한 자들은 여태까지 스스로가 알고 있다 생각해왔던 모든 행복의 조건들과 성공에 대한 생각들이 얼마나 부질없으며 유치한 것인지를 알게 됩니다.

물론, 하나님께서는 우리가 어떤 상급이나 복락에 모든 시선이 몰리는 저속한 바라봄을 원하지 않으십니다. 그러나 분명한 사실은, 우리의 믿음의 이유가 정하고 옳고 순수한 상태에서, 하나님의 자녀로서 위대한 하나님의 능력 안에 끝없는 누림을 지속적으로 경험하길 바라신다는 것입니다.

그 하나님이 준비하신 선하시고 올바른 믿음으로 들어가게 되는 삶의 모습이 바로 '번제의 삶'에 담겨 있습니다. 우리 스스로가 살아 있는 번제의 삶을 살려고 한다면 먼저 '문'되신 예수님을 통하여 들어가서, 또 우리의 죄를 지고 지성소 하나님의 거룩하신 존전까지 나아가시는 참목자되신 예수님의 모든 발걸음을 따라가야 합니다. 예수님을 지속적으로 따라가면서 바라보는 성소의 모든 모습 안에, 그리고 우리 내면의 모습 안에 그리스도의 성품과 삶이 녹아 있고 서려 있습니다. 그래서 자세히 들여다봐야 합니다.

"요한이 예수께서 자기에게 나아오심을 보고 이르되 보라 세상 죄를 지고 가는 하나님의 어린양이로다" (요 1:29)

하나님은 이 세상 모든 사람이 죄성과 그로 인한 공격 안에 있는 것을 아십니다. 그리고 그 죄성들과 그로 인한 사단의 모든 공격에서 자유케 되는 방법은 '완전한 희생양'인 '제물'이 필요하다는 것도 아셨습니다. 그래서 우리는 죄 없는 하나님의 어린양을 직접 보내셔서 우리대신 희생양이 되게 하셨다는 사실을 바라봐야 합니다. 그리고 하나님께서 거저 주신 선물인 믿음이, 진심으로 나에게 효력이 되기를 원해야 합니다. 그러기 위해서 '나는 흠없는 번제물이 필요합니다. 바로 그분이 하나님의 독생자 예수님이십니다!' 이러한 고백과 믿음을 갖고 어린양 예수 그리스도 위에 나의 죄를 다 얹어버리는 믿음의 양식이 바로 '거룩한 번제'가 되는 것입니다. 그것이 위에서 열거한 레위기 1장 가운데 (1)번으로 표기된 '흠없는 수컷'인 예수님을 여호와 하나님 앞에서 제물로 드려야 하는 것입니다. '열납된다'는 것은 '기쁘게 받아들여진다'라는 의미로, 이 말의 뜻은 하나님께서 본인의 본체라고 까지 설명하신 예수님을 '나'를 위하여 죽이기까지 사랑하셨다는 정말 말도 안 되는 위대한 하나님의 사랑을 믿기로 작정한 당신을 기쁘게 받으시겠다는 사실입니다. 그러니 이 '어린양 예수'를 당신의 믿음의 손으로 하나님께 드리십시오. 파렴치한 우리를 용서하길 바라서서 내미시는, 포기하지 않으시는 하나님의 거룩하신 손을 어린양 예수를 통하여 붙잡으십시오.

그리고 위의 말씀 가운데 (2)번이라 표기한 대목대로 번제물인 예수 그리스도의 머리 위에 두 손을 얹으시는 행위, 즉 안수하시는 것입니다. 구약에서 하나님이 사랑하시는 백성들에게 그들의 죄를 용서하여 거룩하신 하나님께 다가올 수 있도록 허락하신 동물에게 안수하는 믿음의 행위가 있습니다. 이 행위는 하나님의 뜻대로 번제물에게, 또 희생의 제물에게 믿음으로 두 손을 얹을 때에 손을 얹는 자의 회개하는 죄악들이, 손을 얹는 순간 그의 영혼육을 빠져나가 손을 얹은 동물, 즉 안수를 받는 동물에게 옮겨지도록 하신, 하나님의 거룩하신 약속의 능력이었습니다. 그러나 다시 강조해야 할 정도로 중요한 것은 (3)번이라 표기한 말씀 안에 있는 것처럼, 항상 반드시 '여호와 앞에서'라는 것입니다. 즉, 스스로가 자기 자신을 보기에만 적당히 인정해버리는 모습이 아니라 거룩하신 하나님께서 불같은 눈동자로 보실 때에 우리의 최선의 모습이어야 한다는 사실입니다. 그리고 (4)번에서 설명한대로 회막 문 앞에서, 즉 하나님 존전에서는 물론이거니와 모든 사람들이 보기에도 회개에 합당한 모습으로 드러나야 한다는 것입니다. 뚝뚝 흘리는 그 피가 모든 자에게 드러나도록 회막 문 앞 제단 사방에, 동서남북 다 모든 방향에서 볼 수 있게 해야 하는 것입니다. 하나님만 아시면 다 된다는 비양심적인 억지가 아니라 가급적이면 모든 사람들에게 드러나야 한다는 것입니다.

(5)번에 나타난 '번제물의 가죽을 벗긴다'함은, 우리의 겉모습이 아플 정도로 온전히 벗겨져 진솔한 중심의 깊은 모든 것들이 하나님 앞에 드러날 수밖에 없다는 것을 인지하여, 하나님이 보시기에 겉과 속이 같은 간사하지 않은 투명한 믿음을 갖기 위해 죽을 각오를 해야 한다는 것입니다. 겉과 속이 다른 믿음은, 행함이 없고 복음의 책임을 지지는 않는 상황에서 오직 복음의 이득을 얻으려고만 하기 때문입니다.

(6)번에 '각을 뜬다'함은 거룩하신 하나님의 칼에 의해 신체의 부분들이 해부되고 갈라지는 모습을 말하는데, 중요한 것은 스스로 칼을 들 줄 알아야 하는 것입니다. 스스로 분별하여 칼을 본인의 영혼육에 댈줄 알아 부정한 모든 부분들을 스스로 잘라내려 하는 정한 의도가 있어야 하는 것입니다.

(7)번에는 '제단 위의 불을 붙이고 불 위에 나무를 벌여 놓고'라고 하여 이 모든 절차에 하나님의 거룩하신 불이 반드시 필요하다는 것을 알아야 한다고 말합니다. 즉, 스스로의 노력만으로는 되지 않는다는 것입니다. 동시에 최선을 다해서, 뜬 각들이 하나님 보시기에 잘 보이도록 스스로 펼쳐놀 줄을 알아야 한다는 것입니다.

(8)번의 '뜬 각과 머리와 기름을 제단 위의 불에' 놓는 과정을 말씀하시는데 스스로의 모습들을 정직하게 들여다 볼 줄 아는 정직함과 더불어 이제 본인의 뜻과 생각으로는 더 이상 하나님께서 기뻐하시는 삶을 살 수 없다는 것을 자각하고 스스로의 머리를 잘라내고(내 뜻대로 하지 마시옵고, 하나님 아버지의 뜻대로 하시옵소서!) 나의 속기름들을 다 드려, 즉 스스로 태워드릴수 있는 모든 열심을 다 내어 드려야 한다는 것

입니다.

(9)번의 '내장과 정강이를 내어씻을 것'이라 함은 스스로 취하여 속 깊이 들어있는 모든 것들, 즉 스스로 취한 결정들과 그로 인한 결과물들을 다 씻어내고 '정강이'가 뜻하는 '나의 힘'은 나의 것이 아니라 '바로 하나님만이 나의 힘이시요'라는 고백적인 행동으로 하나님 앞에서 씻어내라는 것입니다.

(10)번에 나타나는 '전부를 제단 위에서 불살라 번제를 드릴지니 이는 화제라. 여호와께 향기로운 냄새니라'라는 말씀대로 열거하신 전부를 다 하나님의 거룩하신 불, 즉 성령의 충만하심과 임재로 말미암아 다 소각되듯이 타고 불질러져 하나님의 거룩한 재가되어 하나님께 향기로운 냄새로 드려지는 것이 확인되어야 한다는 것입니다.

그리고서는 더 앞으로, 물두멍을 향하여 믿음으로 나아가야만 합니다.

물두멍: 말씀으로 씻기운 삶

"너희는 내가 일러준 말로 이미 깨끗하여졌으니 내 안에 거하라 나도 너희 안에 거하리라 가지가 포도나무에 붙어 있지 아니하면 스스로 열매를 맺을 수 없음 같이 너희도 내 안에 있지 아니하면 그러하리라" (요 15:3-4)

"살리는 것은 영이니 육은 무익하니라 내가 너희에게 이른 말이 영이요 생명이라" (요 6:63)

타오르는 번제단 안의 잿더미 속에 있는 죄를 향하여 등을 돌리고 물두멍을 향하는 가운데, 즉 하나님께 씻김을 바라는 가운데 하나님께서는 생명의 말씀으로 우리를 씻기시기 시작합니다. 그렇습니다. 물두명의 개념은 하나님의 생명의 말씀에 젖어 있기를 바라시는 하나님의 마음입니다.

예수님께서는 "내가 주는 물을 마시는 자는 영원히 목마르지 아니하리니 내가 주는 물은 그 속에서 영생하도록 솟아나는 샘물이 되리라"(요 4:14)라고 말씀하시고, 그 후 다시 설명하시기를 "누구든지 목마르거든 내게로 와서 마시라. 나를 믿는 자는 성경에 이름과 같이 그 배에서 생수의 강이 흘러나오리라 하시니 이는 그를 믿는 자들이 받을 성령을 가리켜 말씀하신 것이라(예수께서 아직 영광을 받지 않으셨으므로 성령이 아직 그들에게 계시지 아니하시더라)"(요 7:37-39)라고 말씀 하셨습니다.

생명수란, 성령 하나님을 받아들인 자에게 허락된 살아 있는 하나님의 말씀입니다. 하나님의 말씀 자체이신 예수 그리스도가 먼저 오셔서 우리의 죄를 십자가의 죽음으로 해결하시고 그와 함께 십자가에 믿음으로 못 박힌 자들에게 생수가 흘러나오게 하기 위하여 성령을 허락하여 주셨습니다. 하나님의 온전하신 의도를 알게하시기 위하여 허락하신 은혜의 흐름이 바로 성령의 흐름입니다.

이 일을 경험하고 말씀의 은혜를 체험하기 시작하는 것이 물두명을 통과하는 과정입니다. 그래서 항상 하나님의 말씀이 나를 붙잡고 있는 상태로 훈련해야 합니다. 주야로 말씀을 묵상하여 말씀에 온전히 젖어 있어야 합니다. 언제든지 말씀을 맛볼 수 있어야 하고 항상 하나님의 말씀에 젖어 있지 않으면 목이 말라야 합니다. 그렇게 말씀을 향하여 갈급한 상태를 유지해야 합니다. 지속적인 회개의 삶, 즉 타오르는 불속을 통과하는 삶, 동시에 생명의 말씀으로 젖어 있는 삶을 이해하고 그런 삶을 산다면 이제 더 깊이 성소로 들어가 보겠습니다.

하나님의 회막 속에 하나님께서 준비하신 또 나열하신 순서와 그 영적인 흐름에는 바뀔 수 없는 진리와 능력이 들어있습니다. 창세전부터 준비하신 하나님의 능력은 약속대로 하나님의 백성들에게 부어질 것이며 그 약속된 능력의 삶을 하나님의 백성들에게 경험하게 하기 위하여 철저하게 예비된, 또 준비된 이 흐름을 반드시 경험하기를 바랍니다. 그 결단과 각오를 분명히 하십시오.

성소에 임하는 삶

우선 성막에 들어가면 p.83 그림에 보는 바와 같이 세 가지 물건이 나옵니다. 진설병과 황금촛대와 분향단인데, 여기에서도 역시 삶의 형태와 성품으로서의 모습을 설명하고 계십니다.

성소 안 진설병: 거짓이 없는 삶

먼저 진설병은 누룩이 없는 떡으로 '부풀림'이 없는 삶을 이야기합니다. 그리고 이 삶의 본을 분명히 보여 주신 분이 바로 예수 그리스도 자신이십니다.

"제자들이 건너편으로 갈새 떡 가져가기를 잊었더니 예수께서 이르시되 삼가 바리새인과 사두개인들의 누룩을 주의하라 하시니 제자들이 서로 논의하여 이르되 우리가 떡을 가져오지 아니하였도다 하거늘 예수께서 아시고 이르시되 믿음이 작은 자들아 어찌 떡이 없으므로 서로 논의하느냐 너희가 아직도 깨닫지 못하느냐 떡 다섯 개로 오천 명을 먹이고 주운 것이 몇 바구니며 떡 일곱 개로 사천 명을 먹이고 주운 것이 몇 광주리였는지를 기억하지 못하느냐 어찌 내 말한 것이 떡에 관함이 아닌 줄을 깨닫지 못하느냐 오직 바리새 인과 사두개인들의 누룩을 주의하라 하시니 그제서야 제자들이 떡의 누룩 이 아니요 바리새인과 사두개인들의 교훈을 삼가라고 말씀하신 줄을 깨달 으니라" (마 16:5-12)

누룩은 떡이나 빵을 부풀게 하는 효소작용을 하는 것으로써 예수님 께서는 이 누룩을 바리새인들과 사두개인들의 거짓된 가르침에 비교 하여 말씀하셨고, 이것은 하나님을 믿는 것처럼 속이는 종교의 영들, 바리새인의 영과 턱없이 부족한 세상 학문과 지식을 통해 뛰어남만을 추구하는 사두개인의 영, 즉 '교만의 영들'과 '물질 만능주의의 영들'이 라고 설명할 수 있습니다.

반면에 진설병의 삶은 거짓이 없는 삶으로서 언어나 행동에, 표현 과 모습 가운데 진실성만이 드러나는 그야말로 거짓이 없는 삶입니다. 하나님께 가까이 가는 삶을 살기 위해서는 반드시 진설병의 삶을 통과 해야만 하며, 훈련해야만 하고 또 그로 인한 열매를 누려야만 합니다. 진설병의 삶과 믿음은 옳고 그름을 분별하려 하는 삶, 그와 더불어 거 짓이 없고 과장이 없는 믿음의 삶을 살아가는 것입니다.

예수님에겐 그들이 원하는 모습의 종교성(바리새인의 모습)이 없으 므로 '놀고 먹기를 좋아한다'고 비판하는 무리들이 있었습니다. 이는 진설병의 삶을 사신, 누룩이 없는 예수 그리스도의 삶을 잘못 이해하 여 오해로 생긴 바리새인들의 그릇된 분별에서 온 악한 표현입니다.

예수님의 성품과 같이 오늘도 성령이 있는 사람은 진설병의 삶을 살아야만 할 것이요. 믿지 않는 사람도 가까이하고 싶을 만큼 벽이 없고 친근한 사람이 되어야 합니다. 지나친 종교적인 모습이 너무 묻어나와 가까이하기엔 너무 멀게 느껴지는 사람이 아니라, 거짓이 없고 너무 종교적이지 않으며, 올바른 믿음 생활을 하는 가운데 세상과는 분명히 다르나 신선한 충격을 주는, 방부제가 섞이지 않은 풋풋한 사람, 신선하고 담백한 사람, 누룩이 없는 진설병들이 되기를 예수님의 이름으로 축복합니다. 그리하면 나아가 황금촛대의 삶을 살 수 있게 될 것입니다.

성소 안 황금촛대: 빛이 나는 삶

예수님은 "너희는 세상의 빛이라"(마 5:13)라고 말씀하셨습니다. 그렇습니다. 황금촛대의 삶은 사람들에게 빛이 되는 삶입니다. '내게 성령이 있다' 하면서도 사람들이 나를 멀리하고 불편해 한다면, 단지 스스로가 선택한 몇몇 개인적으로 필요한 사람들과의 관계로만 교제하고 있다면, 성소 안의 황금촛대의 삶을 살고 있지 않은 것이 분명합니다.

내가 황금촛대의 삶을 사는지 분별하려 한다면 새로운 이웃에게 다가가 보면 알게 될 것입니다. 혹시 어느 누가 별다른 이유 없이 나를 불편해 하고 나의 종교성 때문에 거부만 한다면 나의 모습 안에 성령이 아닌 종교의 영이 있는지 점검해 봐야만 합니다. 그래서 나를 돌아보고 분별하여 하나님 아버지께서 원하시는 삶을 살도록 노력해야 합니다.

처음 보는 어떤 사람조차도, 당신에게 왠지 끌리고 다가서고 싶은 마음이 들도록 하는 당신의 삶을 하나님이 허락하시면, 바로 그 삶이 빛의 삶의 일부분일 수 있습니다. 만약 누군가가 급히 도움이 필요할 때, 그가 당신을 잘 모른다 해도 당신에게 가면 꼭 하나님께, 전능자에게 가까이 갈 것 같은 마음이 들게 하시는 하나님의 손길을 느끼고 경험하길 바랍니다. 그것이 바로 빛의 자녀의 삶이요, 황금촛대의 삶입니다.

"또 다른 천사가 와서 제단 곁에 서서 금 향로를 가지고 많은 향을 받았으니 이는 모든 성도의 기도와 합하여 보좌 앞 금 제단에 드리고자 함이라 향연이 성도의 기도와 함께 천사의 손으로부터 하나님 앞으로 올라가는지라"
(계 8:3-4)

"나의 기도가 주의 앞에 분향함과 같이 되며 나의 손 드는 것이 저녁 제사 같이 되게 하소서" (시 141:2)

성령 하나님이 우리 안에 들어오셔서 회복시키시는 아주 중요한 삶의 일부분이 바로 기도의 삶입니다. '향단의 삶'은 하나님이 기뻐하시는 기도의 삶입니다. 성령이 우리 안에 들어오신 후, 우리 안에서 하나님의 뜻대로 온전하게 구하실 수 있는 분은 우리가 아니라 성령이십니다. '독생자의 영' '예수 그리스도의 영'이 우리 안에 들어오셔야 그때서야 비로소 진정으로 우리가 하나님을 '아바, 아버지'라 부를 수 있습니다. 아버지라 부를 수 있기에 하나님의 뜻을 자식의 이름(예수 그리스도)으로 구할 수가 있게 되는 것입니다.

그래서 누가복음 11장 9절에 "내가 또 너희에게 이르노니 구하라 그러면 너희에게 주실 것이요 찾으라 그러면 찾아낼 것이요 문을 두드리라 그러면 너희에게 열릴 것이니"라고 말씀하시며 능력기도, 즉 하나님의 뜻대로 구하는 기도(주기도문)를 가르치시는 예수님의 말씀 중,

"구하라! 두드리라! 찾으라!" 하신 것은 성령을 구하라는 말씀입니다.

"너희가 악할지라도 좋은 것을 자식에게 줄 줄 알거든 하물며 너희 하늘 아버지께서 구하는 자에게 성령을 주시지 않겠느냐 하시니라" (눅 11:13)

성소 안 향단: 기도의 삶

이같이 하나님의 뜻을 구하며, 하나님의 마음과 합하려 하여 하나님의 의도를 알고 그것을 속히 이루기 위해 삶의 모든 바라봄이 하나님을 향할 때, 성령과 함께 기도할 때, 바로 그때 당신에게서 뿜어 나오는 하늘을 향한 향기가 바로 '향단의 삶의 기도'입니다. 당신의 기도의 향을 맡아 보십시오.

"다만 너희는 그의 나라를 구하라 그리하면 이런 것들을 너희에게 더하시리라 적은 무리여 무서워 말라 너희 아버지께서 그 나라를 너희에게 주시기를 기뻐하시느니라 (눅 12:31-32)

기도의 향을 점검해 보십시오. 하늘을 향하고 있는지, 아니면 나의 필요를 향하고 있는지 점검해 보십시오. 오직 그의 나라와 그의 의를 구하며, 썩은 향내 가 아닌 하나님께서 흠모하실 만한 기도의 향이 켜 있는 상태가 되어야만 합니다. 그리하여 하나님과 동행하는 살아 있는 기도의 삶을 사는 것이 성소 안의 향단의 삶이 되는 것입니다.

하나님의 거룩한 번제단을 지나 물두멍에 씻기어 회개의 삶 가운데 말씀 속에 젖어 있는 삶, 그 안에서 예배의 삶에 허락하시는 성소의 거룩함을 맛보며 거짓 없는 진설병의 삶을 살아 하나님의 빛을 발하며 그리스도의 향기가 나올 때 우리는 지성소의 휘장 앞에 서게 됩니다.

그때에 하나님께서는 완전한 하나님의 영원한 대제사장 외에는 결코 들어갈 수 없는 하나님의 거룩한 그곳에, 순전하고 고귀한 어린양의 보혈로서 정하게 씻김을 얻은 은혜를 입은 자들을 서게 하십니다. 그래서 우리를 지성소의 휘장 앞에 서게 하시고, 십자가 위의 예수님을 바라보게 하십니다.

십자가 위에서 그들의 이름을 부르시며 끝까지 포기하지 않으시고 외치신 예수님이 "다 이루었다"라고 말씀하셨습니다. 그 말씀이 그들의 귀에 생생할 때, 하나님께서는 휘장을 찢으시고 그들은 예수 그리스도의 피를 뒤집어 쓰게 됩니다. 피 흘림이 없으면 사함이 없다는 것을 잊지 않은 상태로 지성소로 들어서게 되는 것입니다.

이것이 지성소에 임하는 삶의 시작입니다. 이것이 바로 거룩함으로의 부르심입니다. 지성소 안의 하나님의 소멸하시는 불 앞에서 우리가 하나님을 향하여 타오르게 하시어, 예배의 중심되신 하나님과 더불어 우주의 중심이 되게 하십니다. 바로 이때에 우리는 하나님의 법궤를 분명히 봐야만 합니다. 하나님의 법궤 위에는 감히 범접할 수 없는 화려하고 영광스러운 하나님의 불이 영롱하게 타오르고 있습니다. 황홀하게 타오르는 거룩의 불은 사탄도 얻기를 바라는 위대함 이었습니다. 그러나 법궤 위에 있는 하나님의 영광을, 영광의 불을 탐하지 않고 겸손해야만 합니다. 법궤 위의 뚜껑을 막고 있는 그룹이라 불리는 천사들의 펼쳐진 날개 사이에 어린양 예수 그리스도의 피를 온전히 흘린 자국을 따라 속죄소라 불리는 증거궤 위 두 천사들 사이에서 하나님의 말씀을 들어야만 합니다. 어깨에 메고 책임져야만 합니다. 성경에는 하나님의 말씀과 더불어 언약궤의 중차대함을 알면서도 하나님의 사람들로써 당연히 지켜야 할 양심과 성품을 지키지 않아 죽음을 면치 못한 자들이 많습니다(삼상 4:4).

"모세가 회막에 들어가서 여호와께 말씀하려 할 때에 증거궤 위 속죄소 위의 두 그룹 사이에서 자기에게 말씀하시는 목소리를 들었으니 여호와께서 그에게 말씀하시었더라"(민 7:89)

"이에 백성이 실로에 보내서 그룹 사이에 계신 만군의 여호와의 언약궤를 거기서 가져왔고 엘리의 두 아들 홉니와 비스하스는 하나님의 언약궤와 함께 거기에 있었더라"(삼상 4:4)

"하나님의 궤를 빼앗겼고 엘리의 두 아들 홉니와 비스하스는 죽음을 당하였더라"(삼상 4:11)

이렇듯 예수 그리스도의 공로를 의지하고 지성소로 들어갔다 할지라도 죄악된 삶을 계속해서 산다면 도리어 죽임을 당하게 되는 것입니다. 그래서 온전히 알아야.되고, 아는 것과 동시에 책임을 져야 합니다. 그 책임을 법궤 안에 있는 성물들로 설명을 하고 있습니다.

지성소에 임하는 삶: 하나님의 법궤, 언약궤

하나님의 법궤 안에는 세 가지 신성한 성물들이 있습니다. 하나는 십계명이며, 또 하나는 아론의 싹난 지팡이고 나머지 하나는 만나 항아리입니다. 우리의 영원한 대제사장이신 예수님 앞에서, 우리 제사장의 무리들은 지성소에 임하는 삶의 거룩함과 능력을 누리기 위해 법궤를 메는 삶을 살 줄 알아야 합니다.

여호수아 3장을 보면 하나님께서는 하나님의 백성들을 성결하게 하신 이후, 그들이 약속의 땅 가나안에 진입하려 할 때 제사장들에게 언약궤를 메게 하십니다. 하나님의 법궤를 멘 제사장들을 요단 물가에 들어서게 하실 때, 백성들 앞에 행하게 하사 그들로 하여금 사람의 힘으론 건널 수 없는 흉흉한 문제의 요단강을 법궤를 멘 제사장들이 오직 믿음으로 들어가게 하십니다.

"온 땅의 주 여호와의 궤를 멘 제사장들의 발바닥이 요단 물을 밟고 멈추면 요단 물 곧 위에서부터 흘러내리던 물이 끊어지고 한 곳에 쌓여 서리라 백성이 요단을 건너려고 자기들의 장막을 떠날 때에 제사장들은 언약궤를 메고 백성 앞에서 나아가니라 요단이 곡식 거두는 시기에는 항상 언덕에 넘치더라 궤를 멘 자들이 요단에 이르며 궤를 멘 제사장들의 발이 물 가에 잠기자 곧 위에서부터 흘러내리던 물이 그쳐서 사르단에 가까운 매우 멀리 있는 아담 성읍 변두리에 일어나 한 곳에 쌓이고 아라바의 바다 염해로 향하여 흘러가는 물은 온전히 끊어지매 백성이 여리고 앞으로 바로 건널새 여호와의 언약궤를 멘 제사장들은 요단 가운데 마른 땅에 굳게 섰고 그 모든 백성이 요단을 건너기를 마칠 때까지 모든 이스라엘은 그 마른 땅으로 건너갔더라"(수 3:13-17)

하나님께서는 하나님의 법궤, 언약궤를 멘 제사장들의 발이 물가에 잠기자 요단강의 거센 흐름을 멈추어 서게 하셔서, 모든 백성들이 문제의 강을 건너 약속의 땅이자 축복의 땅으로 들어가게 하십니다.

오늘도 하나님께서는 하나님의 제사장들이 지성소에 임하는 삶, 즉 법궤를 메는 삶을 허락하십니다. 법궤를 메는 삶은 기적을 경험하는 삶이요 문제들 속에서도 개의치 않고 하나님의 영광을 나타내는 삶이며, 천사들을 호령할 수 있는 삶입니다. 그래서 우리는 법궤를 메야만 합니다. 법궤를 멘다는 것은 책임을 진다는 것입니다. 우리가 실질적으로 우리의 삶에 법궤를 메기 위해서는 세 가지 사실을 알아야 하며, 이 세 가지를 책임지려고 해야 합니다.

법궤 안의 첫번째 성물, 십계명

십계명은 크게 두 가지, 하나님 사랑과 이웃 사랑입니다. 이것이 우리가 책임져야 될 삶의 기본 자세입니다. 기적의 삶을 살며 경험하는 믿음의 토대는 진정으로 하나님을 사랑하고 이웃을 사랑하는 것입니다. 즉, 무엇을 하고 무슨 생각을 하든, 어떤 결정을 하던지 그 이유와 목적이 오직 하나님 사랑과 이웃 사랑의 취지 아래 있어야만 합니다. 가령 어떤 일을 결정할 때 혹은 계획할 때, 그 목적과 동기가 하나님 사랑과 이웃 사랑이 아닌 나만을 위한 이득과 나의 욕심과 뛰어남을 위한 것이라면 무조건 내려놓고, 하나님 사랑과 이웃 사랑을 계획하고 결정하여 책임지려 할 때, 법궤를 어깨에 메기 시작하여 기적을 체험하고 하나님의 모든 약속들을 경험할 준비를 하게 되는 것입니다.

법궤 안 두번째 성물, 아론의 싹난 지팡이

출애굽의 사건 때, 하나님께서는 하나님의 백성들 가운데 스스로 하나님과 제사장의 관계가 있다고 주장하는 자들 앞에서 제사장 아론과 더불어 그들의 지팡이를 땅에 꽂게 하사, 오직 아론의 지팡이에만 싹이 나고, 잎이 나며, 꽃이 피고, 열매가 맺히게 하셨던 일이 있었습니다. 이 말씀은 하나님의 제사장은 오직 하나님의 주권 아래서 하나님만이 결정하시는 일이며, 하나님께서 선택하시고 인도하신 하나님의 제사장의 삶에는 반드시 제사장으로써의 합당한 열매가 있어야만 한다는 사실입니다.

이것은 모든 주권이 하나님께 있다는 것을 인정하는 삶입니다. 그와 더불어 하나님의 주권을 인정하는 자에게는 반드시 믿음의 열매를 확인시켜 주신다는 것입니다. 즉, 우리가 '하나님을 알기도 전에 하나님께서 우리를 먼저 택하셨다'는 하나님의 주권을 인정한 자들에게만 허락하시는 믿음의 열매를 확인하는 삶입니다.

이 열매는 생명의 열매로써 그 제사장으로 인해 다른 영혼들이 하나님의 마음을 알게 되고, 하나님과 사귐이 있게 되며, 그가 거져 받은 사랑을 그들도 조건 없이 나누어 주는 하나님의 제사장의 삶을 살게 하는 것입니다.

아무리 하나님에 대해서 많이 알고 있다 할지라도 열매가 없으면 그는 결코 제사장의 삶을 살 수가 없습니다. 지성소의 삶에 합당한 기사와 이적을 결코 경험할 수 없게 됩니다. 이러한 비참한 일이 일어나지 않도록 날마다 열매들을 점검하십시오.

"여호와께서 또 모세에게 이르시되 아론의 지팡이는 증거궤 앞으로 도로 가져다가 거기 간직하여 패역한 자(Rebellious)에 대한 표징이 되게 하여 그들로 내게 대한 원망을 그치고 죽지 않게 할지니라" (민 17:10)

"여호와께서 또 아론에게 이르시되 너는 이스라엘 자손의 땅의 기업도 없겠고, 그들 중에 아무 분깃도 없을 것이라. 나는 이스라엘 자손 중에 네 분깃이요 네 기업이니라" (민 18:20)

하나님의 온전하신 주권을 인정하는 '아론의 싹난 지팡이'같은 자는 그의 삶 속에 하나님께 대해 온전한 순종의 삶을 살아가는 본이 되게 하시고, 불순종하는 자들(Rebellious)에게 하나님을 향한 원망을 그칠 수 있도록 하나님께서 직접 그의 삶에 하나님만 하실 수 있는 기사와 이적이 일어나게 하십니다.

설사, 그가 죽은 나무 같은 지팡이처럼 보일지라도 반드시 하나님께서 직접 하셨다고 보일 수 밖에 없는 일이 일어난다는 사실입니다. 그래서 민수기 8장 20절 말씀처럼 하나님 자신께서 분깃이 되어주시고, 기업이 되어 주신다고 약속하신 겁니다(share, inheritance). 하나님을 얻은 자, 하나님의 기업이 자신의 기업이 된 자의 놀라운 능력과 신비의 삶을 살아가시기 바랍니다.

법궤 안의 세번째 성물, 만나 항아리

만나 항아리는 '즉시 순종'이라는 삶의 방법입니다. 만나는 하늘에서 내려온 하나님의 백성들을 위한 양식으로써 하나님의 백성들을 먹여 살리신 하나님의 방법이었습니다.

이 일은 예수님을 예표하신 것으로서 하나님의 말씀 자체가 되시는 예수 그리스도, 즉 진정한 만나이신 그분의 삶을 통해 증명된 일이기도 합니다. 만나는 하나님의 말씀입니다. 만나의 특성은 만나가 내리는 그날 즉시 거두어야 한다는 점에 있습니다. 그날 내린 만나를 그 다음 날 거둘 수 없는 하나님의 법칙, 즉 '즉시 순종'만을 원하시는 하나님의 귀한 말씀입니다. '즉시 순종'은 계속해서 인도하시는 하나님의 능력을 체험하기 위한 매우 중요한 제사장들의 삶의 방식이어야만 합니다. 만약에 하나님께 순종했던 마지막 날이 오늘이 아니라면 당신은 법궤를 멘 제사장의 무리에서 낙오되었을 가능성이 아주 큽니다.

"

즉시 순종하십시오.

오직 그럴 때만 문제의 강을 오늘 건널 수 있습니다.

즉시 순종하십시오.

그래야만 그다음 말씀하실 하나님의 음성을 들을 수 있습니다.

위에 열거한 세 가지를 날마다 어깨에 메고 책임지려 할 때 그는 법궤를 멘 삶을 사는 자요, 하나님의 제사장의 삶을 살 수 있는 사람이 될 것이며, 그제야 법궤를 덮고 있던 뚜껑 위에 있는 그룹들의 형상처럼 하나님과 제사장 사이를 왔다 갔다 하는 천사들의 움직임을 보게 될 것입니다.

"나다나엘이 대답하되 랍비여 당신은 하나님의 아들이시요 당신은 이스라엘의 임금이로소이다 예수께서 대답하여 이르시되 내가 너를 무화과 나무 아래에서 보았다 하므로 믿느냐 이보다 더 큰 일을 보리라 또 이르시되 진실로 진실로 너희에게 이르노니 하늘이 열리고 하나님의 사자들이 인자 위에 오르락 내리락 하는 것을 보리라 하시니라" (요 1:49-51)

말씀대로 예수님께서는 우리의 대제사장으로서 본을 보여 주셨습니다. 그분의 영이 우리 안에 들어오셔서 이제 하나님의 자녀의 삶을 실제로 살기로 작정하고 모든 말씀에 순종한다면 약속대로 더 큰 일, 즉 사람의 비밀한 일을 드러내는 것 보다도 하나님의 비밀이셨던 예수 그리스도가 이젠 더 이상 비밀이 아니라, 법궤를 맨 우리 제사장의 무리들 앞에서 하늘의 문을 열으사 천사들로 수많은 기적과 더불어 왕래하게 하신다는 약속입니다. 그렇습니다. 순종하는 제사장의 삶 위에는 하나님께서 끊임없이 기사와 이적을 통한 약속의 성취와 영혼 구원을 허락하실 것이며, 그 일들을 통하여 오직 하나님의 영광(쉬케이나)만이 법궤를 맨 제사장들의 삶 위에 타오르게 될 것입니다. 이것이 거룩한 지성소에 임하는 삶입니다. 이 거룩한 지성소에 임하는 삶이 오늘 당신에게 일어나기를 예수님의 이름으로 축복합니다.

5

왕의 삶, 왕 중의 왕
예수 그리스도

하나님께서는 우리 모두가 왕 같은 제사장의 삶을 살기를 실제로 바라십니다. 그러나 이 일은 예수 그리스도의 제자된 사람들에게만 일어날 수 있는 일로서 먼저 제자가 되려는 마음의 준비가 되어 있지 않으면 아무 소용이 없습니다. 스스로 아무리 원해도 하나님께서 허락해 주시지 않는다면 불가능한 일이며, 비슷하게 흉내를 내보아도 결국 어둠과 괴로움만 더해 질 뿐입니다. 우리가 왕 같은 제사장의 삶을 살기 위해서, 우리의 왕 중 왕이신 예수님께서는 어떠한 왕이신가 주시해야 합니다.

겸손한 왕

우리의 죄를 지고 새끼 나귀를 타신 예수 그리스도

먼저 예수님은 겸손한 왕이셨습니다. 스가랴 9장 9절에서 "시온의 딸아, 크게 기뻐할지어다. 예루살렘의 딸아, 즐거이 부를지어다. 보라.

네 왕이 네게 임하시나니 그는 공의로우시며 구원을 베푸시며 겸손하여서 나귀를 타시나니 나귀의 작은 것 곧 나귀 새끼니라"라고 하셨고, 마태복음 21장 5절의 말씀을 보면 "시온 딸에게 이르기를 네 왕이 네게 임하나니 그는 겸손하여 나귀, 곧 멍에 메는 짐승의 새끼를 탔도다 하라 하였느니라"라고 말씀하십니다.

왕 중의 왕이신 예수님께서 이전에도 몇 차례 예루살렘을 방문하신 적이 있지만 이번 방문은 그 의미와 중요성이 다릅니다. 대적자들의 본거지를 정면 돌파함으로써 만왕의 왕이신 주의 영광을 확실하게 드러내시는 모습이었습니다. 그런데 재미있는 광경이 벌어졌습니다.

세상의 정복자들은 승리의 개선을 할 때에, 드러내 보이고 나타내기 위하여, 군마를 타고 군대를 동원하며 입성하나 예수님은 겸손하시어 나귀 새끼를 타고 입성하셨습니다. 그러나 나귀 새끼를 타신 왕의 모습 안에는 우리의 죄짐을 짊어지려 하시는, 철저한 하나님의 종의 모습으로 입성하시는 그분의 의연한 모습을 볼 수 있습니다.

예수님께서 십자가를 지시기 전까지는 아무도 볼 수 없었던 그 짐을 이제는 성령을 통하여 볼 줄 아는 자가 되어야만 합니다. 그래야 겸손한 왕이신 예수 그리스도와 더불어, 십자가 앞에서 우리도 이웃의 죄가 나의 죄인 양 가슴을 쥐어뜯는 겸손한 왕의 모습이 비로소 우리의 중심에 새겨지게 되는 것입니다. 진리는 이것이니, "아무도 예수 그리스도 외에는 진정한 왕이 될 수 없다"는 사실입니다. 우리는 오직 왕이신 그분을 섬길 수 있으며, 그분 곁에서 그분을 가까이 섬길 때에 조금씩 그분의 모습을 닮아갈 수 있다는 소망이 있을 뿐입니다.

그러나 하나님께서는 오직 예수 그리스도를 통하여, 그분 곁에서 성령의 충만하심과 더불어 왕 같은 제사장의 삶을 살게 하셨으니, 이것은 오직 은혜로 임한 일이요 스스로 자랑할 것이 못 되는 하나님께서 베푸신 기적일 뿐입니다. 그래서 '교만은 패망의 선봉'(잠 16:18)이라 하셨고, 예수 그리스도의 제자는 결코 교만할 수 없는 것입니다. 성령 충만하여 오직 '겸손한 왕들(은혜로 왕 노릇 하는 자들)'이 되기를 예수님의 이름으로 축복합니다.

채찍을 드신 예수 그리스도

겸손하게 입성하신 예수님은 곧바로 성전에 들어가사 성전 안에서 매매하는 모든 사람들을 내쫓으시며 돈 바꾸는 사람들의 상과 비둘기 파는 사람들의 의자를 둘러 엎으십니다. 그리고 말씀하시기를 "내 집은 기도하 는 집이라 일컬음을 받으리라 하였거늘 너희는 강도의 굴혈을 만드는도다"(마 21:13)라고 하십니다. 갑자기 겸손한 모습이 없어진 것 같은 채찍을 든 모습으로 일어서신 예수님은 의와 인과 신을 부르짖으시는 또 다른 겸손한 자의 모습이십니다.

예수께서 높임을 받으시는 일은
마땅히 일어나야 할 일이라고 선포하신 예수 그리스도

하나님께서 말씀하신 '겸손'이라는 단어는 부풀리지 않고 있는 그대로의 모습을 하나님이 원하시는 대로만 표현하는 것이요, 그것만이 진정한 겸손한 자의 자세입니다. 예수님께서는 소경과 저는 자들이 성전에서 예수님께 나아올 때, 그들을 고쳐 주셨으며 그 일을 보고 성전에서 '호산나, 다윗의 자손이여'라고 소리 지르는 아이들을 보고 분해하는 대제사장들과 서기관들을 향해 예수님께서 높임을 받으시는 이 일이 말씀에 있는 마땅히 일어나야 할 일이라고 선포하시는 진정한 겸손함을 또 보여 주셨습니다.

> "대제사장들과 서기관들이 예수께서 하시는 이상한 일과 또 성전에서 소리 질러 호산나 다윗의 자손이여 하는 어린이들을 보고 노하여 예수께 말하되 그들이 하는 말을 듣느냐 예수께서 이르시되 그렇다 어린 아기와 젖먹이들 의 입에서 나오는 찬미를 온전하게 하셨나이다 함을 너희가 읽어 본 일이 없 느냐 하시고" (마 21:15-16)

거짓 겸손은 위장된 무서운 교만이라는 것도 잊지 말아야 합니다. 하나님께서 우리에게 원하시는 겸손은 하나님 앞에서 겸손한 것을 이야기하는 것이지, 사람 앞에서 일부러 나를 낮추어 점잖게 보이려는 표현을 이야기하는 것이 아닙니다. 예수님께서 보여 주신 겸손은 때로 채찍을 든 모습일 수도 있고, 때로 다른 사람의 이해를 넘어서 하나님께서 원하시는 일을 그대로 선포하시는 모습이기도 하셨습니다.

오직 예수 그리스도를 닮은 겸손함이 있기를 부탁합니다.

왕의 선포의 능력

겸손한 자에게만 임하는 예수 그리스도의 권세

겸손한 왕의 모습이 우리의 삶 가운데 나타나야 하고, 겸손한 왕의 모습이 올바른 제자의 모습인 것을 진정으로 이해한 후에야 비로소 예수님의 왕의 선포를 이해할 수 있게 됩니다.

모든 인류의 죄악을 짊어지신 예수 그리스도께서, 겸손히 낮아지심으로 그분을 향하여 하나님께서 준비하신 왕 중 왕으로서의 권세가 임하게 되었고, 그분의 권세는 예수 그리스도의 피의 공로를 의지하여 성령으로 다시 태어난 모든 하나님의 자식들만이 누릴 수 있는 권세가 되게 하셨습니다.

이 권세는 하나님께서 보시기에 오직 겸손한 자에게만 강하게 임할 것입니다. 더불어 하나님이 이룩해 놓으신 이 기적의 사건을 겸손히 받아들이고 믿음으로 선포할 때에 모든 어둠의 권세가 부서지고 예수 그리스도의 권세 앞에 무릎을 꿇는 것을 보게 될 것입니다. 우리에게 허락하신 이 권세는 오직 예수 그리스도의 이름으로만, 즉 우리의 권세가 아닌 예수님의 권세가 오직 은혜에 의하여 우리에게 허락되었다는 것을 자각하는 순간에만 일어날 수 있는 일인 것입니다.

그래서 이 권세가 사용될 때 일어나는 현상과 기적으로 인하여 자랑할 것은 오직 '하나님의 약속의 성취'입니다. 모든 존귀와 영광이 예수님께서 우리를 위하여 짊어지신 십자가의 공로인 것을 알고 오직 하나님께로만 돌려져야 하는 것을 잊지 않아야 합니다. 그래야만 계속 예수 그리스도의 권세 가운데에 있게 되는 것입니다.

예수 그리스도의 이름으로 왕의 선포를 하게 하신 이 약속은 당연히 일어나는 기적이며, 하나님의 약속의 성취이나 단 하나 두려워 할 것이 있는데, 그것은 자신의 그릇된 이해와 목적을 가지고 스스로의 영광을 위해서 예수 그리스도의 이름을 팔지 않도록 조심해야 한다는 것입니다. 그러기 위해서는 다음의 훈련을 해야만 합니다.

영원한 왕이신 예수 그리스도

과거와 현재, 그리고 미래의 왕 되신 예수 그리스도

알파와 오메가(시작과 끝)이신 여호와 하나님 아버지, 우리의 구원자 되신 예수 그리스도, 성령 하나님의 인도하심으로 시공간을 초월하시고 통치하시며 다스리시는 하나님을 이해한다면, 과거, 현재, 또 미래의 우리의 삶을 예수님께 드려야만 합니다.

예수님께서 우리를 온전히 다스리면 다스리실수록 우주의 왕 중 왕이 되신 예수님의 권세에 들어가게 되고, 그로 인하여 완전한 자유와 왕의 삶을 은혜로 누리게 됩니다.

과거의 왕 되신 예수 그리스도

지나간 과거는 되돌릴 수 없습니다. 그러나 너무 자주, 지나간 시간 속에 일어났던 사건들 중에서 아직도 우리를 억누르고 괴롭히는 일들이 있음을 봅니다. 예수님을 알기도 전에 그릇되이 결정했던 일들과 사건들로 인해 현재까지 피해를 보는 일은 물론, 잘못하면 과거의 일들로 인해 미래까지도 눌림과 억압 속에 암울한 삶을 살 수도 있습니다. 그래서 이제는 그릇된 과거의 죄성들과 그로 인한 결정들과 그릇된 열매들을 왕 되신 예수님 앞에 내려놓고 회개함으로서 다시 돌아보며, 그 과거의 일들마저도 예수님 앞에 내어놓아 그를 왕 되시게 해야만 합니다. 그러면 영원한 왕이신 예수님께서 잘못된 과거로 인한 상처를 치유하여 주시고 당신을 자유하게 하실 것입니다.

혹 당신이 홀로 있었다고 생각되는 그 어떤 과거의 기억들마저도, 당신이 그분께 고백할 때, 영원한 왕 되신 예수님께서는 시공간을 초월하여 당신을 그 사건들과 결과에서부터 자유하게 하실 수 있는 분이십니다.

그분을 믿고, 그 일들과 기억들을 왕께 의탁하십시오. 혹 돌아보시고 살피셔서, 그때의 시간 속에 '만약, 예수님께서 나의 왕이셨다면 어떠했을까?' 깊이 생각해 보고, 회개하셔서 그 지나간 시간마저도 왕께 드리십시오. 깊은 치유와 새로움을 분명히 경험하게 될 것입니다.

현재의 왕 되신 예수 그리스도

오늘 우리의 삶을, 시간을, 또 주권을 왕이신 예수님께 드려야만 합니다. 예수님께서 오늘의 삶에 왕이 되실 때, 우리는 예수님께 오늘의 해야 할 일과 결정의 방향과 삶의 목적과 이유를 분명히 들어 알 수 있으며, 왕 되신 예수님의 말씀에 순종할 때 성령 하나님과 더불어 왕의 혜택을 참으로 누릴 수 있게 됩니다.

'나의 하루의 주인공은 예수님이십니다. 예수님, 나의 왕이 되어 주세요' 하고 예수님만을 바라보고 의탁할 때, 예수님께서 우리에게 해야 할 일을 주십니다. 결정의 방향을 주십니다. 삶의 목적과 이유를 주십니다. 그리고 듣게 하십니다. 그러나 멍하게 진도 나가다 보면 나도 모르게, 스스로 '내'가 왕의 자리에 앉을 수 있는 죄성을 가진 우리이기에 의도적으로 왕의 자리에 예수님을 모시고, 주권을 드리지 아니하면, 자주 왕의 자리에 앉아 있는 자신을 발견하게 됩니다.

자신을 신뢰하지 마십시오. 이 일을 지속적으로 점검하는 것이 축복입니다. 물론 이 일은 듣고 즉시 순종하여 하나님의 역사하심을 경험해 본 자들만이 알 수 있는 일이며, 이해하기보다는 믿음으로 먼저 행할 때 이해하게 될 수 있는 일입니다. 오늘의 삶에 예수님께서 나의 왕이 되셔서 나를 통치하기 위해서는, 나의 오감(Five Senses)마저도 통치를 받아야만 합니다. 이 순종은 훈련이 필요하며, 순종하면 할수록 예수님의 왕권에 더욱 예민해져가는 자신을 발견하게 될 것입니다.

느낌과 감정, 그리고 생각의 범주까지 왕 되신 예수님의 성품으로 결정되고 순종하는지, 하나님의 말씀을 묵상하는 가운데 날마다 지속적으로 분별해 간다면 지속적으로 예수님께서 왕 되시게 하실 수 있을 것입니다.

그러나 많은 때에 훈련이 되지 않아, 믿음은 이야기하지만 나의 감정을 왕이신 예수님께 드리지 못해 '내 감정'을 내 마음대로 통제하려는 사람들이 많습니다. 감정 자체가 온전히 예수님이 주인이 되시게 해야 합니다. 이 말은 감정의 시작이나 동기가 예수님께서 원하시는 것인지 분별이 되어야 한다는 것입니다. 그래서 나의 듣는 방법도, 예수님의 방법으로 바뀌어야 하며, 그와 더불어 육신이 느끼는 모든 세밀한 이유와 방법까지도 그가 주인되시게 해야 합니다. 그래서 성령이 온전히 임하시면 오감마저도 회복이 되는 것입니다.

또 감수성과 기억의 회복은 물론이고, 나아가 모든 면에서 하나님이 뜻하신대로 회복되어 가는 자들의 모습으로 우리의 상상을 초월하여 날마다 더 누리게 하십니다.

그러나 조심해야 할 것은, 회복된 센스를 도리어 이용하여 자신의 흥취로 살도록 하는 사탄의 공격이 있을 수 있다는 것입니다. 사탄은 성령으로 시작한 일을 육체로 마치게 하려 하기 때문에, 우리 모두는 끝까지 분별하여 감정과 생각을 포함한 모든 범주에서 예수님이 주인이 되시도록 하는 훈련이 필요합니다.

이 훈련은 날마다 하면 할수록 강하고 온전하게 되어 하나님께서 보시기에도 '아름답다'라고 하실 수 있을 때까지 지속되어야만 합니다. 이 경건의 훈련은 하늘나라에 가는 그 순간까지도 해야 하며, 그럴 때에 말씀대로 이생과 내생에 우리에게 유익할 것이라는 약속을 경험하게 될 것입니다. 지속적으로 이를 훈련하십시오. 더욱 아름다운 일이 일어나리라는 것을 선포합니다.

미래의 왕 되신 예수 그리스도

예수님께서 우리의 '미래의 왕'이 되어 주시기 위해서는 먼저 그가 우리에게 '오늘의 왕'이 되어야만 합니다. 기도 끝에 "예수님의 이름으로 기도합니다"만 집어넣어서 될 수 있는 일이 아닙니다. 맘대로 정한, 스스로의 기도의 메뉴판에 예수님의 이름으로 기도를 마무리하여 예수님을 한낱 천국의 웨이터로 전락시키지 않도록 조심해야 할 것입니다.

"주여 주여 하는 자마다 다 천국에 들어갈 수 없다"(마 7:21)라고 하신 왕 되신 예수님의 말씀을 기억하고 매일의 삶에서 적극적인 순종의 자세를 취해야만 할 것입니다.

'미래의 왕' 되신 예수 그리스도를 아는 것은 '내일은 예수님이 허락하셔야만 온다는 것을 아는 믿음'이 필요합니다. 내일은 내 것이 아니라는 것을 알아야만 합니다. 오늘 그가 나의 왕이 되게 하셔서 모든 것을 다 드리고 만일 내일도 허락해 주시면, 또 오늘처럼 그렇게 드리면 되는 것입니다.

오늘 예수님께 왕권을 드리고 순종하고, 내일 일을 걱정하기보다는 그 내일도 왕 되신 주께 맡겨 버리십시오.

"그러므로 내일 일을 위하여 염려하지 말라 내일 일은 내일이 염려할 것이요 한 날의 괴로움은 그 날로 족하니라" (마 6:34)

오늘 온전히 순종하며, 내일에 대한 비전을 구하십시오. 오늘 순종하는 자에게 내일을 '비전'으로 채워 주시는 분이 하나님이십니다. 나의 꿈이 아닌 하나님께서 나를 향해 준비하신 하나님의 꿈을 기대하십시오. 하나님의 손이 나의 손보다 훨씬 더 크고 위대하시다는 사실을 기억하십시오.

우리의 상상을 초월한 감히 꿈도 꿀 수 없었던 기대도 할 수 없었던 축복으로, 온전함으로, 완전함으로 인도하실 것입니다. 그러기 위해서는 과거와 오늘과 내일의 삶에 왕 되신 예수님께 주권을 드리고, 순종하는 삶을 살아야만 할 것입니다. 그것이 바로 우리가 왕의 삶을 살 수 있는 길입니다.

내일은 나를 향한 하나님의 꿈이 완성되는 '하나님의 날'입니다. 내일이 없는 자 같이 오늘을 하나님께 드리십시오. 그러면 내일을 하나님께서 직접, '하나님의 내일' 로 채우실 것입니다. 오늘의 괴로움은 오늘로 족하니 내일 일은 염려하지 말라고 명령하셨습니다. 하나님의 약속을 온전히 취하기 위해 내일을 드리는 삶은, 내일을 완전히 하나님께 맡기는 삶입니다. 내일을 온전히 드리면 그가 인도하실 것입니다.

수많은 하나님의 사람들이 내일의 비전을 받기를 원합니다. 하나님께서 준비하신 비전은 하나님의 생명의 말씀 자체가 실현되는 것입니다. 구하는 것보다 더 주실 것이며, 여호수아의 고백처럼 날마다 이기고, 승리하고, 땅을 차지하여도 '아직도 차지할 땅은 많도다!'라고 할 것이며, 축복을 누리고 누리고 또 누려도 누릴 것이 너무나 많을 것입니다.

그러니 우리의 비좁고 부족한 믿음으로, 하나님의 약속을 제한하지 않는 우리가 되기를 예수님의 이름으로 축복합니다. 우리의 생각이나 감정으로라도 결코 하나님을 제한하면 안 됩니다.

같이 선포하십시오. '하나님, 우리를 하나님 마음대로 축복하시옵소서!' 그렇다면 내일의 두려움과 걱정에서 완전히 자유하게 될 것입니다. 우리를 위해서 대신 죽으시고, 또 부활하신 예수 그리스도와 더불어 날마다 스스로를 십자가에 못 박아 날마다 왕의 삶으로 부활하기를 예수님의 이름으로 축복합니다.

나더러 주여 주여하는 자마다 천국에 다 들어갈 것이 아니요

예수 그리스도의 권세는 '주의 이름'으로만 하는 것이 아닙니다. 성령 안에서 자유함을 받고 자유하게 되는 일이 있을 때, 예수 그리스도의 이름으로 혜택을 주는 자나 혜택을 받는 자나 오직 예수 그리스도만 높임을 받으실 때, 왕의 권세가 온전히 선포되고 사용되는 것입니다.

"나더러 주여 주여 하는 자마다 다 천국에 들어갈 것이 아니요 다만 하늘에 계신 내 아버지의 뜻대로 행하는 자라야 들어가리라 그 날에 많은 사람이 나더러 이르되 주여 주여 우리가 주의 이름으로 선지자 노릇 하며 주의 이름으로 귀신을 쫓아 내며 주의 이름으로 많은 권능을 행하지 아니하였나이까 하리니 그 때에 내가 그들에게 밝히 말하되 내가 너희를 도무지 알지 못하니 불법을 행하는 자들아 내게서 떠나가라 하리라" (마 7:21-23)

많은 사람들이 예수 그리스도의 영광을 이야기하고, '예수 그리스도의 권세 앞에 무릎 꿇으라'고 하면서 결국 그 모든 영광을 예수님께 돌리지 않습니다. 어떤 사역이나 인물이 영광을 받게 되거나, 그 열매로 완전히 자유하게 되어 예수님의 제자가 나오는 것이 아니라, 특정 부류의 제자가 나온다는 것은 예수님께서 영광을 받으시는 것이 아니라, 모든 영광이 그 사역이나 특정 인물에게 쏟아지는 일이라는 것입니다. 그래서 '예수의 권세'를 이야기할 때, 예수님의 이름만 나타나도록 서로 분별하는 일이 굉장히 중요하다는 것입니다.

'예수 권세, 내 권세'라고 말하는 사람들이 있습니다. 그 의도에 따라 같은 말이나 완전히 다른 말이 될 수 있습니다. 어떤 간증은 들다 보면, '예수 권세, 내 권세'라면서 그 내용이 '내가 금식을 했더니, 문제가 해결되고, 돈을 많이 벌게 되었고'라고 하면서 예수의 권세를 이야기하는 것 같이 하면서, 실제로는 예수 그리스도의 권세와 능력으로 인하여 내 이웃을 자유하게 하기보다 자신의 유익만을 구하는 간증 아닌 간증을 하는 아주 무서운 상태에 있는 사람들이 있습니다. 그것은 아주 위험한 상태입니다. 예수 그리스도의 권세와 능력은 오직 겸손한 자의 모습으로서 예수 그리스도의 영광만을 나타내는 모습이어야만 합니다. 만일 예수님의 성품과 닮아있지 않으면서 그 결과에만 치중해서 사건이 일어나는 것에만 촛점을 맞춘다면 거짓 종교인을 만들기 딱 좋을 수 있습니다. 서로 분별하여 이상한 괴물이 되지 않도록 조심하십시오.

이렇듯 '왕의 삶'이란 스스로를 높이는 삶이 아닌 오직 예수 그리스도만을 높이는 삶이며, 예수님만을 높이고 자신을 철저히 낮출 때 그를 들어쓰시는 하나님을 온전히 경험하게 될 것입니다.

6

선지자의 삶,
하나님의 마음을
먼저 아는 자

완전하신 선지자 예수 그리스도

'선지자의 삶'이란 미래의 일을 예언하는 것도 아니요 남이 알고 싶은 것을 전하는 것도 아니며, 숨겨진 비밀을 드러내는 것도 아닙니다.

선지자란, 오직 하나님의 뜻을 하나님의 방법으로 전하는 사람으로서 하나님의 의도만이 나타날 수 있도록 최선을 다하는 사람입니다. 하나님의 마음과 의도만을, 하나님께서 원하는 모습으로만 전할 수 있는 선지자의 삶을 살게 하시려고 우리에게 성령의 기름을 부으신 것입니다. 그래서 성령께서 임하지 않은 상태에서 혹은 충만하지 않은 상태에서는 절대로 선지자의 삶을 살 수 없으며, 선지자적인 왕 같은 제사장의 삶은 예수님께서 우리 중심의 왕의 자리에 앉으셨을 때만 가능합니다. 그래서 예수 그리스도를 왕으로 섬기지 않은 자가 선지자의 삶을 흉내내려 할 때 악하고 그릇된 모습으로 도리어 많은 사람들을 어둠의 길로 이끌게 되는 무서운 위험이 있는 것입니다.

누가복음 7장 24-28절을 보면 하나님의 나라와 선지자에 관해 예수님은 이렇게 말씀하십니다.

> "요한이 보낸 자가 떠난 후에 예수께서 무리에게 요한에 대하여 말씀하시되
> 너희가 무엇을 보려고 광야에 나갔더냐 바람에 흔들리는 갈대냐 그러면 너
> 희가 무엇을 보려고 나갔더냐 부드러운 옷 입은 사람이냐 보라 화려한 옷을
> 입고 사치하게 지내는 자는 왕궁에 있느니라 그러면 너희가 무엇을 보려고
> 나갔더냐 선지자냐 옳다 내가 너희에게 이르노니 선지자보다도 훌륭한 자니
> 라 기록된 바 보라 내가 내 사자를 네 앞에 보내노니 그가 네 앞에서 네 길을
> 준비하리라 한 것이 이 사람에 대한 말씀이라 내가 너희에게 말하노니 여자
> 가 낳은 자 중에 요한보다 큰 자가 없도다 그러나 하나님의 나라에서는 극히
> 작은 자라도 그보다 크니라 하시니" (눅 7:24-28)

요한을 선지자라 칭하신 예수님께서는 더 나아가, 그가 '선지자보
다도 훌륭한 자'라 하시고 "여자가 낳은 자 중에 요한보다 큰 자가 없도
다"라고 분명히 말씀하십니다. 분명히 인류 역사상 여자가 낳은 자 중
그는 선지자 중 최고라 평가하시고, 생명을 건 그의 사역을 인정하셨
습니다. 그러나 주목해야 할 말씀은 "하나님의 나라에서는 극히 작은
자라도 그보다 크니라"(눅 7:28)라는 말씀입니다. 더 이상 여자가 낳은
자가 아닌, 성령이 낳은 자를 통하여, 즉 성령으로 거듭난 자들을 선지
자의 삶으로 인도하시겠다고 분명히 말씀하시는 것입니다.

회개 요한, 즉 세례 요한은 "회개하라, 천국이 가까이 왔느니라"
(마 3:2)라고 외쳤으며, 그의 외침대로 천국에서부터 예수님은 우리에
게 오사 십자가로 승리하시고, 이 땅에 있는 한 줌의 흙들이 천국화되
게 하시고 계속 다른 한 줌의 흙들을 침노하게 하사 자유하게 하십니
다. 세례 요한은 물로써 세례를 주었으나, 이제 예수님께서는 오직 예
수 그리스도의 이름으로 성령을 구하게 함으로 말미암아 하나님의 나

라에서는 지극히 작은 자라도 성령이 있는 자는 누구든지 하나님 나라의 선지자의 삶을 살게 하신 것입니다.

당신이 성령을 구하고 예수님께서 당신에게 성령을 보내사 성령세례를 받은 자라면, 당신이 곧 '세례 요한'보다 더 뛰어날 수 있는 하나님의 선지자의 반열에 서게 됐다고 선포합니다. 그러니 경건한 마음으로 믿고 훈련해야만 합니다. 오직 성령 충만하여 진정한, 멋있는 하나님의 왕 같은 제사장과 선지자의 삶을 살아야만 합니다.

거듭 거듭 말하지만 우리의 표본은 오직 예수 그리스도이십니다. 그가 바로 왕 중의 왕이시며 영원한 대제사장이시요 완전하신 선지자이시자 구원자되시기 때문입니다. 우리가 예수님의 제자들로서 그분의 말씀대로 적극 순종한다면 단 하나의 선한 목자되신 예수님께서 목자의 약속을 지키사 세밀하게 인도하실 것입니다.

요한복음 5장 19-20절을 보면, "그러므로 예수께서 그들에게 이르시되 내가 진실로 진실로 너희에게 이르노니 아들이 아버지께서 하시는 일을 보지 않고는 아무것도 스스로 할 수 없나니 아버지께서 행하시는 그것을 아들도 그와 같이 행하느니라 아버지께서 아들을 사랑하사 자기가 행하시는 것을 다 아들에게 보이시고 또 그보다 더 큰 일을 보이사 너희로 놀랍게 여기게 하시리라"라고 하셨습니다.

이같이 우리의 목자 되신 예수님께서도 우리의 본이 되시어 가르치시기를, 예수님 자신도 하나님 아버지께서 하시는 일을 보지 않으면, 스스로 할 수 없다 하셨습니다. 이 말씀에 의해 예수님의 제자된 우리도 물론 하나님께 온전히 선지자로 쓰임을 받으려면 오직 하나님만을 주시하는 삶을 살아야만 합니다. 스스로 함부로 생각하고 상상하여 거짓 선지자가 되지 않는 우리 모두가 되길 부탁합니다.

우리의 마음과 행동이 하나님 아버지의 눈에 쏙 들어 하나님께서 직접 사랑을 부으시는 일을, 다 경험하게 되길 소망합니다. 그분의 사랑을 받아 하나님이 행하시는 것을 볼 수 있는 거룩한 무리들이 되길 바랍니다. 그리하여 세례 요한보다 뛰어난 선지자의 삶을 멋있게 누리는 여러분이 되십시오.

거짓 선지자들

예수님께서 "주여 주여 내가 주의 이름으로.. 주의 이름으로.. 주의 이름으로.."라며 입에 발린 소리를 부르짖던 거짓 선지자들에게 "'내게서 떠나가라!(주님 곁에서)' 하리라"하셨습니다. 이렇듯 하나님의 마음은 거짓 선지자들을 증오하셨으며 그들을 향한 하나님의 분명한 마음을 설명하시는 것이 구약성경 에스겔서에도 자세히 나옵니다.

에스겔서 13장을 보면 거짓 선지자 노릇 하는 자들과 그에 대한 심판을, 14장은 거짓 선지자들을 따르는 무리를 향한 하나님의 심판에 대하여 말씀하십니다. 온전한 하나님의 사람들이 되기 위해서는 온전하지 못한 모습이 무엇인지 볼 줄도 알아야 합니다. 에스겔 13장과 14장은 성령이 있는 자가 그냥 읽기만 해도 '거짓 선지자'에 대한 하나님의 마음을 충분히 알 수 있는 장들이라 생각됩니다.

"여호와의 말씀이 내게 임하여 이르시되 인자야 너는 이스라엘의 예언하는 선지자들에게 경고하여 예언하되 자기 마음대로 예언하는 자에게 말하기를 너희는 여호와의 말씀을 들으라 주 여호와의 말씀에 본 것이 없이 자기 심령을 따라 예언하는 어리석은 선지자에게 화가 있을진저 이스라엘아 너의 선지자들은 황무지에 있는 여우 같으니라 너희 선지자들이 성 무너진 곳에 올라가지도 아니하였으며 이스라엘 족속을 위하여 여호와의 날에 전쟁에서 견디게 하려고 성벽을 수축하지도 아니하였느니라 여호와께서 말씀하셨다고 하는 자들이 허탄한 것과 거짓된 점괘를 보며 사람들에게 그 말이 확실히 이루어지기를 바라게 하거니와 그들은 여호와가 보낸 자가 아니라 너희가 말하기는 여호와의 말씀이라 하여도 내가 말한 것이 아닌즉 어찌 허탄한 묵시를 보며 거짓된 점괘를 말한 것이 아니냐 그러므로 주 여호와께서 이같이 말씀하셨느니라 너희가 허탄한 것을 말하며 거짓된 것을 보았은즉 내가 너희를 치리라 주 여호와의 말씀이니라 그 선지자들이 허탄한 묵시를 보며 거짓 것을 점쳤으니 내 손이 그들을 쳐서 내 백성의 공회에 들어오지 못하게 하며 이스라엘 족속의 호적에도 기록되지 못하게 하며 이스라엘 땅에도 들어가지 못하게 하리니 너희가 나를 여호와인 줄 알리라 이렇게 칠 것은 그들이 내 백성을 유혹하여 평강이 없으나 평강이 있다 함이라 어떤 사람이 담을 쌓을 때에 그들이 회칠을 하는도다 그러므로 너는 회칠하는 자에게 이르기를 그것이 무너지리라 폭우가 내리며 큰 우박덩이가 떨어지며 폭풍이 몰아치리니 그 담이 무너진즉 어떤 사람이 너희에게 말하기를 그것에 칠한 회가 어디 있느냐 하지 아니하겠느냐 그러므로 나 주 여호와가 말하노라 내가 분노하여 폭풍을 퍼붓고 내가 진노하여 폭우를 내리고 분노하여 큰 우박덩어리로 무너뜨리리라 회칠한 담을 내가 이렇게 허물어서 땅에 넘어뜨리고 그 기초를 드러낼 것이라 담이 무너진즉 너희가 그 가운데에서 망하리니 나를 여호와인 줄 알리라 이와 같이 내가 내 노를 담과 회칠한 자에게 모두 이루고 또 너희에게 말하기를 담도 없어지고 칠한 자들도 없어졌다 하리니 이들은 예루살렘에 대하여 예언하기를 평강이 없으나 평강의 묵시를 보았다고 하는 이스라엘의 선지자들이니라 주 여호와의 말씀이니라 너 인자야 너의 백성 중 자기 마음대로 예언하는 여자들에게 경고하며 예언하여 이르기를 주 여호와의 말씀에 사람의 영혼을 사냥하려고 손목마다 부적을 꿰어 매고 키가 큰 자나 작은 자의 머리를 위하여 수건을 만드는 여자들에게 화 있을진저 너희가 어찌하여 내 백성의 영혼은 사냥하면서 자기를 위하여는 영혼을 살리려 하느냐 너희가 두어 움큼 보리와 두어 조각 떡을 위하여 나를 내 백성 가운데에서 욕되게 하여 거짓말을 곧이 듣는 내 백성에게 너희가 거짓말을 지어내어 죽지 아니할 영혼을 죽이고 살지 못할 영혼을 살리는도다 그러므로 나 주 여호와가 이같이 말하노라 너희가 새를 사냥하듯 영혼들을 사냥하는 그 부적을 내가 너희 팔에서 떼어 버리고 너희가 새처럼 사냥한 그 영혼들을 놓아 주며 또 너희 수건을 찢고 내 백성을 너희 손에서 건지고 다시는 너희 손에 사냥물이 되지 아니하게 하리니 내가 여호와인 줄을 너희가 알리라 내가 슬프게 하지 아니한 의인의 마음을 너희가 거짓말로 근심하게 하며 너희가 또 악인의 손을 굳게 하여 그 악한 길에서 돌이켜 떠나 삶을 얻지 못하게 하였은즉 너희가 다시는 허탄한 묵시를 보지 못하고 점복도 못할지라 내가 내 백성을 너희 손에서 건져내리니 내가 여호와인 줄을 너희가 알리라 하라" (겔 13)

거짓 선지자들을 따르는 무리들

"이스라엘 장로 두어 사람이 나아와 내 앞에 앉으니 여호와의 말씀이 내게 임하여 이르시되 인자야 이 사람들이 자기 우상을 마음에 들이며 죄악의 걸림돌을 자기 앞에 두었으니 그들이 내게 묻기를 내가 조금인들 용납하랴 그런즉 너는 그들에게 말하여 이르라 나 주 여호와가 말하노라 이스라엘 족속 중에 그 우상을 마음에 들이며 죄악의 걸림돌을 자기 앞에 두고 선지자에게로 가는 모든 자에게 나 여호와가 그 우상의 수효대로 보응하리니 이는 이스라엘 족속이 다 그 우상으로 말미암아 나를 배반하였으므로 내가 그들이 마음먹은 대로 그들을 잡으려 함이라 그런즉 너는 이스라엘 족속에게 이르기를 주 여호와의 말씀에 너희는 마음을 돌이켜 우상을 떠나고 얼굴을 돌려 모든 가증한 것을 떠나라 이스라엘 족속과 이스라엘 가운데에 거류하는 외국인 중에 누구든지 나를 떠나고 자기 우상을 마음에 들이며 죄악의 걸림돌을 자기 앞에 두고 자기를 위하여 내게 묻고자 하여 선지자에게 가는 모든 자에게는 나 여호와가 친히 응답하여 그 사람을 대적하여 그들을 놀라움과 표징과 속담 거리가 되게 하여 내 백성 가운데에서 끊으리니 내가 여호와인 줄을 너희가 알리라 만일 선지자가 유혹을 받고 말을 하면 나 여호와가 그 선지자를 유혹을 받게 하였음이거니와 내가 손을 펴서 내 백성 이스라엘 가운데에서 그를 멸할 것이라 선지자의 죄악과 그에게 묻는 자의 죄악이 같은

즉 각각 자기의 죄악을 담당하리니 이는 이스라엘 족속이 다시는 미혹되어 나를 떠나지 아니하게 하며 다시는 모든 죄로 스스로 더럽히지 아니하게 하여 그들을 내 백성으로 삼고 나는 그들의 하나님이 되려 함이라 주 여호와의 말씀이니라 여호와의 말씀이 또 내게 임하여 이르시되 인자야 가령 어떤 나라가 불법을 행하여 내게 범죄하므로 내가 손을 그 위에 펴서 그 의지하는 양식을 끊어 기근을 내려 사람과 짐승을 그 나라에서 끊는다 하자 비록 노아, 다니엘, 욥, 이 세 사람이 거기에 있을지라도 그들은 자기의 공의로 자기의 생명만 건지리라 나 주 여호와의 말이니라 가령 내가 사나운 짐승을 그 땅에 다니게 하여 그 땅을 황폐하게 하여 사람이 그 짐승 때문에 능히 다니지 못하게 한다 하자 비록 이 세 사람이 거기에 있을지라도 나의 삶을 두고 맹세하노니 그들도 자녀는 건지지 못하고 자기만 건지겠고 그 땅은 황폐하리라 주 여호와의 말씀이니라 가령 내가 칼이 그 땅에 임하게 하고 명령하기를 칼아 그 땅에 돌아다니라 하고 내가 사람과 짐승을 거기에서 끊는다 하자 비록 이 세 사람이 거기에 있을지라도 나의 삶을 두고 맹세하노니 그들도 자녀는 건지지 못하고 자기만 건지리라 나 주 여호와의 말이니라 가령 내가 그 땅에 전염병을 내려 죽임으로 내 분노를 그 위에 쏟아 사람과 짐승을 거기에서 끊는다 하자 비록 노아, 다니엘, 욥이 거기에 있을지라도 나의 삶을 두고 맹세하노니 그들도 자녀는 건지지 못하고 자기의 공의로 자기의 생명만 건지리라 주 여호와의 말씀이니라 주 여호와께서 이같이 이르시되 내가 나의 네 가지 중한 벌 곧 칼과 기근과 사나운 짐승과 전염병을 예루살렘에 함께 내려 사람과 짐승을 그 중에서 끊으리니 그 해가 더욱 심하지 아니하겠느냐 그러나 그 가운데에 피하는 자가 남아 있어 끌려 나오리니 곧 자녀들이라 그들이 너희에게로 나아오리니 너희가 그 행동과 소행을 보면 내가 예루살렘에 내린 재앙 곧 그 내린 모든 일에 대하여 너희가 위로를 받을 것이라 너희가 그 행동과 소행을 볼 때에 그들에 의해 위로를 받고 내가 예루살렘에서 행한 모든 일이 이유 없이 한 것이 아닌 줄을 알리라 주 여호와의 말씀이니라" (겔 14)

거짓 선지자가 짓는 죄들

거짓말을 곧이 듣는 백성에게 거짓말을 지어서

죽지 아니할 영혼을 죽이고

하나님께서는 살리려는 의도가 있으신데, 본인이 보기에 마음에 들지 않아 그 영혼이 하나님에게 크나큰 죄라도 지은 양 몰아세우는 것 등을 말합니다. 이럴 때 거짓 선지자는 주로 하나님께서 직접 말씀하신 것처럼 행동하거나 확신 속에 본인의 생각을 밀어넣어 하나님의 백성들을 수동적인 상태로 만들려 합니다.

살지 못할 영혼을 살리고

하나님께서 회개하고 돌아오길 바라시는데, 본인의 유익을 위해 옆에서 하나님께서 싫어하시는 일을 도리어 잘하는 짓이라고 부추기는 행동 등을 말합니다. 거짓 선지자는 연약한 영혼들의 욕심에 찬 필요와 간절함을 이용하여 그들의 의지로 벼랑으로 몰고 갑니다.

하나님께서 슬프게 하지 아니한 의인의 마음을 거짓말로 근심하게 한다

하나님에 대하여 잘 모르는 영혼들을 두려움으로 몰고 가고, '하나님께서 이것을 원하신다, 저것을 원하지 아니하신다' 하면서 하나님의 진솔한 마음이 아니라 자기가 원하는 마음으로 그를 끌고갑니다. 하나님께서 보시기에는 그가 약하지만 더 의로운데도 거짓말로 그를 근심하게 합니다. 필요 이상 죄의식에 사로잡히게 하고 말의 꼬투리

를 잡아 누르려 합니다. 율법적으로 몰아가려 하여 하나님의 지정의
나 이웃 사랑과는 상관없는 일들로 인하여 힘과 에너지와 시간을 낭
비하게 합니다.

악인의 손을 굳게 하여 그 악한 길에서 돌이켜 떠나 삶을 얻지 못하게 한다

악한 결정들로 인한 그릇된 결과에 상관하지 않고, 거짓 선지자의
필요와 이유로 그 영혼을 도리어 악한 길로 더욱 내몰아 갑니다. 또한
악인의 양심을 더욱더 강팍하게 부추겨 회개하고 돌아올 수 있는 길조
차, 기회조차 막아 버립니다. 거짓 선지자는 하나님께서 원하시는 것
을 본인이 가리고 거짓 선지자인 자기가 원하는 것을 가르치고 그렇게
하라고 강요합니다.

평강이 없으나 평강이 있다 한다

하나님께서 보시기에는 분명한 멸망의 길인데도 '괜찮다, 잘될 것
이다'라고 거짓말합니다. 이때에 혹 그 거짓 선지자가 알고서 의도적
으로 그렇게 하거나, 아니면 무지해서 했다 해도 멸망의 결과는 마찬
가지입니다.

담을 쌓을 때에 회칠한다

실제보다 항상 과장해서 표현합니다. 의도적으로 숨기고, 가리는
데 힘을 씁니다. 계획적으로 본인을 높이려 하고 낮게 보이려고 행동
합니다.

하나님의 백성들을 자기의 유익(명예, 물질, 만족)을 위하여 잡아 구속하고 묶어 결국에는 영육 간에 죽음으로 몰고 갑니다. 때론 '양육'이나 '교육'이라는 이름으로 사육하여 필요할 때 그의 영과 육을 도륙합니다.

하나님께서는 거기에다 또 더하여, 거짓 선지자에게 묻는 자들도 죄 없다 아니하시고 "거짓 선지자들의 죄악과 그에게 묻는 자들의 죄악이 같다"라고 하셨습니다. 그리고 "각각 자기의 죄악을 담당하리니 나 주 여호와의 말이니라"라고 하셨습니다. 자주 많은 사람들이 그들이 당한 거짓 선지자들의 실제를 깨달아 손가락질하고, 원망하고, 저주를 퍼붓기도 하나, 그들의 중심에 하나님 대신 '욕심'과 '정욕'과 '죄악'을 포기하지 않는다면 또 다른 거짓 선지자들이나 거짓된 사상에 다시 사로잡히게 됩니다. 그렇게 그들은 간지러운 귀들을 긁어줄 자들을 끊임없이 찾을 것이며, 어느덧 죽음의 문턱에, 심판의 자리에 서 있게 된 자신을 발견하게 될 것입니다. 그래서 우리 모두는 분별하고 훈련해야 합니다.

경건의 훈련

"이 교훈의 목적은 청결한 마음과 선한 양심과 거짓이 없는 믿음에서 나오는 사랑이거늘 사람들이 이에서 벗어나 헛된 말에 빠져 율법의 선생이 되려 하나 자기가 말하는 것이나 자기가 확증하는 것도 깨닫지 못하는도다"
(딤전 1:5-7)

"망령되고 허탄한 신화를 버리고 경건에 이르도록 네 자신을 연단하라 육체의 연단은 약간의 유익이 있으나 경건은 범사에 유익하니 금생과 내생에 약속이 있느니라"(딤전 4:7-8)

선지자의 삶을 산다는 것은 곧 믿는 자의 삶을 사는 것입니다. 믿는 자가 다 선지자 같은 삶을 살지는 않겠지만 적어도 하나님께서는 진정으로 믿는 사람들, 즉 하나님을 아버지라고 부르는 자녀들은 반드시 그렇게 되기를 바라신다고 믿습니다. 믿는 자들은 반드시 해야 하는 일들이 있는데 그것은 경건의 훈련입니다. 분명하게 말하건데, 경건의 훈련을 하지 않는 자는 결코 올바로 믿음 생활을 할 수 없습니다.

청결한 마음

"선한 사람은 마음에 쌓은 선에서 선을 내고 악한 자는 그 쌓은 악에서 악을 내나니 이는 마음에 가득한 것을 입으로 말함이니라"(눅 6:45)

마음의 청결한 상태를 유지하려면 언어의 훈련이 필요합니다. 하나님의 성품으로 창조된 사람들은 영적으로도 반드시 언행일치의 삶을 살도록 창조되어 있습니다. 그래서 하나님의 말씀대로 우리의 언어를 훈련시키면, 즉 말하는 방법과 표현과 단어의 사용을 소금을 친 듯 고르게 훈련하는 것이 필요합니다. 정확히 표현하는 훈련, 부풀리거나 더하거나 빼지 않는 훈련, 그릇되이 말하기보다 차라리 말을 금하는 훈련이 필요합니다. 하나님의 자녀로 새롭게 되어 창조의 능력을 지닌 '혀의 권세'를 믿음으로 사용하기 위해선 '헛소리'를 없애고 예수님께서

"내가 너희에게 이른 말이 영이요 생명이라"(요 6:63)라고 말씀하신 대로 죄의 성품을 없앤 과히 성령충만함의 인도하심을 받았다할 정도로 분별될 수 있도록 훈련해야 합니다.

'언어의 훈련'은 모든 예배자가 즉시, 날마다, 철저히 지속적으로 해야 합니다. 함께 사역을 하는 사역자들이 같이 언어의 훈련을 통해 하나님의 의도와 가까워지면 서로 사용하는 단어가 같아지게 되고, 한마음으로 사역을 같이하는데 유익합니다. 그때 하나님께서도 하나님의 영광을 위하여 그들의 기능을 다듬으시고 능력으로 채우십니다.

하나님의 사람들이 언어의 훈련을 성령 충만함과 더불어 시작해 보면, 분별력도 새로워지게 되는 것을 알게 됩니다. 또 나아가 하나님께서 지체 안에 서로 성령 안에서 분별력을 허락하시면, 서로의 '말'의 참뜻과 숨은 의도가 무엇인지도 알게 하십니다.

언어의 훈련에 관해서는 더욱더 자세히 나눌 수 있도록 클리닉이 필요합니다. 이 훈련은 언젠가 하늘나라에 가는 날까지 계속되어야 하지만, 벌써 하고 있다면 말씀의 능력을 체험하고 있는 사람이라 믿습니다.

선한 양심

양심에 어긋나는 모든 것은 금해야만 합니다. 동시에 양심을 키워야만 합니다. 바울 사도가 "나는 범사에 양심을 따라 하나님을 섬겼노라"(행 23:1)라고 한 것은 그의 삶에서 '하나님께서 직접 허락하시는 능력의 삶의 시작'을 알리는 커다란 종소리 같은 것이었습니다.

양심을 따라 하나님을 바라보지 않는 자는 결코 하나님을 개인적으로 만날 수도 없으며, 하나님의 의도를 올바로 온전히 전할 수는 더더욱 없습니다. 이것은 오늘도 모든 약속을 분명히 지키시는 하나님의 자존심의 문제입니다. 즉, 하나님의 양심이 우리 안에 하나님께서 원하시는 대로 심겨져야 우리가 하나님의 마음을 올바로 알게 될 수 있는 것입니다.

"그러므로 사람이 선을 행할 줄 알고도 행하지 아니하면 죄니라" (약 4:17)

하나님을 모를 때에는 '악을 행하는 것'만이 죄였으나, 이제 하나님을 알고 양심에 따라 훈련하며 행동하게 되면 '선한 일을 알고도 행하지 않는 것'도 죄라는 것을 알게 됩니다. 이렇듯 하나님이 새로 태어나게 하신 양심은, 하나님의 뜻대로 사용하면 사용할수록 하나님의 마음에 더 예민해집니다. 그러니 하나님의 음성을 듣기를 원하면 꼭 양심의 소리에 먼저 귀를 기울이십시오. 양심을 깨우십시오. 그러면 많은 때에 양심을 통하여 직접 말씀하시기도 하는 하나님을 경험하기 시작할 것입니다.

하나님께선 지금 당신의 양심의 무게를 재고 계시다는 것을 결코 잊지 마십시오.

거짓이 없는 믿음

하나님에 대하여, 말씀에 대하여, 약속에 대하여 한 줄, 한 절, 한 단어 확인해 봐야만 합니다. 그래서 '말씀에 거하는 자', '말씀 안에 사는 자'가 되어야 합니다.

본인이 '믿는다'는 것과 '삶을 헤쳐 나가는 방식'이 동일한 패턴으로 연결성이 있는지 냉정하게 분별해야 합니다. 내가 알고 있는 성서적인 개념, 실생활과 연결된 생각의 흐름이 과연 성경적 믿음에 근거하는지, 부분적(PART-TIME)으로 믿는 척하는 것인지 온전히(FULL-TIME) 믿는 것인지, 종교적으로 교회에 적만 두고 무슨 일을 결정할 땐 영 딴판으로 결정하는지 살펴보아야 합니다. 평상시엔 잘 믿는 것 같은데, 꼭 어떤 이득 앞에서 또 옳고 그름을 결정해야 할 때, 자기 자신의 이익만을 취하려는 모습이 있거든 그것이 바로 거짓이 있는 믿음이니 분별하고 거짓을 뽑아 버리십시오.

나중에 돌이킬 수 없는 순간에 하나님의 자녀의 삶에서 뽑혀 버림을 당하는 것보다 낫지 않습니까? 눈앞에 있는 거짓을 통한 파렴치한 이득보다 진실을 위한 거룩한 손해를 택할 때, 하나님의 뛰어나고 선한 인도하심을 경험하게 될 것입니다. 이 세 가지(청결한 마음, 선한 양심, 거짓 없는 믿음)를 천국 가는 그날까지 훈련하되, 날마다 진보가 나타나도록 주의 형제자매들과 확인하는 일이 절대로 필요합니다. 또 이 훈련들의 이유가 하나님 사랑, 그리고 이웃 사랑에 있는지 분별한다면 분명한 열매를 맺을 것입니다.

그래야 비로소 이 세 가지를 훈련함으로 하나님께서 본인을 사랑이라 표현하신 진정한 의미와 가치를 알 수 있습니다. 그래서 참사랑이신 하나님의 마음을 전하고 나눌 수 있는 선지자적인 삶이 허락되기 시작하는 것입니다.

이 훈련들을 실제로 해야만 선지자의 삶을 누리기 시작할 수 있는 기본적인 생각의 틀이 잡힌다고 할 수 있습니다. 저도 아직도 날마다 이 훈련들을 하고 있습니다. 우리 같이 믿음의 경주를 행복하게 하기를 예수님의 이름으로 축복합니다.

하나님께로 온 예언과 거짓 예언의 차이점

"예언하는 자들의 영은 예언하는 자들에게 제재를 받나니 하나님은 무질서
의 하나님이 아니시요 오직 화평의 하나님이시니라" (고전 14:32-33)

예언하는 자들의 영은 반드시 예언하는 자들에게 제재를 받는다고
하신 위의 말씀에 우리는 순종해야만 합니다. 이는 그 어느 누가 아무
리 위대한 능력을 지닌 것처럼 보인다 할지라도, 수많은 사람들의 인
정을 받는다 할지라도, 지속적으로 모든 것을 맞추어 왔다 할지라도,
결코 그 사람을 하나님의 자리에 서 있게 하거나 하나님을 대변할 수
있는 것처럼 해서는 안 된다는 것입니다. 이 말씀은 그 어느 누구든지
분별해야만 하며, 특별히 '예언'이라는 '성령의 나타나심'이 있다고 거
론될 때에 반드시 또 다른 하나 이상의 하나님의 사람들 가운데 그 예
언을 분별할 수 없을 경우에는, 절대로 무분별하게 받아들여지게 하거
나 함부로 입에 올려서는 안 된다는 것입니다. 그리고 그 이유를 정확
하게 설명하시기를, 하나님께서는 그렇게 역사하시지 않기 때문이라
하십니다. '이는 하나님의 성품이 아니다' 하시며, 하나님은 하나님의
백성들을 혼란하게 하기를 원하지 않으신다고 설명하십니다. 그렇습
니다. 하나님께서는 우리를 그냥 애매모호한 의문 속에 두기를 원하지
않으십니다. 하나님께서는 어떠한 이해할 수 없는 무의미한 말로 거룩

한 것(?) 처럼 들리게 하거나, 영적으로 보이는 '점쟁이'나 '영매'의 모습으로 하나님의 백성들에게 다가서기를 원하지 않으실 뿐 아니라 도리어 그 모습들을 저주하십니다 .

> "네 하나님 여호와께서 네게 주시는 땅에 들어가거든 너는 그 민족들의 가증한 행위를 본받지 말 것이니 그 아들이나 딸을 불 가운데로 지나게 하는 자나 복술자나 길흉을 말하는 자나 요술을 하는 자나 무당이나 진언자나 신접자나 박수나 초혼자를 너희 중에 용납하지 말라 무릇 이런 일을 행하는 자는 여호와께서 가증히 여기시나니 이런 가증한 일로 인하여 네 하나님 여호와께서 그들을 네 앞에서 쫓아 내시느니라 너는 네 하나님 여호와 앞에 완전하라 네가 쫓아낼 이 민족들은 길흉을 말하는 자나 복술자의 말을 듣거니와 네게는 네 하나님 여호와께서 이런 일을 용납지 아니하시느니라" (신 18:9-14)

그러나 너무나 자주 거짓의 영들과 악령들은 '예언'이라는 단어로 인간의 연약함을 이용하여 하나님과 그의 백성들을 우롱하는 일들을 서슴없이 저지르게 합니다. 이 세대에 악한 영들이 난무하는 것은 사실입니다. 그 모든 악의 영들은 반드시 하나님의 응징을 받을 것입니다. 그러나 더욱더 중요한 것은 그 악한 영들과는 상관이 없이 하나님의 사람들이 하나님의 성품과 열매가 없는 자들에게 '예언'을 구하는 것이 바로 무서운 악이라는 것을 알아야 합니다.

하나님께서는 개인이나 특정한 단체의 유익만을 위하여 모르는 미래를 점을 치게 하심으로 은밀히 스스로의 능력을 과시하지 아니하십니다. 하나님께서는 오직 약속의 말씀을 주시고, 약속의 말씀을 행하는 자에게 그 약속을 이행하심으로 우주를 주관해 가십니다. 그러한 하나님의 정확하심과 분명하심을 흔들려 하는 모든 의도는 성경적이지 않으며, 악한 영에게서 비롯된 것으로서 하나님의 영광을 막는 모든 일들은 멸망을 당해야 합당합니다.

그러니 먼저 열매를 확인하십시오

'자유함을 받고 자유하게 하는 성령의 열매'가 있는 그리스도의 제자된 삶을 사는 것이 확인되지 않는 자에게 소위 '은사'를 활용하게 하는 것이 문제입니다.

> "누구든지 내 이름으로 전하는 내 말을 듣지 아니하는 자는 내게 벌을 받을 것이요 만일 어떤 선지자가 내가 전하라고 명령하지 아니한 말을 제 마음대로 내 이름으로 전하든지 다른 신들의 이름으로 말하면 그 선지자는 죽임을 당하리라 하셨느니라 네가 마음속으로 이르기를 그 말이 여호와께서 이르신 말씀인지 우리가 어떻게 알리요 하리라 만일 선지자가 있어 여호와의 이름으로 말한 일에 증험도 없고 성취함도 없으면 이는 여호와께서 말씀하신 것이 아니요 그 선지자가 제 마음대로 한 말이니 너는 그를 두려워하지 말지니라"(신 18:19-22)

하나님의 말씀없이 예언만 선포하는 것은 하나님의 성품을 구하는 것이 아니라 불확실한 것을 알고자 하는 욕심을 위한 것이며, 자신의 의를 드러내려 하는 것이기 때문에 '그의 나라와 그의 의'와는 무관한 일입니다.

알려고 하지 말고, 순종하십시오

믿음의 자손 이스라엘을 향한 하나님의 약속은 반드시 조건부이며, 그 조건 안에 들어있는 자에게만 하나님의 약속과 축복이 있습니다(신명기 28장). 그 조건 자체가 하나님의 사랑이며, 지혜입니다.

아무 조건 없이 무작정 축복의 길이 열릴 것을 기대하게 하거나 혹은 피할 수 없는 저주를 퍼부어 회개하지 못하게 하는 모든 행동은 분명히 하나님께로부터 온 것이 아니며, 저주를 받음이 마땅합니다.

하나님께 순종하려 하는 선한 의도 없이 본인의 이득만을 위해 신령한 것들만을 너무나 바라보다 보면 스스로가 욕심에 눌리어 결국엔 사탄의 꼭두각시 놀음에 놀아나게 되는 것입니다. 하나님에게서 비롯되지 않은 것을 무분별하게 받아들여서 사탄의 페이스에 말리지 않기 위해서는 '예언'이냐 아니냐로 논쟁하기보다는 '행함(Do The Right Thing)'이 중요합니다. 하나님을 향한 믿음으로 가는 것이 중요합니다.

예언이 믿음을 대체하게 하는 것은 악령의 속임수입니다. '심지 않고 거둘 수 있다'거나, '모든 것이 예정되어 있다'는 것도 속임수입니다. 옳은 일을 선택하여 행할 때에만 의의 열매를 맺는 것입니다. 하나님의 완전한 예언을 개인적인 예언으로 적용하는 오류에 빠지지 말아야 합니다.

진정한 예언을 바라십니까? 그렇다면 그전에 '말씀대로 순종하기를 바라는가?', '하나님이 복의 근원임을 믿는가?' 스스로에게 물어보십시오. 예언보다 하나님에게 목숨을 걸면 그 사람에게 '하나님'께서 직접 말씀하실 것입니다. 살 길을 찾지 말고, 오직 여호와를 찾으십시오.

7

영적전쟁의
실제 상황과 적용

만약 하나님을 믿는다는 사람이 영적 전쟁에 무관심하거나 혹 '필요 없다' 하는 헛소리를 한다면, 그것은 그야말로 죽음일 것입니다. 하나님을 믿는 자로서 영적 전쟁은 너무나도 분명히 알아야만 하는 사실이며, 믿음과 분리되어 생각될 수 없는 일입니다. 물론 이 전쟁은 예수님께서 완전히 승리를 선포하시고, "다 이루었다"(요 19:30)라고 외치신 일입니다. 그러나 이 승리는 대장되신 예수님을 따르고 그의 명령대로 목숨 걸고 날마다 치러야만 하는 모든 믿는 자로서의 사명을 다했을 때의 일입니다. 그래야 비로소 예수님께서 다 이루신 승리의 면류관을 믿음으로 함께 쓸 수 있게 되는 것입니다. 만약 그 어느 누구라도, 당신에게 영적인 전쟁을 치를 필요가 없다거나 그와 비슷한 의도를 비춘다면 그를 멀리 하십시오. (아니면 전도의 대상으로 여기십시오.)

누구도 이 전쟁은 피해갈 수 없으며 만약 믿는 어느 누구라도 여기에서 제외라고 생각한다면 벌써 그는 영적인 동네북 노릇을 톡톡히 하고 있을 것입니다. 어쩌면 본인이 왜 그렇게 고달프고 힘든지에 대해 탄식하며 앞으로의 미래적인 천국만 바라보며 비현실적인 믿음을 주

위에 흘리며 하나님의 영광을 가리고 있을지도 모릅니다. 하나님의 뜻대로 행하여 승리의 삶, 능력의 삶을 같이 삽시다.

영적 전쟁은 이 순간에도 실제로 일어나고 있는 피 터지는 현실입니다. 우리가 영원히 죽느냐 사느냐가 달린 심각한 문제입니다. 현실을 직시하기 위해서 말씀을 보도록 하겠습니다.

다니엘서 10장의 영적 전쟁의 실체

"바사 왕 고레스 제삼년에 한 일이 벨드사살이라 이름한 다니엘에게 나타났는데 그 일이 참되니 곧 큰 전쟁에 관한 것이라 다니엘이 그 일을 분명히 알았고 그 환상을 깨달으니라 그 때에 나 다니엘이 세 이레 동안을 슬퍼하며 세 이레가 차기까지 좋은 떡을 먹지 아니하며 고기와 포도주를 입에 대지 아니하며 또 기름을 바르지 아니하니라 첫째 달 이십사일에 내가 힛데겔이라 하는 큰 강 가에 있었는데 그 때에 내가 눈을 들어 바라본즉 한 사람이 세마포 옷을 입었고 허리에는 우바스 순금 띠를 띠었더라 또 그의 몸은 황옥 같고 그의 얼굴은 번갯빛 같고 그의 눈은 횃불 같고 그의 팔과 발은 빛난 놋과 같고 그의 말소리는 무리의 소리와 같더라 이 환상을 나 다니엘이 홀로 보았고 나와 함께 한 사람들은 이 환상은 보지 못하였어도 그들이 크게 떨며 도망하여 숨었느니라 그러므로 나만 홀로 있어서 이 큰 환상을 볼 때에 내 몸에 힘이 빠졌고 나의 아름다운 빛이 변하여 썩은 듯하였고 나의 힘이 다 없어졌으나 내가 그의 음성을 들었는데 그의 음성을 들을 때에 내가 얼굴을 땅에 대고 깊이 잠들었느니라 한 손이 있어 나를 어루만지기로 내가 떨었더니 그가 내 무릎과 손바닥이 땅에 닿게 일으키고 내게 이르되 큰 은총을 받은 사람 다니엘아 내가 네게 이르는 말을 깨닫고 일어서라 내가 네게 보내심을 받았느니라 하더라 그가 내게 이 말을 한 후에 내가 떨며 일어서니 그가 내게 이르되 다니엘아 두려워하지 말라 네가 깨달으려 하여 네 하나님 앞에 스스로 겸비하게 하기로 결심하던 첫날부터 네 말이 응답 받았으므로 내가 네 말로 말미암아 왔느니라 그런데 바사 왕국의 군주가 이십일 일 동안 나를 막았으므로 내가 거기 바사 왕국의 왕들과 함께 머물러 있더니 가장 높은 군주 중 하나인 미가엘이 와서 나를 도와 주므로 이제 내가 마지막 날에 네 백성이 당할 일을 네게 깨닫게 하러 왔노라 이는 이 환상이 오랜 후의 일임이라 하더라 그가 이런 말로 내게 이를 때에 내가 곧 얼굴을 땅에 향하고 말문이 막혔더니 인자와 같은 이가 있어 내 입술을 만진지라 내가 곧 입을 열어 내 앞에 서 있는 자에게 말하여 이르되 내 주여 이 환상으로 말미암아 근심이 내게 더하므로 내가 힘이 없어졌나이다 내 몸에 힘이 없어졌고 호흡이 남지 아니하였사오니 내 주의 이 종이 어찌 능히 내 주와 더불어 말씀할 수 있으리이까 하니 또 사람의 모양 같은 것 하나가 나를 만지며 나를 강건하게 하여 이르되 큰 은총을 받은 사람이여 두려워하지 말라 평안하라 강건하라 강건하라 그가 이같이 내게 말하매 내가 곧 힘이 나서 이르되 내 주께서 나를 강건하게 하셨사오니 말씀하옵소서 그가 이르되 내가 어찌하여 네게 왔는지 네가 아느냐 이제 내가 돌아가서 바사 군주와 싸우려니와 내가 나간 후에는 헬라의 군주가 이를 것이라 오직 내가 먼저 진리의 글에 기록된 것으로 네게 보이리라 나를 도와서 그들을 대항할 자는 너희의 군주 미가엘뿐이니라"(단 10장)

다니엘서 10장은 하나님의 말씀 가운데 영적 전쟁을 이해할 수 있는 가장 기본적인 장이기도 합니다. 기본적이라 함은 이 장을 이해하지 않고서는 영적 전쟁을 온전히 이해하기가 힘들다는 것입니다. 말씀에 나오는 다니엘은 특별히 하나님께서 선택하신 선지자이자 예언자로서 성경을 읽는 모든 자들이 다니엘의 경험을, 우리의 개인적인 이해와 믿음으로 받아들이기를 하나님은 바라십니다.

성경의 한 페이지나, 한 문장을 뺀다면 하나님의 완전하신 의도가 심각하게 왜곡될 수 있기 때문에 하나님께서는 모든 성경의 일획조차도 바꾸기를 원하지 않으십니다. 다니엘 10장 1절의 말씀에 언급된 일은 역사적으로도 분명하게 예언이 되고, 실제로 일어났던 일이라는 것을 확인시켜 주시기 위하여 시간과 때의 정확성을 하나님은 주장하십니다.

이 일은 큰 전쟁에 관한 것이라 했으며, 다니엘이 분명히 알았고 그가 깨달은 것처럼 우리 믿는 모든 자들도 그러기를 바라시는 하나님의 마음이 새겨져 있습니다.

전령천사 가브리엘

다니엘 10장 2절부터 11절 사이에 가브리엘이라는 하나님의 천사가 등장합니다. 그는 전령천사로서 나중에 예수님의 육신의 어머니였던 마리아에게도 나타났던 천사이며, 우리에게도 나타날 수 있기도 합니다. 물론 천사의 이야기를 할 때, 흔들리거나 불편한 마음을 가진 사람들이 많이 있는 것은 사실입니다. 그러나 이 천사들의 영적인 존재를 믿지 못하거나 사고의 영역 속에 깊이 넣지 못한다면, 벌써 영적인 전쟁에서의 패배는 결정된 것이나 마찬가지입니다.

하나님은 영이시기에 우리의 육신으로의 개념으로서는 온전히 다 이해할 수 없으며, 영적인 존재들인 우리가 실제의 영적인 존재들을 인식하지 않고서는 영적인 전쟁을 온전히 치를 수 없는 것은 분명한 사실입니다.

그래서 의의 나무의 기본 진리를 시작하기 전에, 반드시 짚고 넘어가야 했던 일은 성령 하나님을 당신 안에 모시고 섬기기를 결정함으로서 영적인 눈을 뜨게 하는 일이었습니다.

우리의 다니엘도 21일 동안 금식(절식)하며, 하나님의 음성을 듣기를 바랐고, 21일 이후 갑자기 나타난 천사 가브리엘로 인해 온몸의 힘이 빠져 쓰러지는 일을 경험했어야만 했습니다. 그를 일으킨 가브리엘은, 다니엘이 깨달으려 하여 하나님 앞에서 그의 마음을 결심하던 첫날 그 순간, 그가 하나님 곁을 떠나 다니엘을 향하여 날아오고 있었지만 바사 왕국(페르시아)의 군주라 이름한 하나님의 일을 방해하는 어둠의 영들(타락하여 천상에서 지상으로 쫓겨난 천사들)이 21일 동안 그를 가지 못하게 막았습니다(단 10:13).

수호천사 미가엘

하나님께서는 군장천사 즉, 이스라엘의 군대 천사장이며 모든 하나님을 믿는 사람들의 수호천사들의 대장인 미가엘을 보내서 그를 대신 싸우게 하십니다. 그 전쟁 때문에 가브리엘이 다니엘에게 도착하는데 21일이나 걸렸던 것을 설명하는 것을 알 수 있습니다(단 10:13).

다니엘서 10장 끝부분과 11장 전체에 앞으로 역사적으로 일어날 영적 전쟁들을 분명히 나열하시며, 이 전쟁이 얼마나 심각하며 우리의 삶에 직접적인 영향을 미치는지 하나님은 알기를 바라셨습니다. 말씀의 마침표 되시며 말씀을 완성하게 하신 예수님께서도 분명히 사탄의 권세를 멸하시러 오셨다고 했으며, 이 전쟁을 승리로 이끄시기 위하여 직접 오셔야만 했다고 우리에게 말씀하셨습니다.

본문에서 우리가 반드시 알아야 하고, 잊지 않아야 할 몇 가지 기본적인 진리는 하나님의 백성들을 괴롭히는 악령들의 존재가 나라와 지역과 도시마다 곳곳에 퍼져 있다는 것과 획일적이고 구체적이며, 지속적인 방법으로 하나님의 백성들을 공격하고 있다는 사실입니다. 어둠의 영들은 서로 싸우지도 아니하며, 어둠의 영들과 그들에게 속한 자들의 힘을 합쳐 하나님과 하나님의 백성들을 끊임없이 대적합니다.

말씀처럼 사탄이 모든 믿는 사람들의 주위를 울부짖는 사자와 같이 돌고 으르렁거리며 넘어뜨리려 하고 있는 이때에, 하나님께서는 우리가 구체적이고 실질적인 방법으로 그들을 대적하기를 바라십니다. 이 기본적인 전쟁의 틀을 완전히 믿고 염두에 두어 분별하기 시작할 때, 그제서야 비로소 전쟁에서 승리의 깃발을 들 수 있는 것입니다.

그의 천사들을 바람으로, 그의 사역자들을 불꽃으로

누가복음 1장 19절과 26절에 동일한 천사 가브리엘이 또다시 등장하여, 하나님의 계획을 세례 요한의 아버지 사가랴와 요셉이라 하는 사람과 정혼한 처녀 마리아에게도 나타납니다.

누가복음 2장 13-15절에는 예수님의 탄생을 사람들에게 알리기 위하여 "수많은 천군이 그 천사와 함께 하나님을 찬송하여 이르되……천사들이 떠나 하늘로 올라가니"라고 쓰여 있어 시간과 공간을 초월한 하나님의 천사들과 천군들의 개입을 정확하게 보여 주십니다.

마태복음 2장 13절 이후에 헤롯이 아기 예수님을 죽이려 할 때도, 하나님께서 천사를 보내어 아기예수와 요셉과 마리아를 하나님의 계획대로 애굽으로 떠나게 하시고, 사탄과 그의 군대들은 헤롯을 사용하여 베들레헴과 그 모든 지경 안에 있는 두 살 이하의 모든 사내아이들을 다 죽인 사건을 볼 수 있습니다.

사도행전에서도 여러 제자들에게 계속 필요할 때마다 천사들을 나타나게 하시고, 영적인 전쟁에 실질적으로 투입되게 하사 지속되는 영적 전쟁을 분명하게 드러내십니다. 이런 일들은 역사 속에서 끊임없이 계속되었으며, 오늘도 일어나고 있고, 계시록에서 계시한 대로 마지막 때까지도 지속될 것입니다.

천사들은 오늘도 우리가 하나님을 향하여 진정으로 무릎 꿇는 순간, 즉 하나님의 뜻을 구하는 진정한 기도를 드리는 순간에 하나님의 부르심을 받고 움직이고 있으며, 하나님을 믿는 하나님의 자식들이 하나님께 순종하여 그의 일을 행하려 할 때 하나님의 진리를 온전히 전할 수 있도록 또 하나님의 능력이 드러날 수 있도록 하나님의 천사들을 사용하십니다.

히브리서 1장 7절에서는 "또 천사들에 관하여는 그는 그의 천사들을 바람으로, 그의 사역자들을 불꽃으로 삼으시느니라 하셨으되"라고 말씀하셨으며, 히브리서 1장 14절에서는 "모든 천사들은 섬기는 영으로서 구원 받을 상속자들을 위하여 섬기라고 보내심이 아니냐"라고 말씀하셨습니다.

이 일들을 사실대로 받아들였을 때에만 하나님의 천사들 뿐 아니라 타락한 천사들, 즉 악령들을 보는 분별의 눈이 뜨여지며 실제적인 영적 전쟁을 치를 수 있는 영적인 준비상태가 되는 것입니다. 누구든지 원하든 원치 않든 다 이 전쟁 안에 들어가 있으며, 이것을 늦게 깨달을 수록 피할 수 없는 전쟁에서 패배할 수밖에 없을 것입니다. 그런즉 야고보서 4장 7-8절에서 명령하신 대로 순종의 삶을 적극적으로 살아나가는 것이 바로 승리하는 길임을 겸손하게 받아들여야 합니다.

"그런즉 너희는 하나님께 복종할지어다 마귀를 대적하라 그리하면 너희를 피하리라 하나님을 가까이하라 그리하면 너희를 가까이 하시리라 죄인들아 손을 깨끗이 하라 두 마음을 품은 자들아 마음을 성결하게 하라"(약 4:7-8)

그렇습니다. 악령들과 마귀를 온전히 대적하려면 보고 들은 이 진리를, 이 하나님의 마음을 가까이 하시고 순복하여 즉, 순종하여 (Submit and Obey) 겸손하게 받아들이기 바랍니다. 그러면 하나님께서 당신을 승리의 길로 인도하실 겁니다.

"주 앞에서 낮추라. 그리하면 주께서 너희를 높이시리라"(약 4:10)

말씀 그대로 그의 나라를 구하는 기도를 드려야만 합니다. 이웃의 영혼을 내 영혼인 것처럼 구하는 삶을 살아야만 합니다. 하나님의 진리를, 진실한 삶을 추구하기 시작했다면 이 일은 온전히 지속될 것입니다. 그러기 위해서 멈추지 말고, 앞으로 나가십시오.

8

전신 갑주, 우리가 입어야 할
갑옷이 아니라 삶의 자세

전신 갑주

우리가 하나님의 사람을 깨우고 경각심을 가지게 하는 것도 중요하지만 그가 주 안에서 성부, 성자, 성령의 능력으로 설 수 있게 하는 것 또한 중요합니다. 세상적인 싸움은 싸움을 제일 잘하는 사람을 맨 앞에 두고, '선방'을 어떻게 하느냐에 따라 그 승패가 결정된다고 말들을 합니다. 영적인 전쟁도 그릇되이 오해하여, 우리 가운데 특별히 전쟁을 잘 치르는 사람이 앞에서 싸울 때, 전쟁을 더 잘 치를 수 있다고 생각할 수도 있습니다. 그러나 영적인 전쟁은 우리 중에 잘 싸울 것 같은 자 뒤에 있어야 하는 것이 결코 아니며, 오직 예수 그리스도의 권세와 이름으로 하나님께서 치르시는 전쟁에 우리가 적극적으로 참여해야 하는 것입니다.

그 어느 누구든지 영적 전쟁을 치르려 할 때, 대장 되신 예수 그리스도 안에서 그의 지휘에 따라 전쟁을 치르려 하지 않고, 자신의 육적인 힘이나 또 영적인 힘으로 목소리를 높이고 신경을 곤두세운다고 해서 성공적으로 전쟁을 치를 수는 절대로 없습니다. 만약 그런 사람이 예수님 없이 영적 전쟁에 예민하다고 하며, 악령들을 쫓아내는 일을 한다고 했을 때, 그 삶에 실제로 그리스도 예수 안에서 하나님의 성품과 약속으로 인한 열매가 나타나는 일은 극히 드물게 됩니다. 그래서 악령을 쫓은 것처럼 보이느냐 아니냐가 중요한 것이 아니라, 온전히 하나님의 자식으로서의 삶을 사느냐 아니냐 하는 것이 실제적인 전쟁입니다.

> "끝으로 너희가 주 안에서와 그 힘의 능력으로 강건하여지고 마귀의 간계를 능히 대적하기 위하여 하나님의 전신 갑주를 입으라 우리의 씨름은 혈과 육을 상대하는 것이 아니요 통치자들과 권세들과 이 어둠의 세상 주관자들과 하늘에 있는 악의 영들을 상대함이라 그러므로 하나님의 전신 갑주를 취하라 이는 악한 날에 너희가 능히 대적하고 모든 일을 행한 후에 서기 위함이라 그런즉 서서 진리로 너희 허리 띠를 띠고 의의 호심경을 붙이고 평안의 복음이 준비한 것으로 신을 신고 모든 것 위에 믿음의 방패를 가지고 이로써 능히 악한 자의 모든 불화살을 소멸하고 구원의 투구와 성령의 검 곧 하나님의 말씀을 가지라 모든 기도와 간구를 하되 항상 성령 안에서 기도하고 이를 위하여 깨어 구하기를 항상 힘쓰며 여러 성도를 위하여 구하라 또 나를 위하여 구할 것은 내게 말씀을 주사 나로 입을 열어 복음의 비밀을 담대히 알리게 하옵소서 할 것이니" (엡 6:10-19)

영적 전쟁은 말 그대로 전쟁입니다. 피할 수 없는 전쟁입니다. 원하지 않아도 벌써 모든 사람들은 이 세상에 태어난 순간 전쟁 가운데 있게 됩니다. 그럼에도 이 육안으로 잘 보이지 않는 치열한 영적 전쟁은, 사탄의 음모가 드러나기 전까지는 속수무책으로 당하기 쉬운, 그야말로 기만당하기 일쑤인 전쟁입니다. 그래서 예수님은 사탄을 거짓의 아비라고 부르셨던 것입니다.

성령이 없는 사람에게 영적 전쟁은 비현실적인 것으로 들리거나 두려움으로 다가올 수도 있겠지만, 실제로 영적 전쟁은 성령 안에서는 약속된 승리를 날마다 취하는 축제입니다. 이 승리의 축제를 누리기 위해, 이제 전신 갑주를 취하시길 바랍니다.

전신 갑주는 우리가 입어야 할 갑옷이 아니라, 생활화해야 할 삶의 자세입니다

에베소서 6장의 말씀은 "내가 곧 길이요 진리요 생명이니 나로 말미암지 않고는 아버지께로 올 자가 없느니라"(요 14:6)라고 하신 예수님의 말씀과 더불어 이해할 수 있습니다. '예수님께서 우리에게 길'이란 말씀은 우리가 항상 선택해야 하는 삶의 기로에서 그가 제시하신 방법만을 선택하여 살아가야 하는 것을 말합니다.

예수님의 삶에서 드러난 방법만이 바로 우리의 방법이 되어야 한다는 심플한 방법입니다. 그렇다면 그 길을 잘 알기 위해선 예수님과 친해져야 하는 것은 기본입니다. 이를 위해서 하나님의 말씀 자체이신 예수님을, 특별히 사복음(마태, 마가, 누가, 요한복음)을 통하여 친밀히 배워 가야만 합니다. 그리고 그 사실들을 개인적으로 경험해 나아가야 합니다. 그래서 변할 수 없는 실체적이고 실현 가능한 '진리'로 삶에 깊숙이 자리매김 해야만 합니다.

이럴 때, 교회가 매우 중요한 역할을 할 수 있습니다. 서로의 실존

하는 문제와 '진리'와의 대립이 있는지, 허심탄회하게 나누며 적용하여 왜 예수님께서 불변하는 진리이신지가 확인되어야 합니다.

실제적이고 구체화된 믿음이 아닌 것은 오래가지 못합니다. 교회에서 형제자매들을 통하여 그리스도의 몸, 즉 "예수님의 생각대로 살아가는 자"의 열매를 확인하고 확신에 거하십시오. 그래야 '예수님께서 나의 생명이시다'라고 하면서 비로소 목숨을 걸 수 있는 마음이 생길 것 아니겠습니까?

항상 확인하고 점검하십시오. 전신 갑주에 대해 아무리 이야기를 해도, 예수님에게 목숨을 걸지 않는 사람은 결코 전신 갑주를 입지 않습니다. 전신 갑주를 이야기하기 전에 전신 갑주를 '입지 않으면 죽는다'는 것을 알아야 합니다. 전신 갑주를 입지 않으면 전쟁에서 질 수밖에 없다는 것을 알아야 전신 갑주를 입습니다. '예수님의 말씀이 무조건 옳다', '그가 길이요, 진리요, 생명이다, 반드시 그 길만이 살 길이요. 그것은 변할 수 없는 일이며, 그 길만이 생명의 길이다'라는 확신이 있어야 합니다. 전신 갑주에 대해 알고 있다고 해도 경각심을 가지지 않으면 전신 갑주를 입지 않습니다.

항상 서로를 도전하고 확인하십시오. 혹시 전에 '무조건 믿으라!'는 말을 들은 적이 있다면 다시 고쳐 말씀드립니다. 제발 무조건 믿지 마십시오. 무조건이란 말과 감정에만 휘둘리지 말고 구체적으로 확인하십시오. 그래서 확실한 진리에 거하십시오. 하나님은 분명하고도 실질적이시며, 멀쩡히 눈 뜨고 살아 계신 분이십니다.

그래서 또 거듭 말씀드리지만, 반드시 물과 성령으로 거듭나는 것이 중요합니다. 물론 지금까지 말씀을 통해 교재를 해 온 사람들은 확인했으리라 판단되지만 혹시 성령이 덜 충만한 사람이라면 지금 본인이 물세례(회개, 죄에 대한 죽음)와 불세례(성령세례, 자아에 대한 죽음)를 거쳐 성령 충만한 상태인지 이번 기회에 거듭 확인하십시오. 그래야 전신 갑주를 이해할 수 있습니다.

전신 갑주는 하나님을 믿는 자의 생명이 달린 일인 전쟁 바로 직전에 입어야 하는 것이기 때문에, 입지 못하도록 굉장히 집요한 방해가 있습니다. 여러 가지 감정들과 생각들로 집요하게 듣지 못하게 합니다. 그렇기 때문에 하루를 시작할 때 의식적으로 전신 갑주를 취하는 삶을 사는 것이 아주 중요합니다.

전신 갑주를 취하는 이유

전신 갑주를 취하는 이유는 악한 날에(day of evil comes), 능히 대적하기 위해서라고 말씀하셨습니다. '악한 날'이라 하셨으니 얼마나 불리하게 보이는 상황이겠습니까? 그래서 "전신무장을 하라"하신 것입니다. 그 '악한 날', 무조건 공격해 들어오는 어둠의 영을 향해 승리의 깃발을 높이 들고 믿음으로 강건히 서기를 바랍니다.

'서서(Stand firm then)'라 말씀하신 이유는 전쟁의 심각성을 알고, 눕지 않은 자세, 앉아 있지 않은 자세, 깨어 있는 상태를 유지하여 전쟁 속에서 경계태세를 취하는 그 민감한 상태를 유지하는 것이 중요하기 때문입니다. 말씀을 아무리 외워도, 적용하지 아니하면 무슨 소용이 있겠습니까? '섰다'라는 것은 항상 실제의 생활에 말씀을 적용하고 있는 상태이며, 또 비슷한 표현인 '예민하다'는 것은 하나님께 예민하여 하나님의 움직임과 말씀하심에 예민하게 반응하고 순종한다는 것입니다. '말씀하시옵소서, 행하겠나이다', '말씀하시옵소서, 순종하겠나이다' 하면서, 내가 언제 마지막으로 하나님께 순종했고 민감하게 반응했는지 기억이 나지 않으면 벌써 아니라는 것입니다. 죽느냐 사느냐 하는 긴박한 상태를 깨달으면 더욱더 승리의 깃발을 꽂을 수 있게 될 것입니다.

그래서 항상 민감한 상태, '내가 서 있는가, 영적으로 깨어 있는가, 하나님의 말씀대로 움직이려는 준비 자세가 되어있는가?'를 점검하는 것이 우선입니다. 급한 상황에 몰렸을 때만 하나님께 돌아섰다가 그 급한 상태나, 그와 같은 환난이 지나가면 다시 하나님께 예민해지지 않는 사람들이 많이 있습니다. 그런 사람들은 용사의 삶을 살 수 없습니다. 그런 사람들이 용사의 삶을 살려면 항상 문제 속에 있어야만 합니다. 왜냐하면 문제가 있을때만 전신 갑주를 운운하니 정말 말이 안 되는 이야기지요.

진리의 허리띠

'진리로 너희 허리띠를 띠고'란 말은, 긴 치마였던 옛날 옷의 거추장스런 모습이 아닌 전쟁의 승리에 필수적인 기동성을 위해, 긴 옷을 위로 들쳐 묶었던 것처럼 '진리로 허리띠를 띠어', 진리의 삶을 살아야만 한다는 것입니다. 진리를 산다는 것은 하나님께서 원하시는 것을 알고

'즉시 순종'하여 영적 전쟁의 우리의 대장되신 예수 그리스도의 진두지휘를 경험하게 된다는 것입니다.

> "그러므로 예수께서 자기를 믿은 유대인들에게 이르시되 너희가 내 말에 거하면 참으로 내 제자가 되고 진리를 알지니 진리가 너희를 자유롭게 하리라"(요 8:31-32)

예수님의 말씀대로 '진리의 삶'을 살면, 진리에 거하는 그 삶으로 인해 진리를 알게 되고, 그 진리가 우리를 자유롭게 합니다. '진리'에 대하여 이야기만 하는 것으로는 우리를 자유롭게 하지 못합니다. 삶 자체가 바로 예배이기 때문입니다. 그래서 삶 따로, 예배 따로인 삶에는 능력이 없습니다. 진리를 살아야만 합니다. 그래야 빠르고 올바른 결정을 내릴 수 있습니다. 신속히 순종할 줄 알아야 승리합니다.

'진리'를 잘 아는데 '진리의 삶'을 살고 있지 않은 사람은 자기도 모르게 영적으로 한참 맞고 다니는 사람입니다. 진리의 허리띠를 알지만 하지 않는 사람입니다. 그것은 아주 간단한 것일 수 있습니다. 하나님께서 성령의 감동으로 알게 하시고, 말하라 하신 '미안하다'라는 말 한마디일 수도 있고, '고맙다'라는 말 한마디일 수도 있습니다. 그런 간단하고 작은 지휘 명령을 못 들으면 복잡한 지휘 명령은 듣지 못합니다. 간단한 명령은 주로 양심을 통해 나옵니다. 양심은 '예', '아니오'를 많이 합니다. 본인이 그 단순한 양심을 통한 음성을 듣는가를 점검해야 합니다. 실제로 알고 행하는가? 그래서 이렇게 하나님과 구체적인 대화가 있고 그가 하신 일에 대한 간증이 있는 자가 '진리의 허리띠'를 띠고 있는 자입니다.

의의 호심경을 붙이고

'의의 호심경을 붙이고'란 말씀은, 하나님께서 허락하신 의로움으로 가슴 부위를 가려 당신의 믿음의 심장을 보호하라는 명령입니다.

"내가 너희에게 이르노니 너희 의가 서기관과 바리새인보다 더 낫지 못하면 결코 천국에 들어가지 못하리라" (마 5:20)

당신의 의로움으로 당신의 심장을 뛰게 하십시오. 하나님을 믿는 사람은 안 믿는 사람이 보기에도 의로움이 나타나야 합니다. 하나님의 용사라고 하면서 거룩함이 없고 의로움 없이 세상의 기준으로 똑같이 살면, 그 사람은 반드시 믿음의 심장을 찔릴 수밖에 없게 됩니다. 어두운 세력들이 창을 높이 쳐들고 막무가내로 들어오면, 의의 호심경을 붙이지 못함으로 믿음의 심장이 깊숙히 찔려 폐부가 찢겨질 수밖에 없는 위험한 사람입니다.

'의로움'에 대하여 깊숙한 묵상이 필요합니다. 과연 나는 의롭게 사는가? 나는 과연 하나님이 보시기에, 하나님의 양자의 영이신 그리스도의 영을 받아들이고 하나님의 성품이 나의 삶에 나타나기 시작했는가? 혹시 마귀의 자식의 모습만 끓어오르고 있는 것은 아닌가? 아내와의 관계, 자식과의 관계, 이웃과의 관계 등 내가 믿는 사람이라는 이야기를 하지 않아도 믿는 자로서 '나의 의로움'이 나타나야 하는 것입니다.

자! 의의 호심경(Breast Plate of Righteousness)을 붙이십시오. 그리고 이제 당신의 믿음의 심장을 가리십시오.

8 전신 갑주, 우리가 입어야 할 갑옷이 아니라 삶의 자세

평안의 복음의 예비한 신

평안의 복음의 준비한 것으로 신을 신기 위해서는 우리의 믿음의 발길을 살펴보아야만 합니다. '올바른 복음'이란 평안의 복음(Gospel of Peace)이라 하셨으니 과연 나의 발걸음이 이웃에게 평안의 기쁜 소식을 전하는 기쁨의 발걸음인지, 아니면 볼 때마다 들을 때마다 무례함과 절망과 어둠으로 비춰지는 이상한 성품의 괴기스러운 복음(?)인지 분별해야 합니다.

주변 사람에게 교회에 가자고 했더니, '당신처럼 될까 봐 못가겠다'거나, '10년 동안 교회에 다녔는데 당신처럼 산다면 왜 내가 교회를 가나'라는 말을 들으면 안 되겠지요. 우리가 조심하지 않으면 상대방이 받아들일 때 훈련되지 않은 표현들 때문에 그릇되이 받아들여지기도 합니다. 아무리 좋은 의도라고 해도, 훈련되지 않으면 육신으로 잘못 걸러져서 나올 수도 있습니다. 그러나 평안의 복음을 향한 나의 최선을 다하는 상태라면, 나의 부족한 최선, 절대적으로 필요한 100%의 평안의 복음에 비해 극히 적은 단지 2%에 불과할지라도 진정으로 만약 그것이 하나님께서 보시기에 나의 전부이고 최선이라면 하나님께서 그 최선을 보시고 하나님의 긍휼의 마음과 합쳐 주셔서 하나님께서 직접 나머지 98%를 더하시는 일을 경험하게 될 것입니다. 그래서 내가 전하는 것이 '평안의 복음'이어서 그를 하나님의 천국으로 초대하는 것인지, 아니면 하나님의 성품이 없이 두려움이나 전하는 자의 우월감을 드러내기 위한 것으로만 이끄는 것인지 분별해야만 합니다.

세상에는 불편한 복음이 있습니다. 하나님의 의도가 아닌 '내 생각'

을 전하는 것, 그렇게 그릇되이 하나님을 전하는 것은 불편한 복음입니다. 하나님의 의도, 예수 그리스도를 온전히 전하는 것만이 '복음'입니다. '복음'은 하나님의 계획이고 사랑의 마침표 같은 예수 그리스도의 십자가의 일을 명확하게 이야기하고 그가 그리스도의 사람이 되게 하는 것이며, 실제로 그가 거듭나고 하나님의 사람으로서 자유롭게 되어 하나님과 일대일로 하나님의 자녀의 관계를 맺기까지 온전히 그와 동행해 주는 것입니다. '복음'을 깎아내려서는 안 됩니다. 자기가 '복음'이라고 전하는 것이 진정한 '복음'인지 분별하고, 전하는 자의 최선을 다하면 우리가 혹 부족할 때라도 하나님께서 온전한 선하심으로 인도하실 것이라고 선포합니다. 그러나 '평안의 복음'의 신발을 신으려는 의도와 노력은 반드시 항상 있어야만 합니다. '하나님의 의도'를 전하고 있는지 계속 묻고, 취하고, 심으려는 마음을 가질 때 하나님께서 개입하시는 것을 경험하게 될 것입니다.

믿음의 방패

'믿음의 방패'를 들어 악한 자 즉, 악령들의 불화살(거짓, 협박, 걱정, 근심, 능욕, 불편함 등)을 하나님의 약속으로 받아치는 믿음의 행동을 행해야만 합니다.

믿음의 방패는 날아오는 화살들을 수동적으로 막는 데에만 쓰이는 것이 아니라 공격용 무기이기도 합니다. 악령들의 불화살들이 날아올 때, 먼저 분별을 해야 하고 날아오는 불화살을 정확하게 바라보며 믿

8 전신 갑주, 우리가 입어야 할 갑옷이 아니라 삶의 자세

음의 방패로 쳐내야 합니다. 생각으로, 감정으로 공격해 오는 거짓의 불화살들을 분별하여 실제적인 하나님의 믿음의 약속으로 받아칠 줄 알아야 믿음의 방패가 있는 것입니다.

믿음의 방패는 하나님의 약속으로 받아쳐서 믿음으로 결정하고 행동할 때 일어나는 것임을 잊지 말고, 믿음이 있다 하며 행함이 없지 않도록 스스로를 살피길 부탁합니다.

사탄은 우리가 방심할 때 공격합니다. 그런데 우리는 믿음이 있다 하며 믿음을 사용하지 않고 주로 생각의 루트를 사용합니다. 사람마다 생각의 길과 생각하는 방법이 다르고, 또 그러한 생각들로 인하여 하나님의 성령 안에서 제대로 정리되지 않은 단어들이 많이 생겼을 수가 있습니다. 하나님께서는 우리가 난공불락(難攻不落)의 성이기를 바라시지만 우리는 우리도 모르게 문화와 기억, 감정을 통해 어둠의 세력들이 성을 오를 수 있는 그릇된 단어와 감정에 악하고 사악하게 물들은 생각들을 붙잡고 있을 수 있습니다. 그것들을 철저히 분별하여 뽑아내 버려야 합니다. 사탄이 딛고 올라오지 못하도록 해야 합니다. 동시에 그저 스쳐지나가는 생각같은 것들도 하나님의 말씀으로 분별하여 받아칠 수 있는 실질적이며, 온전하며, 능동적인 하나님의 의도가 있어야 합니다. 믿음은 결정하고 행동하는 것을 말하는 것입니다. 행함이 없는 믿음은 믿음이 아닙니다. 역사하는 믿음의 능력은 마음을 먹고, 결정하고, 선포하여 삶으로 그 믿음을 살아내야 합니다. 실제의 삶과 믿음의 방패가 멀리 떨어져 있다면 위험한 상태에 있는 자입니다. 육신으론 힘이 있다 느껴져도 실제론 아무 힘이 없는 자입니다. 본인은 알지 못하는 사이에 영적으로 찔리고 찢기고 잘린 자일 수 있습니다.

"제자 중에 또 한 사람이 이르되 주여 내가 먼저 가서 내 아버지를 장사하게 허락하옵소서 예수께서 이르시되 죽은 자들이 그들의 죽은 자들을 장사하게 하고 너는 나를 따르라 하시니라" (마 8:21-22)

이 말씀은 예수님께서 보시기에는 살아서 걸어다니는 자들 중에도 죽은 자들이 많다는 이야기입니다. 살아있지만 죽은 자가 많다는 것입니다.

우리도 그렇게 되지 않도록 지금 이순간이 심각한 전쟁 상태임을 깨닫고, 왜 결정하지 않고 행동하지 않는지 본인을 점검하게 하는 것이 중요합니다.

구원의 투구

당신을 '하나님의 거룩하신 능력의 구원의 손'에서 빼앗을 자는 온 우주에 결코 존재하지 않습니다. 그러니 당신 스스로가 하나님의 은혜를 당신의 자유의지로 걷어차지만 않는다면, 또 적극적인 불순종의 삶에 푹 빠져 있지 않다면, 이제 제발 '구원의 투구'를 쓰고서 목숨을 걸 줄 알고 불 가운데로 뛰어 들어갈 수 있는 용사의 삶을 사십시오. 내가 하나님 안에서 안전한 것을 알면 이제는 목숨을 걸 줄도 알아야 하지 않겠습니까? 그런데 믿는다고 하면서 한 번도 복음에 목숨을 걸어보지 않은 자, 혹시 스스로 괜히 '욕먹을까봐', '이상한 사람처럼 보일까 봐', '체면이 깎일까 봐', '손해 볼까 봐'하는 생각을 하는 자들은 구원의 투구를 쓴 자가 아닙니다. 한 번도 스스로가 하나님의 은혜를 받았다 하면서도 불이나 물 가운데로 뛰어 들어가 보지 않은 자라면 구원의 투구를 쓰지 않은 자가 분명합니다.

하나님께서 직접 허락하신 구원을 받은 자가 영원히 죽기야 하겠습니까? 그러니 이젠 거룩한 무기를 손에 불끈 쥐고 공격의 태세를 갖추고 전진할 때입니다.

말씀의 검

그래서 '말씀의 검'을 주신 것입니다. '천국은 침노하는 자의 것'이라고 하셨습니다. 이 검을 갈고 닦으십시오. 그리고 사용하십시오. 날카롭고 빛나게, 그 어떠한 거대한 용도 단칼에 벨 수 있는 휘두름을 익히십시오. 자유자재로 이 말씀의 검을 하나님의 백성들을 살리는 데 사용할 수 있도록, 또 스스로를 지킬 수 있도록 하십시오. 최선으로 사탄의 공격을 막는 방법은 방어가 아니라 검으로 도리어 공격하는 것이라는 사실을 잊어서는 안 됩니다.

우리들의 검이 하나님이 보시기에 거룩하게 날 서 있는지 서로 분별해 주어야 합니다. 그리고 검을 사용할 때 휘두르기만 하거나 위험한 칼부림으로만 끝나는 것이 아니라, 말씀의 검을 그 영혼의 폐부에 깊숙히 찔러 넣어 영혼을 살려낼 수 있도록 해주어야 합니다. 하나님의 말씀의 검은 사용하고 거두는 것이 아니라, 상대방의 영혼의 폐부에 깊숙히 찔러 놓고 놔야 하는 것입니다. 그러면 하나님의 말씀의 검이 그 안에 남아 있어서 역사하는 것입니다. 그 칼이, 그 말씀이 마지막인 것처럼 모든 것을 다하여 전하고, 하나님께서 역사하실 수 있도록 나의 손을 그 검에서 놓아야 합니다. 그래서 그 검이, 하나님의 말씀이 깊숙히 들어갔으면 하나님의 의도가 그 안에서 역사하는 것입니다. 이 말은 그 검으로 그를 나에게로 끌고 오는 갈고리로 쓰는 것이 아니라 오직 순전한 하나님의 말씀의 검으로 하나님께 돌아가게 해야 한다는 것입니다.

'너 이것 잘못했다', '너 이거 아니다' 하면서 칼부림만 하고 검을 도로 거두는 것이 아닙니다. 하나님께서 직접 그를 살려 주시도록 하나님의 의도만 온전히 담겨 있는 천상의 뜻대로 역사하는 검입니다. 나의 의도와 나의 뜻은 아무리 뾰족해도 영혼을 살리는 검이 될 수 없습니다. 그러니 하나님께서 직접 하사하시는 검을 받아, 그것이 성령에 타오르고 예수 그리스도의 피에 젖은 날 선 검인지 보고, 영혼 깊숙히 찔러 넣고 손을 놓아야만 합니다. 그래서 그 검이 평생 그 영혼 안에 남아서, 그가 천상의 검에 찔린 자가 되어 말씀이 이 땅에 오신 것처럼 그 검이 그 안에 들어가 그가 온전히 예수 그리스도의 모습으로, 하나님께 그의 삶을 불같이 내어 드리는 자의 삶을 살게 되도록 해야 하는 것입니다.

이렇게 부분 부분 설명한대로, 하나님이 허락하신 전신 갑주는 반드시 취해야 할 삶의 자세입니다. 하나님께서 삶의 지침을 우리에게 자세하게 말씀하고 계시는 것입니다. 이 피 터지는 영적 전쟁의 상황에서 이렇게 하지 않으면 당할 수밖에 없기 때문입니다.

우리의 적인 사탄과 어둠의 무리들에게는 '공정함(Fairness)'이란 없습니다. 그들은 우리가 준비될 때까지 기다리거나 우리가 이미 가린 곳이라 해서 공격하지 않는 일은 절대로 없을 것입니다. 그들은 우리의 가장 약한 부분, 가장 힘든 곳을 공격합니다. 우리를 봐 주지 않습니다. 그래서 우리는 반드시 하나님께서 직접 주신 그 전신 갑주를 입어야만 합니다. 이 일들을 위해서 이젠 기도하십시오. 스스로, 홀로 이길 수 없는 이 거룩한 전쟁에 겸손함으로 하나님의 손을 붙드십시오.

9

모세의 십계명,
하나님 사랑이 곧 이웃 사랑

사탄이 아주 오랫동안 하나님의 백성들을 속여 왔던 방법 중에 가장 많이 사용하는 것이 바로 예배와 삶의 불일치를 통한 거짓 열매들의 속임수입니다. 부분적으로 가끔 필요한 때만 하나님을 바라보게 하는 스스로의 그릇된 모습들을 향해 '이제는 진정으로 자유할지어다!' 하고 예수님의 이름으로 선포하는, 뒤로 한 발자국도 물러나지 않는 사람이 되기를 바랍니다. 그렇습니다. 복음에는 타협의 여지가 없습니다. 복음은 설득이 아니요, 선포입니다. 오직 하나님의 의도를 선포하고, 당신 안에 계신 성령을 의지하여 모든 자들을 그 자리에서 자유하게하며, 더욱더 담대하게 강하게 전하십시오. 어떤 사람이 하나님의 진리임에도, '글쎄…'나 '과연…'이라고 반응한다면 그것은 하나님께서 원하시는 성령의 열매가 아닙니다. 왕, 제사장, 선지자의 삶을 산다고 하는 사람이 말씀 앞에 '만약'(If)를 달거나, '물음표'를 단다면 그는 성령 충만한 사람이 아닙니다. 진리를 향하여 온 마음을 열고 두 팔을 벌리고 기쁨과 감사함으로 나아갈 때, 당신 안에 계신 성령께서 온전히 하시는 일을 누리기 시작하고 이를 분명히 분별하며 주님과 동행할 수 있는 일이 생깁니다. 이것은 긴 시간이 걸리는 것도 아니며, 학습을 통한 단계가 있는 것도 아닙니다. 오직 하나님의 뜻 안에서 예수님께서 말씀하신 대로 성령께서 하시느냐, 하지 않으시느냐 하는 것밖에 없습니다. 그래서 있는 그대로만을 선포하는 것이 중요한 것입니다.

예배의 삶의 기본, 하나님 사랑, 곧 이웃 사랑

그 어느 누구도 하나님 사랑은 바로 이웃을 사랑하는 것과 직결된다는 것을 부인할 수 없을 것입니다. 만약 그 진리를 부인한다면, 그는 분명히 하나님을 사랑하는 자가 아닌 자기 자신을 위해 하나님을 사랑한다 하면서 하나님을 속이려 하는 자가 분명합니다.

감사한 사실은 하나님은 결코 속지 아니하신다는 사실입니다. 이 변하지 아니하시는 하나님의 말씀의 약속은 반드시 열매로 점검해야 하는 중요한 사안입니다. 그래서 성령이 오셔서 행하시는 하나님의 일은 먼저 본인이 자유함을 받고, 곧바로 이웃을 자유하게 하는 일을 통하여 증인의 삶을 살게 하시는 것입니다. 하나님의 뜻대로 자유함을 입은 자는 반드시 하나님의 뜻대로 하나님의 영광만을 위하여 다른 영혼들을 자유하게 해야 합니다.

그래서 "하나님 사랑, 이웃 사랑"이라는 예배의 삶의 기본이며 중심적인 생각이 항상 본인을 채우고 있는지, 이 중요한 진리가 본인 안에 있는지 점검하는 동안에, 예배에 관한 모든 그릇된 생각에서 자유롭게 되기를 예수님의 이름으로 기도합니다.

우리가 이것에 초점을 맞추는 이유는 오랫동안 사탄이 예배에 대한 그릇된 생각을 심어왔기 때문입니다. 퇴색되고 뒤틀려진 '종교의 영'이나, 하나님의 말씀을 받아들이는 것 같으나 정확한 하나님의 의도가 아니라 예배에 대한 흐트러진 개념을 받아들이게 함으로 말미암아 '성령 충만함'이 일어나지 못하도록 해 왔던 사탄의 거짓이 완전히 부서질 것을 예수님의 이름으로 선포합니다. 그러기 위해서는 하나님 사랑과 이웃 사랑에 대한 명확한 개념이 삶 속에 녹아 있어야 합니다.

우리에게 하나님의 아들로서 나타나사 우리의 모든 죄로 인해 우리를 심판하기 보다는 구하고 살리기 위해 선한 이웃의 본을 보이신 예수님의 진심이 우리에게도 일어나길 소망합니다. 이웃 사랑이 없는데 하나님 사랑을 논하지 마십시오.

"어떤 사람이 주께 와서 이르되 선생님이여 내가 무슨 선한 일을 하여야 영생을 얻으리이까 예수께서 이르시되 어찌하여 선한 일을 내게 묻느냐 선한 이는 오직 한 분이시니라 네가 생명에 들어 가려면 계명들을 지키라 이르되 어느 계명이오니이까 예수께서 이르시되 살인하지 말라, 간음하지 말라, 도둑질하지 말라, 거짓 증언 하지 말라, 네 부모를 공경하라, 네 이웃을 네 자신과 같이 사랑하라 하신 것이니라 그 청년이 이르되 이 모든 것을 내가 지키었사온대 아직도 무엇이 부족하니이까 예수께서 이르시되 네가 온전하고자 할진대 가서 네 소유를 팔아 가난한 자들에게 주라 그리하면 하늘에서 보화가 네게 있으리라 그리고 와서 나를 따르라 하시니 그 청년이 재물이 많으므로 이 말씀을 듣고 근심하며 가니라 예수께서 제자들에게 이르시되 내가 진실로 너희에게 이르노니 부자는 천국에 들어가기가 어려우니라 다시 너희에게 말하노니 낙타가 바늘귀로 들어가는 것이 부자가 하나님의 나라에 들어가는 것보다 쉬우니라 하시니 제자들이 듣고 몹시 놀라 이르되 그렇다면 누가 구원을 얻을 수 있으리이까 예수께서 그들을 보시며 이르시되 사람으로는 할 수 없으나 하나님으로서는 다 하실 수 있느니라 이에 베드로가 대답하여 이르되 보소서 우리가 모든 것을 버리고 주를 따랐사온대 그런즉 우리가 무엇을 얻으리이까 예수께서 이르시되 내가 진실로 너희에게 이르노니 세상이 새롭게 되어 인자가 자기 영광의 보좌에 앉을 때에 나를 따르는 너희도 열두 보좌에 앉아 이스라엘 열두 지파를 심판하리라 또 내 이름을 위하여 집이나 형제나 자매나 부모나 자식이나 전토를 버린 자마다 여러 배를 받고 또 영생을 상속하리라 그러나 먼저 된 자로서 나중 되고 나중 된 자로서 먼저 될 자가 많으니라" (마 19:16-30)

예수님께선 무슨 선한 일을 해야 영생을 얻겠느냐는 질문, 즉 어떻게 하나님과 같이 하나님과 함께 영원히 살 수 있겠느냐는 질문에 "계명을 지키라!"라고 간단히 대답하십니다. 이 하나님의 계명은 십계명의 기본 계명들로써 단순한 것 같지만 심오하신 하나님의 의도가 담겨 있습니다.

십계명은 말씀에서 보는 바와 같이, 제1계명부터 4계명까지는 하나님 사랑을, 제5계명부터 10계명까지 이웃 사랑을 말하고 있습니다.

위의 본문에서 영생을 얻는 것에 관해 질문했던 사람에게 예수님은 "살인하지 말라"(6계명), "간음하지 말라"(7계명), "도둑질하지 말라"(8계명), "거짓 증언 하지말라"(9계명)라고 대답하셨습니다. 이렇게 대답하신 것은 계속 "이웃 사랑! 이웃 사랑! 이웃 사랑! 이웃 사랑!"이라 외치시는 것입니다.

다시 "네 부모를 공경하라"(5계명)고 이어서 "네 이웃을 네 자신과 같이 사랑하라"라고 친절하게 설명하시는 예수님의 의도는 가장 가까운 이웃이 바로 부모라고 지적해 주시며, 하나님을 사랑한다고 하면서 부모에게 함부로 하는 황당한 일을 하지 못하도록 하시고, 하나님을 진정으로 사랑한다면 반드시 선한 이웃의 삶을 살아야 한다는 변할 수 없는 삶의 기본을 확인해 주신 것입니다.

모세의 십계명

"하나님이 이 모든 말씀으로 말씀하여 이르시되 나는 너를 애굽 땅, 종 되었던 집에서 인도하여 낸 네 하나님 여호와니라 너는 나 외에는 다른 신들을 네게 두지 말라 너를 위하여 새긴 우상을 만들지 말고 또 위로 하늘에 있는 것이나 아래로 땅에 있는 것이나 땅 아래 물 속에 있는 것의 어떤 형상도 만들지 말며 그것들에게 절하지 말며 그것들을 섬기지 말라 나 네 하나님 여호와는 질투하는 하나님인즉 나를 미워하는 자의 죄를 갚되 아버지로부터 아들에게로 삼사 대까지 이르게 하거니와 나를 사랑하고 내 계명을 지키는 자에게는 천 대까지 은혜를 베푸느니라 너는 네 하나님 여호와의 이름을 망령되게 부르지 말라 여호와는 그의 이름을 망령되게 부르는 자를 죄 없다 하지 아니하리라 안식일을 기억하여 거룩하게 지키라 엿새 동안은 힘써 네 모든 일을 행할 것이나 일곱째 날은 네 하나님 여호와의 안식일인즉 너나 네 아들이나 네 딸이나 네 남종이나 네 여종이나 네 가축이나 네 문안에 머무는 객이라도 아무 일도 하지 말라 이는 엿새 동안에 나 여호와가 하늘과 땅과 바다와 그 가운데 모든 것을 만들고 일곱째 날에 쉬었음이라 그러므로 나 여호와가 안식일을 복되게 하여 그 날을 거룩하게 하였느니라 네 부모를 공경하라 그리하면 네 하나님 여호와가 네게 준 땅에서 네 생명이 길리라 살인하지 말라 음하지 말라 도둑질하지 말라 네 이웃에 대하여 거짓 증거하지 말라 네 이웃의 집을 탐내지 말라 네 이웃의 아내나 그의 남종이나 그의 여종이나 그의 소나 그의 나귀나 무릇 네 이웃의 소유를 탐내지 말라 뭇 백성이 우레와 번개와 나팔 소리와 산의 연기를 본지라 그들이 볼 때에 떨며 멀리 서서 모세에게 이르되 당신이 우리에게 말씀하소서 우리가 들으리이다 하나님이 우리에게 말씀하시지 말게 하소서 우리가 죽을까 하나이다 모세가 백성에게 이르되 두려워하지 말라 하나님이 임하심은 너희를 시험하고 너희로 경외하여 범죄하지 않게 하려 하심이니라 백성은 멀리 서 있고 모세는 하나님이 계신 흑암으로 가까이 가니라" (출 20:1–21)

어떻게 하면 천국에 갈 수 있고 영생을 누릴 수 있는지, 하늘에 대한 관심을 가진 자들에게 예수님께서는 하늘에 대한 이야기는 하지 않으시고, 이웃에 대해 말씀하시며 '이웃을 바라보라'고 하십니다. 그렇습니다. 많은 사람들이 하나님을 사랑한다 하면서 진정으로 예수님께서 원하시는 대로 이웃을 사랑하는 데에는 마음을 쏟지 않습니다. 이런 사람들은 자기만을 사랑하는 사람들입니다.

십계명의 첫 번째부터 네 번째까지는 하나님을 향한 사랑에 대하여 설명하십니다. 하나님을 향한 사랑의 이유는 인간의 영혼의 빈 공간에 하나님을 향한 사랑이 채워져 타오를 때 인간을 향한 하나님의 전부가 흘러들어올 수 있도록 창조하신, 하나님께서 허락하신 섭리 때문입니다.

하나님께 우리의 사랑이 필요해서도 아니며, 우리의 경배가 필요해서도 아닙니다. 우리 없이도 그 어떤 모자람이 전혀 없으신 분이 하나님이심을 겸손하게 깨닫기 바랍니다.

우리는 얼마나 자주 거짓된 하나님사랑을 외치는지 이젠 분별해야만 합니다. 하나님에 대해 알고자 했던 그들의 열망을 향해, 도리어 이웃 사랑을 외치셨던 예수님의 목소리가 우리의 중심에 메아리치는지 계속 분별해야 합니다. 하나님의 사람으로서 무슨 일을 계획하거나 결정할 때에 기본적인 생각이 하나님 사랑과 동시에 이웃 사랑이 함께 어우러지지 않는다면, 즉 하나님의 사람이라는 나에게만 이득이고 이웃에게는 도리어 해가 될 수 있는 그 어떠한 계획들과 결정들은 다 거짓된 것이며, 그것들의 열매는 저주일 수밖에 없다고 단언합니다.

그래서 제4계명의 안식은 나만을 위한 안식이 아니라 이웃을 위한 안식임을 분명히 하고 계신 것입니다. 지위고하(地位高下)를 막론하고 모든 사람들과 가축과 동물까지, 또 그냥 스쳐가는 사람이라도 하나님 사랑과 이웃 사랑을 떼어 놓을 수 없다는 것을 분명히 하시는 것입니다.

하나님을 너무 사랑해서 그렇다 하며, 이웃에게 피해를 입히는 것을 서슴치 않는 모든 믿는 자들은 자신의 '배(Stomach)'를 섬기는 파렴치범이며, 그냥 전도 대상으로 여겨야 할 거짓 종교인입니다. 종교를 이유로 둘러대는 테러리스트들과 다름이 없는 것입니다.

하나님을 사랑하십니까? 그렇다면 이웃을 사랑 하십시오! 그렇게 해야 예수님을 따라다니며, 진실한 동행과 순종으로 진정한 하나님 사랑을 배우게 될 것입니다.

영생을 알고 배우기를 원했던 그에게, 예수님께서는 이웃 사랑을 확인하기를 원하셨던 것을 잊지 마십시오.

"행하면 살리라!"

"어떤 율법교사가 일어나 예수를 시험하여 이르되 선생님 내가 무엇을 하여야 영생을 얻으리이까 예수께서 이르시되 율법에 무엇이라 기록되었으며 네가 어떻게 읽느냐 대답하여 이르되 네 마음을 다하며 목숨을 다하며 힘을 다하며 뜻을 다하여 주 너의 하나님을 사랑하고 또한 네 이웃을 네 자신 같이 사랑하라 하였나이다 예수께서 이르시되 네 대답이 옳도다 이를 행하라 그러면 살리라 하시니 그 사람이 자기를 옳게 보이려고 예수께 여짜오되 그러면 내 이웃이 누구니이까 예수께서 대답하여 이르시되 어떤 사람이 예루살렘에서 여리고로 내려가다가 강도를 만나매 강도들이 그 옷을 벗기고 때려 거의 죽은 것을 버리고 갔더라 마침 한 제사장이 그 길로 내려가다가 그를 보고 피하여 지나가고 또 이와 같이 한 레위인도 그 곳에 이르러 그를 보고 피하여 지나가되 어떤 사마리아 사람은 여행하는 중 거기 이르러 그를 보고 불쌍히 여겨 가까이 가서 기름과 포도주를 그 상처에 붓고 싸매고 자기 짐승에 태워 주막으로 데리고 가서 돌보아 주니라 그 이튿날 그가 주막 주인에게 데나리온 둘을 내어 주며 이르되 이 사람을 돌보아 주라 비용이 더 들면 내가 돌아올 때에 갚으리라 하였으니 네 생각에는 이 세 사람 중에 누가 강도 만난 자의 이웃이 되겠느냐 이르되 자비를 베푼 자니이다 예수께서 이르시되 가서 너도 이와 같이 하라 하시니라" (눅 10:25-37)

이 율법에 능통한 율법교사는 그 당시 예수님을 바라보는 백성들의 마음에서 어떻하든지 예수님을 멀어지게 하려고 이스라엘의 리더쉽이 본인들에게 있다고 여기는 바리새인과 사두개인들이 예수님과 맞대적을 하게 하려고 보낸 자입니다. 그래서 그들 중 말씀을 잘 아는 자들 가운데 나름대로 특별히 예수님께 도전할 만한 자를 보낸 것입니다. 예수님께서는 그 율법교사의 질문을 받고, 도리어 그에게 물어보십니다. "네가 어떻게 읽느냐?" 그때 그가 사람들에게 들리기에는 대답을 온전히 합니다. '하나님 사랑, 이웃 사랑'. 지식적으로 지각적으로 확실히 알고 대답을 합니다. 바로 그때 예수님께서는 그에게, "아느냐? 그러면 행하라. 그러면 살리라"라고 하십니다.

그렇습니다. 행함이 없는 지각의 깨달음은 도리어 '죄'입니다. 하나님의 온전한 의도를 알고도 순종하지 않는 자는 하나님의 의도를 모르고 죄를 짓는 자보다 그 죄가 크다는 것을 분명히 알아야 합니다. 누구든지 하나님께서 온전한 말씀으로, 깨달음으로 그에게 다가가셨으면 하나님의 그 발걸음이 빈 발걸음이 되지 않도록 하나님의 등을 떠미는 일이 일어나서는 안 됩니다. 그런데 내 이웃 중 하나님을 안다 하면서 게으름이나 무례함, 몰지각함, 자신만 아는 이기적인 마음으로 채워져 있어 알면서도 행하지 않아 하나님을 밀어내려 하는 자가 있는지 분별하고, 하나님의 불방망이 같은 말씀을 사랑으로 휘둘러주는 사람이 되기를 예수님의 이름으로 축복합니다.

누가복음 14장에서 예수님께서 이웃에 대해 설명하실 때, 처음에 한 제사장이 지나갑니다. 율법적으로 봤을 때, 벌거벗고 피를 흘리는 누군지도 모르는 사람을 피해 가는 것은 제사장으로서는 당연한 일일 수도 있습니다. 제사장은 피가 묻으면 제사장으로서의 직분을 감당할 수 없기 때문입니다. 예수님께서 특별히 이 사례를 골라서 이야기하신 이유는 '그렇지, 너희가 보기에는 이유가 있지?'라고 말씀하시기 위해서입니다. 제사장은 피투성이인 그를 피해 가는 것이 당연하고 오히려, '하나님, 저 자가 내가 아니라서 감사합니다. 부정한 피를 만지지 않아 하나님의 거룩한 직분을 온전하게 지킬 수 있게 해 주시니 감사합니다' 하고 하나님을 찬양하고 갔을지도 모릅니다. 이것을 율법교사가 분명히 알기로는 그 일에 대해서 정당한 율법적인 이유가 있었다는 것입니다. 율법적으로 봤을 때는 죄가 아닌 것 같은 일이었다는 것입니다. 그가 인정하고 알고 있는 그의 나름적인 해석으로서의 율법적으로는 정당했다는 것입니다.

그리고 이스라엘의 12지파 중에 한 지파로 특별히 따로 선택되어 성전의 일을 감당했던 레위인 중의 하나가 지나갑니다. 레위인도 마찬가지입니다. 피를 묻히거나 시체를 만지면 부정해지므로, 강도를 만나 죽었는지 살았는지 알 수는 없으나 피투성이인 그를 그냥 지나가는 것이 레위인으로서 성전의 일을 할 수 있게 되는 율법적 정당성이 있었습니다.

이렇게 이웃 사랑은 피하려고 의도를 가지고 핑계를 대려고 하면 얼마든지 그럴 수 있는 것이 사실입니다. 그러나 하나님에게는 핑계를 댈 수 없다고 선포합니다. 인간의 판단과 인간의 눈을 속일 수는 있어도 하나님의 눈은 속일 수 없는 것이 바로 이웃 사랑입니다. 우리는 스스로를 잘 속이는 연약함을 입고 있습니다. 우리의 육신 자체는 뜨겁고 차갑고 덥고 춥고 예민하며, 배고프고 갈급합니다. 우리의 육신은 연약합니다. 그래서 우리가 하나님을 사랑한다 할 때 육신들의 연약함과 악함들 때문에, 또 하나님은 육신의 눈으로만 보지 않으시기 때문에 '하나님을 사랑한다' 하는 것에 대해 자신조차 속일 수 있습니다. 그러나 분명히 말합니다. 속일 수 없는 것이 있으니, 그것은 바로 이웃 사랑입니다.

더불어 이웃 사랑의 열매는 속일 수 없습니다. 자비를 베푼 사람이 이웃이기 때문입니다. 이웃 사랑은 입술로 하는 것이 아니라 자비를 베푸는 것입니다. 섬김으로 하는 것입니다. '저 사람이 나인 것처럼' 이웃에게 자비를 베푸는 것이 이웃 사랑입니다.

우리가 잘 알고 있는 것 같이 구약을 보면 나병 환자가 길을 갈 때는 '부정하다. 부정하다', 즉 '나를 비켜 가시오'라고 외치고 지나가야 했습니다(레 13:45-46). 그것도 이웃 사랑의 개념입니다. 진물이 나고 코가 없고 눈이 찌그러진 나병 환자가 길에서 만난 어떤 사람에게 병을 옮길 수 있을 것 같은 그릇된 생각을 심어주어 주위 사람들을 두렵게 하는 것을 하나님께서는 원하지 않으셨고, 서로에게 거리를 두게 하사 서로 병을 옮기지 않고 바라볼 수 있도록 하셨습니다. 모든 것이 하나님의 선하신 의도였습니다.

그런데 이스라엘 사람들은 나병 환자가 지나가면 무조건 돌을 집어 들었습니다. 두려워서이거나 기분이 나빠서, 자신들에게 병이 옮을까 봐 그들에게 돌을 던졌습니다. 그렇게 하는 것이 '부정한 자들'을 향한 '정한 자들'의 정당한 행동인 양, 율법을 빙자해서 자신의 연약함을 덮으려는 몰지각한 행동이었습니다.

한 나병 환자가 있었습니다(눅 5:12-13, 마 8:1-4). 어쩌면 그를 사랑하는 가족들이 있었다고 해도 그가 나병 환자였기 때문에 그를 만져줄 수가 없었을 것입니다. 너무나 오랫동안 '만짐' 자체가 없었던 자였을 것입니다. 어느 날, 율법적으로 볼 때 선생에게 가까이 가는 것조차 허락되지 않았던 그 나병 환자가 죽음을 무릅쓰고 예수님께 찾아갔습니다. 예수님께서는 그저 말씀만으로도 그를 고치실 수 있는 데도 그날은 그를 직접 만지셨습니다. 그에게는 '만짐'이 필요했기 때문입니다. 그것이 그를 향한 하나님의 사랑입니다. 오랫동안 '만짐'이 없었던 그를 '만짐'으로 회복시키셨던 예수님을 찬양합니다.

우리가 하나님을 사랑한다면서 행하는 모든 일이 진정으로 하나님을 향한 사랑이 아니라 사실은 '나'를 향한, '우리'를 향한 것일 수 있습니다. 그래서 냉정하게 점검해야 합니다. 우리가 행했던 모든 일, 우리가 가지고 있는 규칙들, 혹시 우리의 믿음의 반경과 우리 예배터가 가지고 있는 담벼락이 얼마나 높은지 또는 낮은지를 점검해야 합니다. 우리가 얼마나 그들에게 하나님의 마음으로 다가서고 있는지 분별해야만 합니다. 그래서 하나님의 마음이 아닌 모든 것은, 모든 죄악된 모습들과 사람들의 그릇된 관행들은 다 무너져야만 합니다. 이웃 사랑이 아닌 '나 사랑', '우리 사랑'의 모든 벽들은 다 허물어져야만 합니다.

지금 이 순간 무너지고 부서져야 할 벽들이 보인다면 벌써 하나님의 부흥이 가까이 왔다고 소망해 봅니다.

"누가 내 이웃입니까?"

말씀에서와 같이 이웃 사랑은 행함에 있습니다. 상대방을 나의 이웃인가 아닌가 생각하며 바라보기 전에 그가 누구든지 개의치 않고 선함과 자비를 베푸는 사람이 되십시오. "누가 내 이웃입니까?"라고 묻는다면, 모든 자가 이웃이라고 선포합니다. 하늘 아래 그 어떤 영혼도 이웃이 아닌 영혼은 없다고 외칩니다. 그래서 예수님께서 예루살렘과 온 유대와 사마리아와 땅 끝까지 전하라고 명하셨고, 우리에게 그 일을 온전히 취하고 경험하고 나아가라 하시고, 순종하는 그 모든 날들 가운데 그들이 하나님의 나라가 되는 것을 기뻐하셨습니다. 세상은 인종차별이 심합니다. 그러나 하나님 나라에는 그 어느 인종의 벽도 없습니다. 우리가 비지니스를 할 때는 자국 사람만을 상대로 하지 않습니다. 외국 사람의 돈도 받습니다. 그러나 복음을 전할 때는 '아, 내가 말을 못해서, 언어가 안 되서……'라고 합니다. 그것은 거짓입니다. 물질을 벌기 위해 그들에게 힘을 쓸 수 있다면 복음을 전하기 위해서도 힘을 쓸 수 있는 일입니다. 어쩌면 그들에게 들이는 투자에 비해 거두어 들이는 일이 별로 없기 때문에 안 하는 일일 수 있습니다. 분별해야만 합니다. 만일 그런 생각이 우리에게 조금이라도 있다면 거기에는 벌써 악의 나무가 자라고 있을 수 있습니다. 베어 버려야만 합니다. 단칼에 베어 버려야만 합니다. 뿌리까지 없애야 합니다. 그럴 때 하나님께서 독버섯처럼 자랐던 여러 가지 그릇된 생각에서 자유롭게 하시고 하나님의 나라를 새롭게 하실 것입니다.

분별하십시오. '나에게, 우리에게 이웃 사랑이 있는가?', '이웃 사랑이 있는가?' 천국에 대해서 논하거나 영적인 능력에 대해서 논하기 전에, 하나님의 선물에 대해서 논하기 전에 나의 삶, 예배의 삶 가운데 이웃 사랑이 온전히 시작되고 있는가 분별하기 시작하면, 하나님께서 엄청난 자유함을 허락하실 것이라고 믿습니다. 분별 또 분별하여 더 깊이, 더 멀리 이웃 사랑을 넓혀 가실 때, 폭풍같이 임하시는 엄청난 하나님의 능력이 당신의 온 삶을 휩쓸고 지나가실 것이라고 예수님의 이름으로 외칩니다.

그러니 누가 이웃인가 생각하며 바라보기 전에 그가 누구든지 개의치 않고 선함과 자비를 베푸는 사람이 되십시오. '행하면 살리라!' 하신 예수님의 목소리가 당신의 귀에 실제적으로 들리기를 바랍니다.

그래도 공정하신 하나님께서는 '이웃을 너보다 더 사랑하라'라고 하시지 않고 '네 몸과 같이'라고 하셨으니 감사하지 않습니까? 공평하시지 않습니까? 내가 싫어하는 일은 이웃도 싫어할 것을 생각할 줄 알아야 합니다. 내가 추우면 이웃도 추울 것을 알아야 합니다. 내가 배고프면 이웃도 배고플 것을 생각해야 합니다. 내가 원하지 않는 일을 이웃에게 무례하게 요구하지 않으시기를 바랍니다. 내게 좋은 것은 이웃에게도 좋을 것을 염두에 둔다면, 작게는 공중도덕과 크게는 세계평화(?)

에도 이바지할 수 있는 진정한 믿는 자의 삶을 시작할 수 있을 것입니다. 우리 예수님을 믿는다는 사람들이 다 하나님 사랑, 이웃 사랑을 할 수 있도록 몸소 보여 주신 예수님을 기억합니다.

자, 이젠 훈련하십시오. 알아들었으면 행동해야 할 것 아닙니까?

"하나님 어떻게 할까요?"

이제는 의로운 계획을 하십시오. 무엇을 그만두고, 무엇을 시작해야 하는지 마음으로 무릎 꿇고 기도해 보십시오. 진정으로 당신 안에 성령님이 계시다면, 반드시 의의 길로 인도하실 것이라 믿습니다.

그리고 이제는 그들과 나누어야 합니다. 최근에 하신 이웃 사랑은 무엇입니까? 종교적인 표현을 없애고, 자신을 드러내려 하지 말고, 서로 실제적인 고민을 나누기 시작해야 합니다. 하나님께서 진정으로 원하시는 것이 무엇일까? 나는 왜 그걸 잘 못할까? 난 왜 잘 안 될까? 거룩한 고민을 하기 시작하십시오. 하나님을 향한 그 거룩한 꿈틀거림이 예배입니다. 하나님의 마음을 구하며 괴로워하는 그 순간조차도 하나님께서는 예배로 보십니다. 그러나 괴로워만 하여, 사탄의 영역을 침노하지 못하고 뒤로 후퇴만 한다면 그것은 예배가 아닙니다. 하나님이 원하시는 것을 선택하는 것이 바로 진정한 예배입니다.

하나님의 의도를 선택하는 것이 예배입니다. 나의 이득을 선택하는 것이 아니라, 하나님께서 원하시는 이웃 사랑을 선택하는 것이 예배입니다. 하나님의 거룩하신 눈에 들고자 하는 것이 예배입니다.

사탄이 오랫동안 교회를 속여 온 것 중 하나가 이웃 사랑을 하면 '손해'를 본다는 거짓입니다. 그것은 역사적으로 가장 악한 거짓 중 하나입니다. 축복의 비결은 축복의 통로가 되는 것입니다. 축복의 통로가 되고자 하는 자에게 하나님은 하나님의 전부를 쏟아 부어 주십니다. 하나님께서 그에게 주셨을 때, 그가 반드시 이웃 사랑할 것을 아시기 때문입니다. 이웃의 영혼이 나의 영혼인 것처럼, 이웃의 갈급함이 나의 갈급함인 것처럼...

그래서 이웃의 실질적인 필요를 바라보지 못하면서 영적인 것만 외치는 것도 거짓된 이웃 사랑인 것입니다. 항상 예수 그리스도 안에서 실질적으로 하나님 사랑과 이웃 사랑이 균형 있게 이루어지기를 바랍니다. 그러기 위해서는 지속적인 분별이 필요합니다. 이 일은 각자의 삶에서 책임감을 갖고 훈련되어야만 합니다. 사탄은 이웃 사랑을 못하게 하면 할수록 교회에 하나님의 능력이 임할 수 없음을 잘 알기에 아주 오랫동안 거짓으로 구체적이고도 강한 공격을 한 것입니다. 그래서 각자 꼭 점검되어야만 하고 서로 사랑하는 마음으로 분별해 주어야 합니다. 교회, 가정, 이웃, 직장에서 이웃 사랑의 모습이 한결 같은지 분별해야 합니다. 이웃 사랑을 점검하는 일이 구체적으로 일어났을 때 예배터의 범위가 갑자기 커집니다. 이렇게 하나님께서 우리에게 분별을 요구하시는 것은 하나님의 영향력을 넓히시기 위한 도구입니다. '분별하라' 하신 것은 하나님의 말씀이 허공을 때리는 데 그치는 것이 아니라, 실제로 각자의 삶에서 뿌리내리고 역사하도록 하시기 위한 것이지 우리를 힘들게 하거나 따지시려는 의도가 아닙니다. 하나님께서는 하나님의 말씀이 실제적으로 역사하여 반드시 열매가 맺히기를 바라시기 때문에 '살펴보고 행동하라'고 하신 것입니다. 서로 이제는 행동하는 예배, 복음을 책임지는 삶을 살아야만 합니다.

어느 누구든지 하나님을 사랑하여 '하나님 어떻게 할까요' 하고 하나님과 함께 고민하면 속지 아니하시는 하나님께서는 자세하고 세밀하게 개입하실 것입니다.

그러니 믿음으로 순종 이후의 미지의 일들을 계산하거나 두려워하지 말고 모든 것을 정확하게 알고 보시는 하나님께 맡기고, 바로 지금 하나님 사랑 이웃 사랑을 행동으로 옮기십시오.

어떤 믿는다 하는 사람들 중에는 영적인 것만을 추구하는 것이 더 하나님께서 원하시는 것이라 여기며 영적인 뛰어남과 우월하게 될 수 있는 일들만 심취하려는 경우를 봅니다.

그러나 사실 모든 하나님의 사람들이 하나님의 뜻대로 하는 일들은 모두 다 영적인 것입니다. 사람들이 개인들의 생각과 믿음이란 이름으로 스스로 영적, 육적, 하늘의 일, 땅의 일로 나누지만, 특이한 사실 중에 하나는 예수님께서 말씀하신 것들 중 하나님의 뜻대로 삶으로서 드리는 예배에 관한 예를 드신 설명들 속에는 많은 부분이 물질에 관한 것입니다. 물론 물질은 좋은 것도 아니고 나쁜 것도 아닙니다. 그냥 유통되는 것에 불과합니다. 물질이 하나님의 사람들에게 붙잡혀서 하나님의 축복의 통로를 통해 쓰여지면 하나님의 일에 쓰여질 것이요, 그릇된 자에 의해 악하게 사용되면 수많은 영혼들을 해치는 데 쓰여질 것입니다.

그러니 '마음만 준다', '기도만 한다' 하지 마시고, 마음도, 기도도, 물질도, 시간도, 땀도, 눈물도, 영적으로 다 나누어 주기를 바랍니다.

하나님은 축복을 주시는 것을 참지 않으십니다. 손이 짧아 구원을 못하시는 분이 아닙니다. 하나님은 다 아십니다. 마음을 놓으십시오. 걱정하지 말고, 그분의 뜻만을 구하여 각자의 삶에서 날마다 더 하나님 사랑, 이웃 사랑의 일이 일어나기를 예수님의 이름으로 축복합니다.

10

주기도문의 첫 시작
'하늘에 계신 아버지여'

"그를 향하여 우리가 가진 바 담대함이 이것이니 그의 뜻대로 무엇을 구하면 들으심이라 우리가 무엇이든지 구하는 바를 들으시는 줄을 안즉 우리가 그에게 구한 그것을 얻은 줄을 또한 아느니라" (요일 5:14-15)

하나님의 마음에 합하지 않는 기도는 응답받을 수 없는 기도입니다. 그래서 먼저 하나님의 뜻을 구하는 것이 기도의 기본입니다. 기도한다 하면서 그 어느 누구라도 정작 하나님의 뜻을 묻고 그분의 음성을 들으려는 의도는 전혀 없거나, 또 자신의 욕심을 채우기 위하여 하나님의 숭고한 뜻과 거룩하신 성품을 포기하면서까지 기도 응답을 바라서는 안 됩니다. 그렇다면 예수님께서 가르쳐주신 기도의 방법은 무엇이었을까요?

기도의 방법

'하나님'의 이름을 함부로 부를 수도 없었던 이스라엘의 백성들에게 예수님께서는 스스로 본인을 하나님의 아들이라 소개하셨습니다. 하나님의 아들로서 하나님과 항상 하나 되심을 선포하시고, 그의 나라와 그의 의를 구하는 삶을 행동과 실천으로 분명히 보여 주셨습니다.

그리고 하나님 아버지께서는 예수님의 삶을 통해 '아버지와 아들의 관계'를 증거해 주시길 기뻐하사 수많은 기사와 이적 그리고 능력의 말씀으로 항상 함께해 주시고 아들과 '동행'해 주셨습니다.

그러나 예수님은 본인을 하나님의 아들로 선포한 '불경죄(?)'를 뒤집어쓰고 십자가에 못 박히게 되었고 하나님을 대적하는 사탄과 그를 추종하는 모든 어둠의 영들과, 그들의 생각에 동의하여 하나님을 거부하는 모든 사람들, 즉 악마에게 영혼을 팔아버린 자들은 아버지와 아들의 관계인 하나님과 예수님의 관계를 저주하고 예수님을 죽음으로 몰고 갔습니다.

"나와 아버지는 하나이니라!"(요 10:30)는 진리의 말씀을 사탄은 견딜 수가 없었던 것입니다. 오늘도 사탄은 그리고 그를 추종하는 모든 어둠의 영들은 하나님의 사람들에게 '능력의 핵심'을 못보게 하려고 부단한 노력을 하고 있습니다. 다음은 기도를 가르쳐 달라는 제자들에게 예수님께서 하신 말씀입니다.

구하라! 두드리라! 찾으라!

구하는 자에게 성령을 주시지 않겠느냐?

"예수께서 한 곳에서 기도하시고 마치시매 제자 중 하나가 여짜오되 주여 요한이 자기 제자들에게 기도를 가르친 것과 같이 우리에게도 가르쳐 주옵소서 예수께서 이르시되 너희는 기도할 때에 이렇게 하라 아버지여 이름이 거룩히 여김을 받으시오며 나라가 임하시오며 우리에게 날마다 일용할 양식을 주시옵고 우리가 우리에게 죄 지은 모든 사람을 용서하오니 우리 죄도 사하여 주시옵고 우리를 시험에 들게 하지 마시옵소서 하라 또 이르시되 너희 중에 누가 벗이 있는데 밤중에 그에게 가서 말하기를 벗이여 떡 세 덩이를 내게 꾸어 달라 내 벗이 여행중에 내게 왔으나 내가 먹일 것이 없노라 하면 그가 안에서 대답하여 이르되 나를 괴롭게 하지 말라 문이 이미 닫혔고 아이들이 나와 함께 침실에 누웠으니 일어나 네게 줄 수가 없노라 하겠느냐 내가 너희에게 말하노니 비록 벗 됨으로 인하여서는 일어나서 주지 아니할지라도 그 간청함을 인하여 일어나 그 요구대로 주리라 내가 또 너희에게 이르노니 구하라 그러면 너희에게 주실 것이요 찾으라 그러면 찾아낼 것이요 문을 두드리라 그러면 너희에게 열릴 것이니 구하는 이마다 받을 것이요 찾는 이는 찾아낼 것이요 두드리는 이에게는 열릴 것이니라 너희 중에 아버지 된 자로서 누가 아들이 생선을 달라 하는데 생선 대신에 뱀을 주며 알을 달라 하는데 전갈을 주겠느냐 너희가 악할지라도 좋은 것을 자식에게 줄 줄 알거든 하물며 너희 하늘 아버지께서 구하는 자에게 성령을 주시지 않겠느냐 하시니라" (눅 11:1-13)

말씀에 보니, '구하라', '두드리라', '찾으라' 하신 것은 성령이었습니다. 내가 원하는 것을 무조건 얻을 때까지 애써 열심히 구하면 내 욕심대로 주신다는 것이 아니라, 그가 우리에게 포기하지 말고 끝까지 구하라하셨던 것은 양자의 영, 성령이었습니다. 성경 어디에도 "너희가 원하는 것을 끝까지 부르짖어 구하면 얻으리라"는 말은 없습니다. 그것은 사악한 종교의 영에서 비롯된 거짓입니다.

하나님의 온전하신 말씀에는 '먼저 그의 나라와 그의 의를 구하라'(마 6:33) 하셨고, 그리하면 우리의 모든 필요를 아시는 하나님께서 우리가 구하지 않은 것까지 채워 주신다고 약속하셨습니다.

기도의 능력

기도의 능력은 말에 있는 것이 아니라 '하나님과의 관계'에 있습니다

"또 너희는 기도할 때에 외식하는 자와 같이 하지 말라 그들은 사람에게 보이
려고 회당과 큰 거리 어귀에 서서 기도하기를 좋아하느니라 내가 진실로 너
희에게 이르노니 그들은 자기 상을 이미 받았느니라 너는 기도할 때에 네 골
방에 들어가 문을 닫고 은밀한 중에 계신 네 아버지께 기도하라 은밀한 중
에 보시는 네 아버지께서 갚으시리라 또 기도할 때에 이방인과 같이 중언부
언하지 말라 그들은 말을 많이 하여야 들으실 줄 생각하느니라 그러므로 그
들을 본받지 말라 구하기 전에 너희에게 있어야 할 것을 하나님 너희 아버지
께서 아시느니라" (마 6:5-8)

예수님께서는 기도를 오랫동안 말을 많이 해야 하나님께서 들으시
는 것이 아니라 오직 그가 원하시는 방법으로 할 때에, 그것이 '기도'
라고 하십니다.

비열하고 사악한 사탄이 가장 노력하는 것 중 하나는 '기도'의 능력
을 무기력하게 하는 것입니다. 하나님께서 역사를 주관해 오시면서 그
의 백성을 일으키시고 부흥을 허락하실 때에, 항상 선행하여 회복시키
셨던 것은 진정한 '기도의 능력'이었습니다. 지금 하나님께서 당신과
다루고자 하시는 것은 바로 그것입니다. 예수님을 밤낮으로 따라다녔
던 제자들도 배우길 원했던 기도의 능력은 말에 있는 것이 아니라 바

로 '하나님과의 관계'에 있습니다.

주기도문의 첫 시작 '하늘에 계신 아버지여'

"그러므로 너희는 이렇게 기도하라 하늘에 계신 우리 아버지여 이름이 거룩
히 여김을 받으시오며" (마 6:9)

유대인에겐 아무도 감히 상상도 할 수 없고 불경스럽게 생각한, 그
래서 죽음을 볼 수밖에 없을 정도로 두려운 그 일을 예수님은 하라고
하십니다. 하나님을 아버지라 부르라고 하십니다. 하나님의 모든 것
을 상속받을 수밖에 없는 상속자(Heir)로 본인을 나타내라고 하신 것
입니다.

이 말씀은 바로 진정한 기도의 시작은 하나님과의 관계 회복에 있
다고 선언하신 것입니다. 기도를 시작하기 전에 먼저, 자녀가 되라고
말씀하십니다. 어떻게 보면 아예 기도를 하지 말라고 하시는 것과 다
름이 없다고 여기는 자들도 많았을 것입니다.

물론 그렇습니다. 우리가 어떻게 우주를 창조하시고 영원부터 존재
하셔서 영원까지 통치하시는 완전하신 하나님, 가장 높은 곳에 계시며
만물을 주관하시는 하나님께 "거룩하고, 거룩하고, 거룩하다!"라고 밖
에 할 수 없는, 가장 높은 천사들도 함부로 가까이할 수조차 없는 존귀
하신 하나님을 어떻게 감히 스스로 아버지라 부를 수 있었겠습니까?
어느 누구도 부를 수 없었던 그 이름을 우리에게 아바 아버지라 부르

라고 하신 예수님께서는, 약속대로 십자가에서 우리의 죄악을 짊어지시고 '나' 대신 죽어 주십니다.

그리고 당신이 누구든지, 어떠한 상황에 있었던지, 하나님의 아들 예수님이 당신의 죄를 사하기 위해 대신 죽으심을 믿고, 모든 자신의 죄들을 고백하고 주 예수를 믿으면, 하나님의 아들, 예수 그리스도의 영이 당신에게 들어가 하나님을 "아바, 아버지"라 부르짖을 수 있도록 약속하신 것입니다. 그래서 누가복음 11장 9절부터 13절에 '구하라', '성령을 주시지 않겠느냐' 하신 것입니다.

그렇습니다. 주기도문의 이유와 목적은 성령을 구하는 것이었으며, 오직 하나님의 성령으로 거듭난 자들만이 하나님의 '양자의 영'을 받고 하나님을 진정으로 아버지라 부르짖을 수 있게 되는 것입니다.

능력의 기도를 원합니까? 그렇다면 먼저 하나님의 자녀가 되십시오. 만약 당신이 하나님의 자녀가 되기를 바라지 않는다면 더 이상 예수님의 기도, 자식의 기도는 할 수 없음을 분명히 전합니다.

하나님, 이 자식의 삶을 통하여 '이름이 거룩히 여김을 받으시오며……하늘에 계신 하나님께서는 원래부터 우리가 아무 말을 안 드려도 하나님은 스스로 거룩하십니다. 그러나 하나님의 자식이라 불리는 우리의 삶 가운데 거룩한 모습들이 나타나지 않는다면, 하나님을 모르는 자들에게 하나님 자식들의 거룩하지 못한 모습들로 인해 도리어 하나님 아버지를 욕보이게 되는 것입니다.

우리가 하나님을 닮아 거룩한 모습으로 살아가면서, 혹 하나님을 모르는 그 어느 누군가가 우리의 삶을 보고 "당신의 애비가 누구요?"라는 질문을 받을 때, "나의 아버님은 하나님이십니다!"라고 외칠 수 있기를 바랍니다.

그 사람이 당신에게 말하기를, "나는 하나님은 모르지만, 거룩한 당신이 그의 아들이라 하니 그분도 거룩하신 분이 분명하겠구려!"라고 할 것이 아니겠습니까? 그때에 하나님은 당신의 기도, 즉 예수님께서 가르쳐주신 기도데로 아버지가 거룩히 여김을 받게 되실 것입니다. 제발 거룩하게 사십시오.

삶으로 드리는 예배의 주인되신 하나님 아버지

"나라가 임하시오며 뜻이 하늘에서 이루어진 것같이 땅에서도 이루어지이다" (마 6:10)

우리가 구하기 전에도, 벌써 모든 나라는 다 하나님의 것입니다. 여기서 말씀하신 '나라'의 개념은 우리에게 진정한 예배의 삶을 살 수 있도록 허락하신 우리의 '자유의지의 영역'을 말합니다.

즉, 우리가 스스로의 자유의지를 가지고 내 맘대로 휘저으려 했던 '내 나라'의 깃발을 뽑아버리고, "이젠 하나님의 나라가 되길 바랍니다.", "저를 하나님 아버지 뜻대로 순종하게 해 주세요" 하며, 자유의지로 자신의 삶의 모든 영역에 하나님 나라의 거룩한 깃발인 '오직 예수'의 깃발을 꽂는 것입니다.

그래서 '뜻이 하늘에서 이루어진 것같이 땅에서도 이루어지이다'라고 외치게 하시는 것입니다.

지금도 온 우주는 끊임없이 하나님의 온전하신 뜻대로 다 이루어지고 있고 지금 이 순간도 그것은 변함이 없습니다. 전능하신 하나님께서는 단 일순간도 주권을 놓치신 적이 없으십니다.

그러나 우리의 자유의지를 사용하여, 우리 개인 인생의 한 줌의 흙을 다스리게 하셨으니, 이 한 평의 땅도 안되는 우리의 인생사를 하나님께 자원하여 돌려드리는 것을 신령과 진정으로 드리는 예배로 받으시는 것입니다.

이 예배의 시작을 알리는 스스로를 향한 외침이 바로 이것입니다. "나의 자유의지를 사용하여 오직 하나님의 뜻대로 나, 한줌의 흙을 하나님 아버지의 뜻과 계획에 맞출 것을 선포합니다."

"그러니, 하나님 아빠, 아버지, 이 자식의 삶을 통하여 영광받으세요!" 라고 외치라는 말씀이십니다.

당신의 모든 예배의 주인공이 오직 하나님 아버지이신 것처럼, 당신의 기도의 주인공도 오직 하나님 아버지이셔야 합니다. 그렇지 않으면 모든 것이 다 거짓이 되는 것입니다. 기도가 아닌 '허무한 지껄임'에 불과하게 되는 것입니다. 아무리 많이 떠들어도 하늘나라에 다다를 수 없는 소음에 불과합니다. 당신의 한 줌의 흙을 다스리십시오. 하나님의 뜻대로, 아버지의 뜻대로.

일용할 양식

'일용할 양식'은 그날 하나님의 뜻을 행하며, 하나님 아버지의 뜻대로 순종하는 것

"오늘, 이날에 우리가 순종할 수 있는 생명의 양식인 말씀을 주시옵고"라는 이 말씀을 들으십시오. 그 어느 누구도, 예수 그리스도의 영이신 성령 하나님께서 직접 그 안에 들어오시지 아니하면 알 수 없는 이영의 양식, 오직 하나님께 순종함으로 취할 수 있는 '영의 양식을 주시옵고'라는 것입니다. 즉, 무엇입니까?

"순종하겠습니다. 그러니 하나님, 말씀하세요. 오늘도 먹어야만(?) 하겠습니다."

그래서 이 말씀을 설명하시기 위하여 그다음 말씀에 "오늘 있다가 내일 아궁이에 던져지는 들풀도 하나님이 이렇게 입히시거든 하물며 너희일까보냐 믿음이 적은 자들아 그러므로 염려하여 이르기를 무엇을 먹을까 무엇을 마실까 무엇을 입을까 하지 말라 이는 다 이방인들이 구하는 것이라 너희 하늘 아버지께서 이 모든 것이 너희에게 있어야 할 줄을 아시느니라 그런즉 너희는 먼저 그의 나라와 그의 의를 구하라 그리하면 이 모든 것을 너희에게 더하시리라 그러므로 내일 일을 위하여 염려하지 말라 내일 일은 내일이 염려할 것이요 한 날의 괴로움은 그 날로 족하니라"(마 6:30-34) 하셨지요.

이방인이라 함은 하나님을 모르는 자들을 말합니다. '하나님과 상관이 없다'고 여기는 자들, 하나님의 복락과 상관이 없는 사람들, 하나님의 자식들이 아니기에 하나님의 것들을 상속받을 수 있는 영적 법적효율이 적용되지 않는 사람들을 말합니다. 이 말씀은 육신이 먹을 것, 마실 것, 입을 것을 안 주시겠다는 것이 아닙니다. 우리의 의식주를 무시하시겠다는 뜻이 아니라, 그것들은 구하지 않아도 하나님께서 다 아시니까 너희는 하나님 아버지를 믿고 "너희는 먼저 그의 나라와 그의 의를 구하라 그리하면 이 모든 것들을 너희에게 더하시리라"라고 명령하신 것입니다. 명령하셨다는 것은 불순종할 시 이 모든 것들을 더하지 아니하시리라고 해석해도, 또 이해해도 무리가 없는 것 아니겠습니까?

> "이르시되 내게는 너희가 알지 못하는 먹을 양식이 있느니라 제자들이 서로 말하되 누가 잡수실 것을 갖다 드렸는가 하니 예수께서 이르시되 나의 양식은 나를 보내신 이의 뜻을 행하며 그의 일을 온전히 이루는 이것이니라"
> (요 4:32–34)

예수님께선 '내게는 너희가 알지 못하는 먹을 양식이 있느니라'라고 말씀하시고는 무슨 말씀인지 몰라 헤메는 제자들에게 설명하기를, '나의 양식은 나를 보내신 이의 뜻을 행하며 그의 일을 온전히 이루는 이것이니라'라고 말씀하셨습니다.

그렇습니다. 일용할 양식은 그 날 하나님의 뜻을 행하며, 하나님 아버지의 뜻대로 온전히 순종하는 것입니다.

항상 먼저 그의 나라와 그의 일을, 즉 하나님의 뜻대로 순종한다면 의식주도 더하시는 하나님을 경험하는 것은 당연한 사실 아닙니까?

문제는 우리가 구하지 않는 것이 아니라, 잘못 구하는 것입니다. 이제 예수님께서 보내주신 성령님으로 인해, 하나님 아버지의 기도에 대한 진정한 의도를 알았다면 오직 그의 나라와 그의 의, 즉 날마다 적극적으로 순종할 하나님의 말씀, 하나님의 마음을 구하십시오. 성령의 바람, 신바람이 날 것입니다.

스스로의 연약함과 한계를 아는 것도, 하나님의 은혜입니다

"우리가 우리에게 죄지은 자를 사하여 준 것같이 우리 죄를 사하여 주시옵고" (마 6:12)

'우리가 우리에게 죄지은 자를 사하여 준 것같이 우리 죄를 사하여 주시옵고'라고 연이어 기도하게 하시는 구절에서 우리는 "우리가 우리에게 죄지은 자를 용서하지 않는다면, 우리의 죄, 나의 죄를 사하여 주지 마세요!"라고 단호하게 기도하라고 가르쳐 주십니다.

내가 하나님의 뜻과 의를 구한다면, 반드시 하나님의 성품을 닮아 가야 하는데, 그러기 위해선 나를 용서하신 하나님 아버지를 닮아가야 할 것 아니겠습니까?

"하나님을 닮아 가지 않는 기도의 삶은 거짓이니, 차라리 거짓으로 기도할 바에야 저를 절대 용서하지 마세요!"

즉, "제발 제가 하나님을 닮게 해 주세요"라는 정직한 외침이 있어야 한다는 것입니다.

"우리를 시험에 들게 하지 마시옵고 다만 악에서 구하옵소서 (나라와 권세와 영광이 아버지께 영원히 있사옵나이다 아멘)" (마 6:13)

'And lead us not into temptation, but deliver us from the evil one"

시험에 들지 말게 해달라는 것은 분명히 '죄를 짓지 말도록'이란 뜻입니다. 사악한 어둠의 영들은 우리를 하나님의 뜻에서 멀어지게 하고, 결국은 하나님의 뜻이 아닌 사탄의 뜻에 집어넣으려 합니다. 그리하여 '죄에 종노릇'하여 죽음과 파멸로 몰아가려 하고 있습니다. 우리가 이 죄악 가운데 빠지지 않고 하나님께로 올바로 가기 위해서는 반드시 하나님 아버지의 인도하심이 필요합니다. 그 어느 누구도, 스스로의 의로움이나 노력으로 구원받을 수 없음을 잊지 말아야 합니다. 겸손하십시오.

스스로의 연약함과 한계를 아는 것도 하나님의 은혜입니다. 그래서 기도는 본인의 한계를 아는 자가 반드시 드려야 하는 겸손의 예배입니다. 기도하지 않는 자는 믿지 않는 자이며, 믿지 않는 자는 기도하지 않습니다.

주기도문이라 하면 그냥 기도문이라 생각하게 하는 것이 사탄의 공격이기도 합니다. 예수님께서 우리에게 가르치시려 했던 것은 삶으로 드리는 기도의 능력이며, 순종의 예배이며, 하나님의 음성을 듣는 방법입니다. 스스로의 연약함을 인정하고, 하나님께 엎드리는 자에게 들려주시는 하나님의 세밀한 음성에 귀를 기울이기를 바랍니다. 그것이 예수님이 우리에게 가르쳐 주신 기도입니다.

'나라와 권세와 영광이 아버지께 영원히 있사옵나이다 아멘'

나라는 통치자나 통치기관, 그리고 백성과 영토가 필요합니다. 오직 하나님만 당신의 아버지로 당신의 전부를 통치하게 되시길 기도합니다. 그래야 그의 백성인 당신이 평안을 누리며, 그 땅이 회복될 것입니다.

그때에 자식으로서 하나님 아버지의 권세를 진정으로 누리기 시작할 것이며, 하나님의 영광의 빛을 경험할 것입니다. 그리고 죄악의 모든 어둠들이 하나님 아버지의 권세, 왕 중의 왕이신 예수 그리스도의 통치아래 묶임을 당하고, 하나님의 백성들은 성령 하나님과 더불어 완전한 자유를 영원히 누리게 될 것입니다. 기도의 삶을 회복하십시오.

11

축복의 삶 – 산상수훈

하나님께서 우리에게 하나님의 마음을 전하시고자 할 때, 하나님의 의도를 그릇되이 전하는 사람들로 인해, 많은 때에 하나님의 마음이 왜곡되어 전해지는 경우가 있습니다. 하나님의 마음이 왜곡되이 전해지는 주요 이유는 '마귀의 간계'로 인한 영적인 공격이 심해서 그렇습니다. 'Schemes'라 불리는 간계들의 흐름들은 주로 거짓으로 꽉찬 속임수의 뒤섞임들입니다.

사탄과 그의 어둠의 무리들은 하나님의 백성들에게 "믿지 말라."하기보다는 "잘못 믿으라."고 합니다. "내가 원하는 대로 믿으라." 고 하여 하나님을 오해하게 합니다.

그중에서도 특히 오늘날 하나님의 교회를 대적하는 악령들이 가장 많이 왜곡시키는 부분 중에 하나가 "하나님의 복"에 대한 개념입니다. 어쩌면 우리 모두가 너무나 지대한 관심을 갖고 있는 '복들'에 대한 마음의 유별남을 아주 오랜 시간 동안 악령들이 보아 왔었기에 그 부분을 특별히 더 공격하려는 것은 당연한 일일 것입니다. 물론 우리 모두는 하나님으로부터 시작된 복이 있어야만 살 수 있는 사람들입니다.

또 아름다운 사실은 하나님께서도 우리가 복들을 받기를 원하신다는 것입니다. 그래서 "하나님만이 진정한 복의 근원이다!"라고 말씀하신 것입니다. 그래서 우리의 영혼육의 전부도 오직 하나님의 선하신 뜻 가운데 그 복들을 누리기를 하나님도 바라십니다.

이것은 남녀노소를 막론하고 다 마찬가지입니다. 하나님의 형상으로 창조된 모든 사람들에게 하나님의 복은 영이신 하나님께로부터 허락된 영적인 일이며, 그렇기 때문에 영적인 일과 무관한 것들을 하나님께서는 진정한 복으로 여기지 않으십니다. 하나님께로부터 허락된 '영'은 누구를 막론하고 '존귀함의 무게'가 같습니다. 즉, 하나님이 우리 각자에게 허락하신 모든 축복들은 반드시 영육 간에 하나님의 영광을 드러내야만 한다는 놀라운 거룩함과 온전함이 있습니다.

복의 근원이신 하나님께로부터 허락된 진정한 사랑의 복인 예수님을 통하여 하나님을 인격적으로 만나면 하나님께서 오래도록 크고 아름답게 쓰실 수가 있습니다. 반면 그릇되이 성령이 아닌 종교의 영이나 그릇된 어둠의 영들이 들어가거나 악의 영향력을 심어 놓으면, 일평생 본인을 비롯하여 여러 사람들을 해하거나 아프게 할 수도 있습니다. 사탄도 그것을 알아 나이와 환경과 이해의 수준과 지각의 예민함에 맞게 각사람의 취향과 성격도 연구하여 맞춤공격을 합니다. 각자가 편해하는 문화에 맞게 공격을 하기도 하고, 공격하려 하는 각 개인의 선호대로, 그들이 끌리는 어떤 개념에 대해 사탄이 원하는 사악한 계획과 방법에 맞게 썩어지고 뒤틀어지게 해서 공격을 하기도 합니다. 특별히 모든 사람들이 공통적으로 많이 왜곡되이 생각하는 것들을 공격하기를 야비하고 비열하게 즐깁니다.

그래서 하나님의 백성들 중 누구를 막론하고 가장 많은 공격을 하는 것이 '복에 대한 개념'입니다. '독'을 '복'으로 잘못 이해하게 하는 것입니다. 오늘 '하나님의 복'을 온전히 이해하게 되어, 독극물 같은 그릇된 '복의 탈을 쓴 죽음의 족쇄들'에게서 자유롭게 되기를 바랍니다.

오늘 산상수훈에서 이야기하시는 것은 우리가 흔히 생각하는 세상적인 '복'이 아니라 '믿음의 단계'에 대한 것입니다. 하나님께서 허락하시는 믿음의 모든 단계에서 진정으로 놀라운 기적적인 '복이 있다'라고 말씀하시는 것입니다. 오늘 지금 하나님의 은혜만을 통하여 하나님이 허락하신 하나님의 천상의 복이 당신에게 얼마만큼 와 있는지 분별하십시오.

믿음의 첫 단계, 심령이 가난한 자

"심령이 가난한 자는 복이 있나니 천국이 그들의 것임이요" (마 5:3)

'심령이 가난한 자'는 믿음의 처음 단계입니다. 하나님을 진정으로 잘 모르는 많은 사람들은 하나님이 없어도 된다고 생각을 합니다.

"나는 하나님이 없어도 돼. 하나님이 없어도 살아"라고 하는 사람들은 하나님이 보시기에 심령이 가난하지 않은 사람들입니다.

하나님이 없어도, 안 계셔도, 나름 스스로의 어떠한 목마름들이 적당하게 채워지고 해소되는것만으로 살 수 있다고 부르짓던 자들이 실제로는 더더욱 처절하게 목마르고 메마른 삶을 살아가다가 죽어 가는 것을 봅니다.

오늘날 우리는, 많은 사람들 가운데 평생을 일해서 부와 명예와 권력을 아무리 많이 가지고 누렸던 것처럼 살았다 하며, 누구보다 더 열심히 살아서 성공가도를 달렸다고 하는 그 어떤 사람들이라도, 어느 날 갑자기 모든 것을 잃고 수많은 사람들의 질타와 손가락질을 당하며, 때론 그 모든 것들이 아무것도 아닌 것인 허망함으로 드러나, 생명을 잃기도 하고 그냥 사라져 버리기도 하는 세대에 살고 있습니다.

물론, 누구든지 잘 살기를 바라고 복을 누리기를 원하는 욕구 자체를 악하다고 규정하는 것은 절대 아닙니다.

하나님께서 생명을 허락하심으로 우리 모두가 태어나는 그 순간부터 추움과 더움을 알고 고픔과 배부름을 느끼게 하신 하나님의 선하신 의도는 우리를 사랑하심이며, 궁극적으로 모든 필요를 허락하시고 채우시는 하나님을 더듬어 찾을 수 있게 하신 놀라운 섭리이기도 합니다. 우리는 누구든지 기억의 날들 속에 아주 어렸을 때부터 좋아하는 것들과 필요한 것들 속에 선택들을 해왔고, 생각해 보면 그 어느 누구든지 모든 어린 세월의 기억의 날들 속에, 나름대로 어렸을 때부터 장난감 자동차나 인형을 가지고 놀았거나, 그런 것들이 없었으면 가상적인 상상력을 동원해서라도 무엇인가로 놀기를 바라고 즐기길 바랐으며, 어른이 되어선 어릴 때 가지고 놀던 장난감보다 큰 것을 가지고 놀고 즐기길 원했습니다. 나이가 들수록 장난감 차가 진짜 탈 수 있는 큰 차로 변하고, 인형과 같이 소꿉장난을 하던 장난감 집이 어른이 되서는 실제로 살 수 있는 공간들로 변하고, 어릴 때 가지고 놀던 인형의 옷대신 나이가 들면서 몸과 생각의 범주가 넓어지고 커지면서 스스로 입고 즐기고 누릴 수 있는 패션과 성향을 찾게 되며 바뀌어 가는 것을 경험하게 됩니다. 결국 나이가 먹는다는 것은 장난감이 바뀌고 커지는 일인 것 같습니다. 그러다 보면 자기도 모르게 주위를 바라보는 시선들 속에서 끝없이 늘어가는 필요들 속에 비교사회적 상대빈곤과 더불어 남보다 더 많은 장난감을 더 빨리, 더 많이 가지는 것을 성공의 척도로 생각하게 되기 쉬운 것입니다. 그래서 누구든지 영적으로 바로 깨어 있지 않으면 공통적으로 독을 복으로 여기고 속게 되는 것입니다.

여기서 분명한 사실은, 세상의 임금이라 여기는 악마의 영인 사탄이 제시한 달콤한 것들을 발라놓은 것만을 추구하게 되는 것은 어둠의 공허한 길로 달려가게 되는 것이며, 결국은 막바지에 전생애를 사망의 절벽 아래서 허무하게 잃게 되는 것입니다. 마귀의 독사탕을 먹은 자들의 말로를 겪게 되는 것입니다.

하나님을 모르는 자들이 나름의 양심의 법을 따라 스스로의 진정한 가치와 성공의 척도를 고민하고 찾을 때, 그들을 혼란하게 하는 책들이나 미디어를 통한 인포메이션들이 홍수처럼 쏟아져 나오게 하는 공격도 사단은 서슴지 않습니다. 이런 혼란의 시대에 '이름만 축복'이란 거짓된 가면을 벗겨낼 줄 알아야 합니다. 아무리 세상이 물질 만능주의에 젖어 들고 극도로 이기적인 마약 같은 욕구에 허우적 거려도, 또 그런 일에 혈안이 되어 사는 사람들 속에서도 우리는 멈출 줄을 알아야 합니다. 그리고 직시해야 합니다. 하나님의 도움을 구해야만 합니다. 그러면 볼 수 있게 되는 것입니다. '나는 진정으로 가난하구나', '난 하나님이 필요하다'.

그렇게 영혼의 갈급함을 진심으로 느끼기 시작하는 것입니다. 그제서야 진정으로 복의 길, '행복의 길'로 들어설 수 있는 것입니다.

본인이 분명히 영적인 존재인 영물임에도 불구하고, 스스로를 동물인 것처럼 취급하며 눈앞에 보이는 먹이에만 혈안이 되어, 눈만 뻘겋게 뜨고 있는 사람들이 있습니다. 서서히 영이 메말라 죽어 가면서도 영적인 눈과 귀가 열리질 않고 떠지질 않아, 영적인 것에 도무지 관심이 안 가는 사람들이 많이 있습니다. 그렇게 하나님의 형상으로 창조된 자가 스스로를 천히 여기면서도 도리어 교만의 극치를 달리게 하는 것이 사탄의 사악한 독에 취한 모습인 것입니다. 그 독에 취하면 아무리 가지고 가져도 만족이 없고 더 가지면, 그 독에 더 취하면 될 거라 여겨져 스스로와 주위를 해치는 자가 되게 되는 것입니다.

진정으로 깊은 영혼의 목마름에서부터 자유해지고 싶습니까? 만약에 지금 이 순간 "나도 심령이 가난한 것 같아. 세상의 것들만으론 만족이 없어"라고 말할 수 있다면, 오늘 하나님을 경험하길 소망하는 하나님을 필요로 하는 당신은 하나님의 복이 임한 자입니다.

진정으로 하나님 안에서만 행복이 있다고 선언합니다. 행복을 주시는 하나님의 능력은 끝이 없습니다. 오늘 하나님을 경험하길 바라는 우리는 하나님의 복이 임한 자입니다.

믿음의 두 번째 단계, 애통하는 자

"애통하는 자는 복이 있나니 그들이 위로를 받을 것임이요" (마 5:4)

두 번째 믿음의 단계인 '애통하는 자'는 '회개하는 자'를 말합니다.

자신의 삶에서의 영혼의 빈곤함을 느끼고 거룩하신 하나님을 찾다가 빛과 사랑이신 하나님께 가까이 가다 보니까, 때 묻은 나의 모습이 보이고 '내가 이 모습으로는 하나님께 가까이 갈 수 없구나'라고 자신의 존재를 깨닫게 되며 "그분의 완전한 사랑의 영광에 나를 비춰보니 허무한 삶이구나!" 하는 것을 깨닫게 되는 것이 애통하는 자의 마음의 시작입니다.

그릇된 길, 잘못된 방법, 악한 결정과 욕심에 눈이 멀어 나만을 최우선으로 살아왔던 것을 보게 되고, 후회하며 돌아서기 시작하는 여정이 "회개"입니다. 그럴 때 하나님은 당신이 애통해하는 것을 아시고 당신을 위로해 주십니다.

"회개하라. 천국이 가까이 왔느니라."

감사하게 복음은 행복한 것이며, 천국을 향한 초대입니다.

회개는 행복으로의 부르심입니다. 힘들게 해서 누르려고 하는 것이 아니라 자유하게 하려고 회개하게 하시는 것이기 때문에 하나님께서 복이 있다고 하시는 것입니다.

믿음의 세 번째 단계, 온유한 자

"온유한 자는 복이 있나니 그들이 땅을 기업으로 받을 것임이요" (마 5:5)

믿음의 세 번째 단계는 온유한 자의 단계입니다.

회개한 자는 마음이 부드러워지기 시작하고 양심이 더욱 예민하게 살아나기 시작하여 온유해지기 시작합니다. 온유한 자는 하나님께서 위로해 주십니다. 예수님께서 내 죄 대신 피를 흘려주시고 "내가 대신 갚았다"라고 마음 깊숙이 외쳐 주십니다.

하나님께서 허락하신 당신의 삶이 회개하는 삶이 되면 마음이 저절로 온유해집니다. 당신이 나름대로 삶을 살다가 "아이고, 잘못 왔네!" 하고 멈춰서 울기만 하면 그건 후회입니다. 그러나 거기서 돌아서서 "아, 하나님이 저기 계시구나!" 하고 하나님께 간다면 바로 그 과정이 회개입니다. 회개를 하다 보면 나도 모르게 회복이 됩니다. 그래서 온유하게 되는 것입니다. 내가 용서받은 것처럼 다른 사람도 용서하고 싶고, 나의 부족함을 보니까 다른 사람의 부족함도 헤아리게 되고, 내가 회개를 하니까 예전에 짓던 죄를 짓지 않게 되고, 나쁜 일에 빠지지 않게 되고, 어떤 일을 하더라도 한 번 더 생각하게 됩니다.

한 줌의 흙으로 만들어진 아담의 후손인 당신이, 인생의 마지막 날 하나님의 때가 되어 하나님께서 당신의 영혼을 데려가시면 오직 육신만 남게 되는데, 그 육신이 썩으면 누구든지 결국 한 줌의 흙이 됩니다. 그러나 썩기 전에 우리가 하나님께 돌아오면, 하나님께서는 우리가 그 한 줌의 흙임에도 불구하고 그 안에 하나님의 은혜를 부으시며, 생명을 부으시고 능력도 부으셔서 그 땅을 하나님의 기업으로 바꾸어 주십니다. 아무리 쓸모없는 한 줌의 흙이라 해도, 당신이 그 삶을 하나님께 드리는 회개의 삶을 살면 이를 통해 온유한 삶을 허락하시고 당신의 그 한 줌의 흙이 회복되어, 그 땅을 기업으로 받게 됩니다.

'하나님의 기업'이란 우리를 향한, 원래 하나님의 선하신 계획과 의도를 말하는 것입니다. 하나님과 우리 사이를 가르는 어둠의 세력의 방해 때문에 모든 것이 잘못되기 전, 하나님의 우리를 향한 선하신 뜻인 완전한 기쁨과 자유의 삶, 그 한 줌의 '천국의 흙'의 기업 말입니다. 지금 회개를 하고 온유하게 되는 일이 벌써 당신 안에 일어났기를 예수님의 이름으로 축복합니다. 그때서야 회복된 삶을 누릴 수 있기 때문입니다. '회복된 삶'의 풍부함은 여러 모습들이 있습니다.

회복되는 것들은 관계로써의 회복도 있고, 느낌의 회복도 있으며, 예전에는 잘 웃지 못했던 사람이 웃음의 여유를 찾기도 하고, 오감이 회복되어 구름도 볼 줄 알고 낙엽을 보고 "예쁘다!" 하는 감수성도 회복되어집니다. 그렇게 무궁무진한 회복의 그 복이 지금 일어나기를 예수님의 이름으로 축복합니다. 우리가 반드시 누려야 할 복입니다.

믿음의 네번째 단계, 의에 주리고 목마른 자

"의에 주리고 목마른 자는 복이 있나니 저희가 배부를 것임이요" (마 5:6)

믿음의 네번째 단계는 바로 '의에 주리고 목이 마르게 됨'입니다.

이렇게 한 줌의 흙인 당신의 삶이, 그 기업이 회복되어 온유하게 되면 "하나님이 나를 창조하신 이유가 이거구나. 삶이 참 아름다운 거야. 하나님이 함께하시니 살 만해. 완전하다 하신 하나님을 이젠 더 알고 싶다!" 라며 점점 의에 주리고 목이 마르게 되는 것을 말합니다.

의에 주린다는 것은 "어떻게 하면 예수님이 원하시는 삶을 살까? 어떻게 하면 하나님의 약속을 경험할 수 있을까?" 하고 하나님의 진리,

그 생명수에 더욱 더 목이 마르게 되는 것입니다.

이제 실제로 하나님을 느끼고 경험하며, 알아가고 하나님의 약속들을 알면 더 목이 마르고, 또 하나님의 약속을 더 경험하고 싶어 하며 하나님의 약속을 갈망하여 결국에는 배가 부르게 됩니다. 왜냐하면 하나님이 당신에게 약속을 정확하게 지키시고 인도하시기 때문입니다. 하나님의 약속을 경험하려면 하나님의 진리에 목이 말라야 합니다. 하나님의 약속에 주린 자처럼 하나님의 말씀에 배고픈 자가 되기를 예수님의 이름으로 축복합니다.

예수님은 성령이 있는 자만 이해할 수 있는 이야기를 하고 계시는 겁니다. 사람들이 이 산상수훈 이야기를 들었을 때, 다들 이해를 못했을 그들에게 나중에 성령이 오셨을 때만 이해할 수 있는 이야기를 예수님은 믿음으로 하셨던 것입니다. 이것은 "우물가의 여인"이라 불리는 한 사람의 영혼을 찾아 나섰던, 하나님의 의를 진정으로 목마른 자에게 주신 예수님의 행함과 말씀 속에도 분명히 볼 수 있습니다.

예수님께서, "내게는 너희가 알지 못하는 먹을 양식이 있느니라"라고 말씀하셨을 때, 예수님의 제자들은 서로 수군거리며 "누가 잡수실 것을 갖다드렸는가?"라고 하며 혼란스러워합니다(요 4:32-33). 그때 예수님께서 말씀 하시기를 "나의 양식은 나를 보내신 이의 뜻을 행하며 그의 일을 온전히 이루는 이것이니라"(요 4:34)라고 말씀하셨습니다. 그렇습니다.

예수님께서 설명해 주신 것처럼, 의에 주리고 목이 마르다는 것은 의의 중심되신 근본이신 하나님이 원하시는 대로 행동하고 결정하고 나가는 것이며, 주리고 목마른 자처럼 즉시 순종하는 것이요, 그들이 배부를 것이라는 것은 그 순종들의 결과로 하나님의 동참하심을 경험하게 된다는 사실입니다. 항상 구하는 것보다 더 주시는 하나님의 풍성함으로 "배가 부르다"라고 설명할 수밖에 없을 정도로 말입니다. 제발! 배불리 사십시오!

믿음의 다섯 번째 단계, 긍휼히 여기는 자

"긍휼히 여기는 자는 복이 있나니 그들이 긍휼히 여김을 받을 것임이요"
(마 5:7)

믿음의 다섯 번째의 단계는 '긍휼히 여기는 자'의 모습입니다.

하나님의 약속을 경험하고 배가 부르면 이제는 하나님 사랑과 이웃 사랑을 삶으로 실천하기 시작합니다. 나만 알고 나의 필요만 알던 사람들이 자기 자신의 땅이 회복되면 하나님이 나만 사랑하는 것을 원하시는 것이 아니라 이웃을 사랑하기를 원하신다는 것을 알고 내가 용서받은 것처럼 다른 영혼도 용서받기를 원하는, 긍휼히 여기는 마음이 생기는 것입니다.

지금 나는 다른 영혼도 긍휼히 여김을 받고 거저 용서받을 수 있는 것을 알고 "저 사람도 하나님을 믿었으면 좋겠다"는 생각을 합니까? 내가 만일 이 단계에 오지 않았다면 어쩌면 아직 내 땅이 회복되지 않았을 수도 있습니다. 땅이 회복 되지 않은 사람한테 다른 사람을 긍휼히 여기라고 해 보십시오. 여유가 없습니다. 그래서 나 자신을 알아가는 과정에 열매를 점검하는 것이 매우 중요합니다.

누구든지 하나님이 선물로 주신 믿음의 단계를 뛰어넘고 그 사람이 할 수 없는 것을 하라고 하면 못합니다. 왜냐하면 이 모든 것은 하나님의 영, 성령님을 통해야만 할 수 있는 것이기 때문입니다. 스스로는 할 수 없습니다. 불가능합니다. 교회로 인도할 수는 있지만 다른 영혼을 진정으로 자유롭게 할 수는 없습니다.

회복되지 않은 사람에게 전도하라고 하면 잘 못합니다. 그러나 본인이 상처가 아직 많은데도 회복되어 가고 있는 여정에 있는 사람이라면 다른 사람을 돌보는 경우가 또 많습니다. 그 이유는 동병상련의 마음을 하나님께서 허락하셨기에 그런 것입니다. 하나님께서는 자주 온전한 사람이 부족한 사람을 도와주기보다는 부족한 사람이 부족한 사람을 도와주게도 하십니다. 참 아름다운 일입니다. 없는 사람이 없는 사람의 마음을 알고 서로 도와주려고 합니다. 긍휼한 마음이 있기 때문입니다. 하나님을 통해 회복된 사람들은 나도 거져 받았는데 나만 행복한 게 미안해서라도 '저 사람도 행복했으면 좋겠다'는 마음이 생기는 것입니다. '긍휼히 여기는 자'가 '긍휼히 여김을 받는다는 것'은 이웃 사랑을 했더니 그 이웃 사랑을, 하나님께서 하나님 사랑으로 받아들여 주신다는 것입니다. "너희가 하나님을 사랑한다 하며 형제를 사랑하지 않으면 그 어디 너희 안에 하나님의 사랑이 있을까 보냐"라고 말씀하셨습니다. 그렇습니다. 이웃을 긍휼히 여기기 시작하면 하나님께서 나를 긍휼히 여기십니다. 예수님은 이렇게 말씀하셨습니다.

"예수께서 대답하여 이르시되 사람이 나를 사랑하면 내 말을 지키리니 내 아버지께서 그를 사랑하실 것이요 우리가 그에게 가서 거처를 그와 함께 하

리라" (요 14:23)

당신은 이미 이웃 사랑을 하는 사람이니까 이미 이 믿음 위에 서 있는 것입니다.

믿음의 여섯 번째 단계, 마음이 청결한 자

"마음이 청결한 자는 복이 있나니 그들이 하나님을 볼 것임이요" (마 5:8)

믿음의 여섯 번째 단계는 바로 '마음이 청결한 자'가 되는 것입니다.

이제 하나님 사랑 이웃 사랑을 삶으로 적용하며 살게 되면 점점 마음이 청결하게 됩니다. 이것은 하나님의 말씀을 듣고 즉시 순종하는 삶을 살아, 점점 더 정결한 삶을 산다는 이야기입니다. 예수 그리스도의 보혈과 하나님의 사랑이 우리 안에 흐르면 우리는 하나님의 축복의 통로가 되기 시작합니다.

하나님께 쓰임 받는다는 것은 우리가 하나님께 붙어 있다는 것이기도 합니다. 그럴 때 하나님이 보시기에 만약 우리에게 하나님의 보물이라도 필요하다면 즉시 공급이 됩니다. 우리가 하나님의 축복의 통로가 되면 하나님이 우리의 뿌리가 되신 것처럼 모든 필요의 공급이 이루어지기 시작한다는 것입니다.

교회란, 하나님의 생각대로 움직이는 자들과 순종하는 자들, 말씀을 듣고 순종하는 축복의 통로의 삶을 사는 자들입니다. 그런데 어떤 때는 누가 "하나님의 축복의 통로가 되겠습니다" 해서 하나님의 축복이 그 사람을 통해 흘러가려 할 때, 중간에 생각이 바뀌어 그 축복을 본인이 받으려고 통로가 되는 것을 주저하는 사람들이 있습니다. 그러면 그렇게 하는 순간 그들의 뿌리가 하나님과 단절되고 맙니다. 그런 사람들은 거짓 선지자라는 말을 듣기도 하고 결국은 하나님의 축복에서 끊어져 나가기도 합니다.

그러나 그런 자들과는 달리, 항상 우리가 '나보다도 당신이 더 축복받기를 원합니다'라는 마음으로 살면 하나님께서 우리를 우리가 구하는 것 이상으로 더 축복하시지 않겠습니까?

그러한 축복의 흐름 속에 있는 것이 굉장히 중요합니다. 그 상태가마음이 청결한 자가 되는 것입니다. 그렇게 청결하게 되어 예수 그리스도의 보혈의 피로, 하나님의 사랑으로 날마다 씻기고 날마다 즉시순종하면 그들이 하나님을 볼 것입니다.

"어떻게 하면 하나님의 음성을 똑똑히 들을 수 있을까요?"라고 누가 묻는다면, 언제나 양심의 음성을 듣고 결정하고 움직이는지 되묻고 싶습니다. 양심을 따라 살며 그 어느 순간에도 악을 따르기보다 선을 추구하고, 하나님이 보시기에 그릇된 일이 아니라 옳은 일을 추구할 때 하나님의 영의 음성이 우리의 중심에 허락되는 것입니다. 또 차라리 손해를 볼지라도 하나님이 원하시는 깨끗하고 정결한 일을 하려는 마음을 결정한 바로 그 상태, 그런 때가 하나님의 음성을 들을 수 있는 마음 상태가 되는 것입니다. 청결한 마음과 선한 양심과 거짓 없는 믿음으로 하나님을 보게 되는 것입니다. 양심을 따라 결정하면서부터 살아 계신 하나님께 진정으로 순종할 수 있게 되는 것입니다(딤전 1:5).

이렇게 하나님께 더욱 순종하면, 그때부터 하나님께서는 "잘했다"라는 사인을 주시고 확인해 주십니다. 이것을 경험하려면 온전한 순종을 해 봐야 합니다. 순종하지 않는 자식이 어떻게 하나님의 음성을 듣겠습니까? 그렇게 하나님이 보시기에 계속 순종을 하다 보니까 마음이 청결한 상태가 되고 말씀과 순종의 삶을 계속 살다 보니까 "그들이 하나님을 본다"라고 이야기할 수 있는 상태가 된다는 것입니다. 그럴 때에 당신도 "하나님을 본다, 음성을 듣는다, 나는 하나님을 만난다!"라고 할 수 있는 상태가 허락되는 것입니다.

하나님을 아침마다 만난다는 어떤 사람들은 아침마다 하나님께 기도한다는 것이겠지요? 그러나 이것은 아침마다 "달라, 달라, 달라"고 기도하는 것이 아니라 순종하기 위해서, 하나님의 음성을 듣기 위해 기도한다는 것입니다. 그런 사람들은 하나님을 만나게 될 것입니다. 그러나 매일 하나님께 "달라, 달라, 달라"라고만 하는 사람들은 하나님을 만난다고 착각을 하지만 사실은 만나지 못할 수 있습니다.

진정한 기도는 하면 할수록 바뀝니다. 진정한 기도는 "하나님, 뭘 할까요?", "어떻게 할까요?", "지금 할까요?" 하고 묻는 것입니다. 그러면 점점 더 하나님을 경험하게 됩니다. 그래서 더 많이 하나님을 경험하고 싶어서, 더 자주 경험하고 싶어서 "이제는 뭘 할까요?"라고 묻게 되는 것입니다.

"하나님, 뭐든 내가 원하는 대로 해 주세요"에서 "하나님이 원하시는 대로 하겠습니다"라고 바뀌는 것입니다. 그런 믿음 상태에 있기를 예수님의 이름으로 축복합니다.

믿음의 일곱 번째 단계, 화평하게 하는 자

"화평하게 하는 자는 복이 있나니 그들이 하나님의 아들이라 일컬음을 받을 것임이요" (마 5:9)

일곱 번째 믿음의 단계는 '화평하게 하는 자'가 되는 것입니다.

"여호와의 손이 짧아 구원하지 못하심도 아니요 귀가 둔하여 듣지 못하심도 아니라 오직 너희 죄악이 너희와 너희 하나님 사이를 갈라 놓았고 너희 죄가 그의 얼굴을 가리어서 너희에게서 듣지 않으시게 함이니" (사 59:1-2)

하나님의 말씀에 순종하여 그의 음성을 듣게 되고 하나님의 마음을 보게 되면, 하나님께서 가깝게 대화하길 바라시는 자가 되며 자연스레 하나님의 뜻에 예민해지게 됩니다. 그렇게 예민해진 상태에서, 하나님 아버지의 마음이 향하여진 어떤 사람이 하나님을 모르고 죄 안에 거하여 하나님을 등지고 있을 때, 당신은 그를 긍휼이 보고 그 사람에게 하나님의 말씀을 점점 더 전하고 싶어지게 됩니다.

"아니, 그러면 안 됩니다. 하나님이 당신을 사랑하시는데……."

그래서 그와 하나님 사이를 갈라놓는 죄의 벽을 마치 내 죄인 것처럼 짊어지기 시작할 수 있는 것입니다. 상대방의 죄가 내 죄인 것처럼 믿음으로 내 어깨에 짊어지고 그 죄의 멍에를 기도하는 가운데 부숴 버리는 것을 '멍에 꺾기'라고 합니다. 이제야 비로소 기도할 줄 아는 사람이 되는 겁니다. 상대방의 영혼이 내 영혼인 것처럼 무릎 꿇을 줄 알게 되는 겁니다.

"나의 기뻐하는 금식은 흉악의 결박을 풀어주며 멍에의 줄을 끌러 주며 압제당하는 자를 자유하게 하며 모든 멍에를 꺾는 것이 아니겠느냐" (사 58:6)

"하나님, 저 영혼 살려주세요." 저 영혼의 죄가 바로 내가 지은 죄처럼, 어떤 사람들은 그 사람의 아픔을 대신 경험하기도 합니다. 그의 아픔이 자신의 아픔인 것처럼 울부짖기도 합니다. 그래서 결국 하나님께서 그 기도를 들어주시고, 하나님과의 관계를 회복하게 해 주시고 하나님과 그를 화평하게 하는 자의 자리에 앉히시는 것입니다. 그게 그다음의 믿음 단계입니다. 그때에 그들이 하나님의 자녀라 일컬음을 받는 것입니다. 그래서 하나님의 독생자 예수님께서 당신의 죄를 담당하시고 하나님과 당신 사이를 화평하게 하신 것입니다. 예수님을 닮은 모습이 일어나는 것입니다.

이웃의 죄를 내 죄인 것처럼 감당하려는 그런 거룩한 열정을 허락하여 주시고, 그런 마음이 당신 안에 날마다 일어나기를 바랍니다. 천상의 마음이 허락된다는 것이 얼마나 행복한 일인지 모릅니다. 그러면 다른 사람들이 당신을 "하나님의 딸, 하나님의 아들"이라 부르게 될 것입니다. 하나님께서 "내 아들이다! 내 딸이다!" 하고 들어 쓰시고 당신을 자랑스럽게 여기시는 일이 실제적으로 일어나기 시작합니다. 그때에 하나님께서 때에 따라 당신을 높이기도 하시고 기사와 이적을 허락하셔서 하나님의 아름다운 기름 부으심이 당신을 통하여 다른 사람에게도 흘러가는 일이 일어납니다. 천상의 신바람이 나는 것입니다.

믿음의 여덟 번째 단계, 의를 위해 박해 받는 자

"의를 위하여 박해를 받은 자는 복이 있나니 천국이 그들의 것임이라" (마 5:10)

여덟 번째 믿음의 단계는, 우리 대신 죽어 주신 예수 그리스도를 위하여 핍박을 받을 수도 있는 믿음의 단계입니다. 당신이 당신의 자존심보다 하나님의 자존심에 더 관심이 있는 삶을 살게 되는 것입니다. 당신의 안녕보다는 하나님 나라의 부흥에 더 관심을 가지게 됩니다. 그러면 하나님의 거룩한 부흥의 열정이 불일듯 타오르게 됩니다.

물론 일부러 박해를 찾아다니지는 않습니다. (오해는 마십시오.)

"어디 박해받을 만한 데 없나⋯⋯?"라는 괴상한 믿음은 아닙니다. 그런 것이 아니라, 하나님의 나라와 그의 의를 위하여 박해를 받아도 두려워하거나 피하지 않는다는 것입니다. 그런 사람들을 보고 뭐라고 했습니까? "천국이 그들의 것임이라"라고 했습니다. 당신이 하나님의 뜻대로 구하는 모든 것이 다 이루어진다는 것입니다. 이 믿음의 약속에 따라, 당신의 옆구리에 천국의 열쇠 꾸러미가 채워져 있다고 선포합니다. 죽은 자를 일으켜 세우기도 하시고, 구하는 대로 모든 하나님의 것을 당신의 것인 양 쓰게도 하십니다. 그 일이 일어나기를 예수님의 이름으로 축복합니다.

아, 얼마나 좋습니까? 천국이 당신 것인 양!

믿음의 아홉 번째 단계, 선지자의 믿음

"나로 말미암아 너희를 욕하고 박해하고 거짓으로 너희를 거슬러 모든 악한 말을 할 때에는 너희에게 복이 있나니 기뻐하고 즐거워하라 하늘에서 너희의 상이 큼이라 너희 전에 있던 선지자들도 이같이 박해하였느니라" (마 5:11-12)

아홉 번째처럼 보이는, 더 나아가는 믿음의 단계에 대해 설명하십니다.

무슨 믿음입니까? 그렇습니다. 이제 선지자의 믿음을 허락하십니다. 선지자의 믿음은 어떤 상황에 처해 있든지, 그 어느 누구 앞에 있든지 상관없이 하나님의 뜻을 하나님의 방법으로 담대히 선포하는 믿음입니다. 개인의 이득이나 손해, 때론 미련스럽게 보이거나 자존심이 상하게 되는 그 어떤 순간도 아랑곳 않고 하나님의 뜻대로 살고 또 전하는 것만이 삶의 목적인 믿음이 선지자의 믿음입니다.

이때 주의할 점은 생명을 걸고 하나님의 뜻 외에, 본인의 생각이나 감정으로 더하거나 빼지 말고 하나님의 의도를 있는 그대로 전해야 한다는 것입니다.

선지자의 믿음을 가진 자에게는 모든 성품을 다하여 예수님을 전하며 하나님 사랑, 이웃 사랑을 하다가도 황당하게도 욕먹고 박해당하고 말도 안 되는 거짓말로 공격당하는 일들도 때론 경험하게 됩니다. 그러나 그때 그 선지자의 영들은 어둠의 영들에게 소문이 나기 시작합니다.

그렇습니다. 당신이 이 믿음의 단계에 오면 악의 영들은 이제 당신이 누구인지 알게 됩니다. 당신이 도시에 들어가면 도시에 있는 악의 영들이 긴장하고, 당신이 어느 나라에 잠깐 가면 그쪽에 비상이 걸립니다. 당신이 하나님의 명을 따라 이 나라 저 나라에 다니면 그 나라의 악의 영들이 문단속을 하기 시작합니다. 왜냐하면 당신이 하나님의 나라에서 선지자의 삶을 살기 때문입니다.

그런데 이 모든 믿음의 단계들이 한꺼번에 이루어질 수 있는 놀라운 기적이 있습니다. 그것은 바로 하나님의 영, 성령에 관한 것입니다. 누구든지 자기의 죄를 회개하고 자기의 모든 죄가 하나님의 단 하나밖에 없는 아들, 예수님을 죽였다는 것을 생각하고 마음을 돌이키면 누구나 구할 수 있는 하나님의 성령으로 인해 단번에 이 일들이 이루어질 수도 있다는 믿을 수 없는 놀라운 사실입니다.

예수님께서 "구하라!" 하신 성령이 당신 안에 들어오시면 당신이 바로 왕 같은 제사장이요, 선지자가 되는 것입니다. 그 이유는 예수님께서 십자가에서 죽으심으로 단번에 그의 피로 모든 죄의 벽들을 무너뜨리시고 구원의 능력을 완성하셨기 때문입니다.

그래서 이 믿음의 모든 단계들이 날마다 성령을 모셔 들이고 성령 충만한 삶을 살게 되면 성령님께서 저절로 일어나게 하시는 일이 되는 것입니다. 그러니 이제는 거짓된 우리 자신의 욕심에 물들은 '거짓된 복의 짐들'을 다 벗어버리고 더욱더 성령 충만하여 진정한 축복을 듬뿍 받는 삶이 되기를 예수님의 이름으로 축복합니다.

> "너희는 세상의 소금이니 소금이 만일 그 맛을 잃으면 무엇으로 짜게 하리요 후에는 아무 쓸 데 없어 다만 밖에 버려져 사람에게 밟힐 뿐이니라" (마 5:13)

이 말씀은 예수님께서 우리의 믿음을 바라보면서 "내가 너희에게 말한 열매가 있나 없나 점검해 봐라. 만일 그 열매가 없으면 너희는 맛을 잃어버린 소금이다"라고 말씀하시는 것입니다. 우리가 세상의 소금이라는 것은 세상에 썩어가는 것들이 우리 때문에 더 이상 썩지 않도록 하는 것이며 맛이 없는 세상을 맛깔나는 세상으로, 재미없는 삶을 하나님의 백성을 통하여 천상의 하나님의 재미가 이 땅 위에 넘치는 삶이 되도록 하는 것입니다. 만일 이 일이 일어나지 않는다면 내가 아직 그러한 믿음의 복이 없기 때문이라고 말씀하시는 것입니다.

예수님이 기도를 가르쳐 달라고 하는 제자들에게, "하늘에 계신 우리 아버지여" 하고 기도를 시작하신 이유는 먼저 우리가 하나님의 자식이 되지 않으면 기도를 시작할 수도 없기 때문입니다. 즉, 이 말씀은 하나님의 성령이 우리 안에 들어오셔야 양자의 영을 받고 비로소 아빠, 아버지라 부르짖을 수 있다는 것입니다. 이 일은 바로 당신이 오로지 성령 충만함을 받기를 바라시는, 오늘의 예수님의 간곡한 부르짖음입니다. 예수님이 당신에게 오늘 일어나게 될 일, 성령을 구하는 이 일을 분명히 아시기 때문에 십자가의 죽음을 이야기하시면서 "내가 그를 너희에게로 보내리니……보혜사 곧 아버지께서 내 이름으로 보내실 성령 그가 너희에게 모든 것을 가르치고 내가 너희에게 말한 모든 것을 생각나게 하리라"(요 16:7; 요 14:26)라고 하신 것입니다.

또 "내가 율법이나 선지자를 폐하러 온 줄로 생각하지 말라 폐하러 온 것이 아니요 완전하게 하려 함이라"(마 5:17)는 말씀을 주시며 율법, 즉 하나님의 약속을 완전하게 하시려고 우리에게 성령을 부어 주셔서 우리가 선지자보다 더 뛰어난 예수님의 믿음의 단계에 있을 수 있게 그의 영, 성령으로 우리를 채우시겠다는 엄청난 말씀입니다. 그래서 당신이 완전한 선지자의 삶을 살게 하시려고 아무것도 스스로 할 수 없는 당신을 위하여 그가 대신 죽으신 것입니다.

"내가 지은 모든 죄, 기억나는 죄, 기억나지 않는 죄들을 예수님의 이름으로 회개합니다. 성령님, 내 안에 오시옵소서"하면 하나님이 약속을 지키시고 그 약속된 복들을 행복하게 경험하게 하실 겁니다. 나아가서 우리가 오늘 나눈 믿음의 단계를 행하며 가르치면 하나님께서 약속하신 성령 충만과 선지자의 영을 허락하시고, 우리의 열매를 점검하는 가운데 하나님께서 천국에서 소문난 자가 되게 하실 것이라고 믿음으로 선포합니다. 그래서 당신이 사람들에게 소문이 나기보다 천사들에게, 하나님의 영들에게 더 소문이 나기를 진정으로 바랍니다.

지금 하나님의 말씀을 보고 당신의 믿음을 확인하고 "하나님 나에게 더 큰 복을 주시옵소서! 천국의 복, 하나님을 사랑하는 자의 복, 하나님께 알려진 자의 복, 하나님을 경험하는 자의 복을 누리게 하여 주시옵소서!"라고 기도하는 당신이 되기를 예수님의 이름으로 축복합니다.

12

나눔의 삶, 예수님의 삶과 성품을 나누는 것

'나눔의 삶'은 하나님을 믿는다고 말하는 사람은 누구나 반드시 행동과 실천으로 옮겨야 할 사명이자 권리이며, 본인과 이웃들을 향한 축복의 모습입니다. 진정으로 하나님의 뜻대로 나누는 삶을 살 때 하나님의 축복과 능력이 임합니다. '믿는 자'라 하면서도 하나님의 뜻대로 나누는 삶을 살지 않는다면 '믿지 않는 자'와 같습니다. 하나님을 사랑하는 사람은 자연스럽게 이웃을 사랑하는 마음이 생기고 이웃에 대한 긍휼한 마음을 가지게 되며, 이웃에 대한 실질적이고 온전한 선함이 일어납니다. 하나님을 사랑한다 하면서, 절대로 이웃에 대한 관심이 없고 도리어 믿는다 하면서 먼저 하나님께서 '나'를 축복하시고 나면 그 다음에 남은 걸로 이웃 사랑을 하겠다는 사람은 하나님을 사랑하는 자가 아닙니다. 어쩌면 하나님의 것이나 하나님으로부터 받을 수 있는 것에 대한 연모로 하나님을 사랑한다고 스스로를 속여, 결국은 그의 마음의 불경한 상태를 안은 채로 마침내는 하나님의 선하신 능력을 경험하지 못할 것입니다. 왜냐하면 진정한 하나님 사랑은 곧 이웃 사랑으로 연결되기 때문입니다. 모든 진정한 하늘에서부터 허락된 역사하는 믿음은 하나님께서 직접 주셔야 하는 것이며, 하나님이 주시는 믿음은 반드시 그에 따른 열매가 있습니다. 그 열매가 바로 '이웃 사랑'이라는 '나눔'입니다.

하나님의 뜻과 성품이 결여된 나눔

하나님을 믿는다 하고 사랑한다 하면서 여호와의 이름을 들먹거리지만 그릇되이 하나님께 경배를 드렸던 자들에게 하나님께서는 이사야 65장 11-12절에서 이렇게 말씀하십니다.

> "오직 나 여호와를 버리며 나의 성산을 잊고 갓에게 상을 베풀어 놓으며 므니에게 섞은 술을 가득히 붓는 너희여 내가 너희를 칼에 붙일 것인즉 다 구푸리고 살륙을 당하리니 이는 내가 불러도 너희가 대답지 아니하며 내가 말하여도 듣지 아니하고 나의 눈에 악을 행하였으며 나의 즐겨하지 아니하는 일을 택하였음이니라" (사 65:11-12)

이 말씀을 보니 하나님을 믿는 백성들이라 하며 하나님께서 왔다하지만, 실은 하나님께서 보시기에는 '갓'이라는 신에게 갔다고 말씀하십니다. '갓'이란 NIV성경을 보면 FORTUNE, 즉 '복'이라는 우상의 이름으로 나타납니다. 이 말은 하나님의 마음에는 관심이 없고 단지 복을 받기만을 바랐다는 것입니다. 그래서 그들은 하나님이 보시기에 그 '복이라 불리는 신'에게 상을 차려 주고 자기가 먹고 누리고 갖고 싶은 것들을 올려 놓고 그것들을 더 받으려는 의도 밖에(일종의 투자나 투기)

없었던 모습들을 말씀 안에서 보여 주고 계신 것입니다. 그다음 장면은 더 가관입니다. '므니'라는 신에게 "섞은 술을 가득히 붓는 너희여"라고 말씀하시는데 여기서 '므니'는 NIV성경을 보면 바로 DESTINY라는 '운명'의 신이라 불리는 우상입니다. 말씀 그대로 그들은 그저 자신들의 운명을 바꾸고 싶은 것 밖에는 없다는 것입니다. 지옥에 갈 운명들은 단지 그 운명을 벗어나서 하나님의 천국으로 갈 운명으로 바뀌고 싶을뿐 또 다른, 멸망하게 될 운명이나 가난한 운명들은 그런 운명들에서 벗어나고 싶을뿐 하나님의 마음과 사랑, 공의와 정의 등에 관하여는 전혀 관심조차 없었다는 것입니다. 그래서 그들은 그들을 취하게 하고 또 그들이 취하고 싶은만큼 마음대로, 특주같은 술들을 혼합주로 섞어 가득히 부어대며 하나님을 찾으니, 도리어 하나님께서 그들을 경멸하셨던 것입니다.

다시 한번 우리 모두 다 자세히 살펴봐야만 합니다. 과연 내가 믿는다고 하면서 내 삶에 하나님의 성품대로, 예수 그리스도의 삶에서 나타난 살과 피를 나누려는 나눔의 삶의 모습이 나타나고 있는지를 말입니다.

별로 나눌 것이 없다고요? 아닙니다. 누구든지 하나님의 형상으로 창조된 사람은 처음부터 나눌 수 있는 것들이 많습니다. 예를 들면, 이웃의 목소리를 들어주는 것도 내 귀를 나누어 주는 나눔입니다. 이웃에게 내 마음을 쓰는 것도 나눔이며, 슬픈 사람이랑 같이 울 수 있는 것도 이웃의 슬픔을 덜어주는 나눔이고, 이웃의 기쁜 일을 같이 기뻐해 주는 것도 기본적인 나눔입니다. 진정으로 하나님이 기뻐하시는 '나눔의 삶'이 회복되기를 예수님의 이름으로 축복합니다.

하나님 사랑, 이웃 사랑이 모든 율법(하나님께서 의도하신 삶)의 요약이라면, '나눔의 삶'은 하나님의 모든 축복을 전부 다 나열한 후에 그 말씀의 핵심을 설명할 수 있는 한 단어일 수도 있습니다. 따라서 '나눔의 삶'을 살지 않는다면 하나님의 축복을 모르는 삶을 살고 있는 것입니다.

물론 하나님께서 인도하시는 성품과 삶이 아닌, 그저 '나눈다'는 것이 항상 좋은 것들이 아닌 것은 분명합니다. 만약 나누는 것에 저주의 모습이나 악의 형상이 섞여 있다면 '나누는 것'보다 더 악한 일은 없습니다. 평상시 욕을 많이 하는 어떤 사람은 그 이웃에게 그의 욕하는 소리를 '나누는' 악을 행하는 것입니다. 매일 근심과 걱정에 쌓인 누군가가 그 주위 사람에게 그의 근심과 걱정을 항상 덜어 준다면 그 또한 저주의 나눔이겠지요. 또 때론 좋은 뜻으로 나누어 준다는 많은 것들도 겉으로는 좋게 보여도 하나님의 뜻과 성품이 결여되면, 도리어 사탄의 악한 계교에 빠질 수 있는 위험들도 다분히 있는 것이 사실입니다.

그렇기에 우리 하나님의 사람들이 진정으로 나누어야 하는 것은 반드시 아름다운 나눔의 근본이신 하나님으로만 비롯되어야만 합니다. "하나님은 사랑이시다"라고 삶으로 고백할 수 있는 자들이 하나님의 뜻을 구하고 그를 닮아가며 하나님의 사랑을 나눌 수 있을 때, 그때야 비로소 '선한 나눔의 삶'이 시작되는 것입니다. 이 '선한 나눔의 삶'의 본이 되어 주시는 분이 바로 예수님이십니다.

예수님이 사셨던 이유와 죽으셔야만 했던 동기

예수님은 요한복음 6장 31절부터 66절까지 본인이 하나님 아버지께서 그의 백성에게 허락하신 '생명의 떡'이라고 말씀하시며, 본인의 삶을 우리에게 나누어 주려 하십니다. 예수님께서 사셨던 이유와 죽으셔야만 했던 동기와 또 영원히 사셔야 할 목적이 바로 '우리'라고 말씀하시는 것입니다.

당신이 오직 하나님의 영광을 위하여 예수님께서 사시고, 죽으시고, 부활하신 목적입니까? 그렇기를 바랍니다. 믿고 바란다면 한 번 같이 선포해 보십시오.

"

'오직 하나님의 영광을 위하여 내가 바로 예수님께서 살으시고, 죽으시고, 부활하신 목적입니다. 내가 바로 예수님께서 이 땅에 오신 이유입니다.'

그런 사람이 되시기를 예수님의 이름으로 축복합니다. 당신의 이웃에게도 이 축복을 선포할 수 있는 사람이 되어야 합니다. 그럴 때 비로서 하나님의 것, 예수님의 것을 나눌 수 있는 삶이 시작됩니다.

본인의 살을 먹고 피를 마셔야 산다고 외치시는 예수님의 외마디 소리가 십자가 위에서 우리의 귀까지 메아리 치고 "다 이루었다"는 부르짖음으로 우리의 영혼에 선명하게 새겨지기까지 예수님께서는 그 자신의 생명을 아낌없이 나누어 주셨습니다.

이것이 바로 진정한 '나눔의 삶' 입니다. 우리의 살아 계신 하나님의 진정한, 우리를 위한 '나눔의 삶'입니다.

"기록된 바 하늘에서 그들에게 떡을 주어 먹게 하였다 함과 같이 우리 조상들은 광야에서 만나를 먹었나이다 예수께서 이르시되 내가 진실로 진실로 너희에게 이르노니 모세가 너희에게 하늘로부터 떡을 준 것이 아니라 내 아버지께서 너희에게 하늘로부터 참 떡을 주시나니 하나님의 떡은 하늘에서 내려 세상에 생명을 주는 것이니라 그들이 이르되 주여 이 떡을 항상 우리에게 주소서 예수께서 이르시되 나는 생명의 떡이니 내게 오는 자는 결코 주리지 아니할 터이요 나를 믿는 자는 영원히 목마르지 아니하리라 그러나 내가 너희에게 이르기를 너희는 나를 보고도 믿지 아니하는도다 하였느니라 아버지께서 내게 주시는 자는 다 내게로 올 것이요 내게 오는 자는 내가 결코 내쫓지 아니하리라 내가 하늘에서 내려온 것은 내 뜻을 행하려 함이 아니요 나를 보내신 이의 뜻을 행하려 함이니라 나를 보내신 이의 뜻은 내게 주신 자 중에 내가 하나도 잃어버리지 아니하고 마지막 날에 다시 살리는 이것이니라 내 아버지의 뜻은 아들을 보고 믿는 자마다 영생을 얻는 이것이니 마지막 날에 내가 이를 다시 살리리라 하시니라 자기가 하늘에서 내려온 떡이라 하시므로 유대인들이 예수에 대하여 수군거려 이르되 이는 요셉의 아들 예수가 아니냐 그 부모를 우리가 아는데 자기가 지금 어찌하여 하늘에서 내려왔다 하느냐 예수께서 대답하여 이르시되 너희는 서로 수군거리지 말라 나를 보내신 아버지께서 이끌지 아니하시면 아무도 내게 올 수 없으니 오는 그를 내가 마지막 날에 다시 살리리라 선지자의 글에 그들이 다 하나님의 가르치심을 받으리라 기록되었은즉 아버지께 듣고 배운 사람마다 내게로 오느니라 이는 아버지를 본 자가 있다는 것이 아니니라 오직 하나님에게서 온 자만 아버지를 보았느니라" (요 6:31-46)

예수님께서는 "너희가 내 앞에 오고, 나를 만나게 되고, 나를 경험할 수 있는 단 하나의 방법은 나의 계획도 아니고, 오직 하나님 아버지의 뜻이다"라고 말씀하시는 것입니다. 오늘 당신이 이 자리에서 이 글을 접하는 것도 하나님 아버지의 뜻이라고 믿습니다. 당신은 생명의 떡을 먹는 자로서 날마다 생명의 떡을 취할 자로서 또 다른 사람에게 하나님의 생명의 떡을 나누어 줄 자라고 믿음으로 선포합니다. 당신은 그 어느 누구보다 더 하나님의 기적을 경험할 사람이며, 하나님의 능력을 취할 사람이며, 하나님의 축복을 나누어 주는 축복의 통로임을 예수님의 이름으로 소망합니다. 그렇습니다.

"진실로 진실로 너희에게 이르노니 믿는 자는 영생을 가졌나니 내가 곧 생명의 떡이니라 너희 조상들은 광야에서 만나를 먹었어도 죽었거니와 이는 하늘에서 내려오는 떡이니 사람으로 하여금 먹고 죽지 아니하게 하는 것이니라 나는 하늘에서 내려온 살아 있는 떡이니 사람이 이 떡을 먹으면 영생하리라 내가 줄 떡은 곧 세상의 생명을 위한 내 살이니라 하시니 그러므로 유대인들이 서로 다투어 이르되 이 사람이 어찌 능히 자기 살을 우리에게 주어 먹게 하겠느냐 예수께서 이르시되 내가 진실로 진실로 너희에게 이르노니 인자의 살을 먹지 아니하고 인자의 피를 마시지 아니하면 너희 속에 생명이 없느니라 내 살을 먹고 내 피를 마시는 자는 영생을 가졌고 마지막 날에 내가 그를 다시 살리리니 내 살은 참된 양식이요 내 피는 참된 음료로다 내 살을 먹고 내 피를 마시는 자는 내 안에 거하고 나도 그의 안에 거하나니 살아 계신 아버지께서 나를 보내시매 내가 아버지로 말미암아 사는 것 같이 나를 먹는 그 사람도 나로 말미암아 살리라 이것은 하늘에서 내려온 떡이니 조상들이 먹고도 죽은 그것과 같지 아니하여 이 떡을 먹는 자는 영원히 살리라 이 말씀은 예수께서 가버나움 회당에서 가르치실 때에 하셨느니라 제자 중 여럿이 듣고 말하되 이 말씀은 어렵도다 누가 들을 수 있느냐 한대 예수께서 스스로 제자들이 이 말씀에 대하여 수군거리는 줄 아시고 이르시되 이 말이 너희에게 걸림이 되느냐 그러면 너희는 인자가 이전에 있던 곳으로 올라가는 것을 본다면 어떻게 하겠느냐 살리는 것은 영이니 육은 무익하니라 내가 너희에게 이른 말은 영이요 생명이라 그러나 너희 중에 믿지 아니하는 자들이 있느니라 하시니 이는 예수께서 믿지 아니하는 자들이 누구며 자기를 팔 자가 누구인지 처음부터 아심이러라 또 이르시되 그러므로 전에 너희에게 말하기를 내 아버지께서 오게 하여 주지 아니하시면 누구든지 내게 올 수 없다 하였노라 하시니라 그 때부터 그의 제자 중에서 많은 사람이 떠나가고 다시 그와 함께 다니지 아니하더라"(요 6:46-66)

예수님이 '내 살을 먹으라', 또 '내 피를 마시라'고 하신 것은 예수님께서 하늘에서 이 땅에 내려오시고 사셨던 이유가 바로 이 글을 대하는 바로 당신이며, 예수님께서 죽으시고 부활하신 이유도 바로 우리가 그리스도의 자신이 되라고, 그의 몸이 되라고 하시는 것입니다. 그의 살았던 이유와 죽으시고 부활하신 이유가 되는 삶이 바로 그의 살을 먹고 피를 마시는 삶인 것입니다. 하나님의 말씀이 이 땅에 육신으로 오셔서 그냥 그의 말씀을 경청하는 삶만이 아닌 그의 살을 먹고 그의 피를 마셔 즉, 말씀을 먹고 말씀을 마시어 말씀이 되는 삶! 말씀을 듣는 자를 넘어 말씀이 되어 버리는 삶!

그의 뜻대로 살고, 그의 뜻대로 죽고자 하는 자는 영생을 살 것입니다. 그의 뜻대로 이 세상을 사는 자는 이 세상에서 예수님의 능력을 누릴 것이요, 죽기까지 이 세상에서 벌써 본인을 죽은 것으로 여기고 하나님께서 원하시는 대로 결정하고 나가는 자는 기사와 이적을 경험하게 될 것입니다. 예수님의 말씀대로 과연 그의 살을 먹고 마시는지 분별하는 당신이 되기를 예수님의 이름으로 축복합니다.

우리가 예수 그리스도를 먹고 마시어, 그가 살았던 이유와 죽으시고 부활하신 이유가 되어 이젠 우리도 우리 안에 하나님의 성령으로 인해 예수님의 살과 피를 나누는 자들이 되어야만 합니다. 이것만이 진정한 '나눔의 삶'입니다. 전도와 선교도 마찬가지입니다.

예수님을 나누는 것이 바로
전도이며, 선교입니다

자기가 다니는 교회나 단체만을 전하는 것은 전도도 아니고 선교도 아닙니다. 하나님을 전하고 예수님을 같이 나누는 것이 바로 전도이며, 선교입니다. 진정으로 당신에게 가장 귀한 것을 나누는 것이 믿음의 삶이며, 당신이 거저 받은 하나님의 사랑, 은혜, 용서를 나누는 것이 진정한 나눔입니다. 그래서 많이 용서받은 자는 많이 용서한다고 하였고, 마찬가지로 은혜를 많이 받은 자는 많은 은혜를 끼치며 많이 사랑을 받은 자는 많이 사랑하는 것입니다. 그런데 '주님 사랑합니다' 라고 하면서, 많은 은혜를 받았다고 하면서 다른 사람에게 은혜를 끼치지 않고, 다른 사람에게 사랑을 나누어 주지 않고, 다른 사람을 용서하지 않는 사람은 용서받지 않은 사람입니다. 사랑을 받지 않은 사람입니다. 은혜와는 상관이 없는 사람입니다. 사랑을 받고 싶어 하겠지요. 축복을 받고 싶어서 하는 말이며 하나님을 속이려고 하는 것일뿐 진정으로 믿지 않는 자입니다. 그래서 우리의 나눔 가운데 하나님의 마음과 그리스도의 성품이 있는지 살펴보아야만 합니다.

진정으로 축복을 누리려면 예수님과 닮은 모습이 있어야 합니다. 우리 안에 예수님을 믿는 믿음이 있다는 것은 예수님의 성품이 있다는 것입니다. 예수님을 나누기 시작한다는 것은 예수님의 성품을 나누기 시작한다는 것입니다. 예수님을 나눈다는 것은 사랑하는 것이고 용서하는 것이며, 은혜를 나누는 것입니다. 당신이 하나님께 거저 받았다고 하는 축복을 나누기 시작하는 삶이 축복의 시작입니다.

내가 나누어 주는 사람에게 축복이지 그게 왜 나에게 축복이 되냐고요? "예수께서 친히 말씀하신 바 "주는 것이 받는 것보다 복이 있다"(행 20:35)고 하셨습니다. 사탄이 오랫동안 믿는 자들을 속여 왔던 방법 중 하나가 내가 축복을 먼저 받은 다음에야 나눌 수 있다고 생각하게 해 왔던 것입니다. 그러나 진리는 이것이니 하나님을 아버지라 믿는 우리는 벌써 예수 그리스도와 함께 축복을 온전히 다 받았으며, 자신의 전부를 오늘이 마지막 날인 것처럼 나누려 하는 자들을 하나님께서는 그들의 중심을 보시고 성경 속의 모든 약속 가운데 축복들을 허락하사 하늘의 거대한 축복의 통로가 되게 하신다는 사실입니다. 축복을 구하지 말고 믿음으로 현재 지닌 모든 것을 감사함으로 나누십시오.

기억합니까? 오병이어의 기적은 나누기 시작할 때 일어났습니다. 진정으로 나눔의 축복을 통한 하나님의 약속과 능력을 경험하기를 원한다면, 지금 아무것도 없다고 생각될지라도 믿음으로 나누기 시작해 보십시오. 그리하면 하나님께서 기적을 경험하게 하실 것입니다.

예수님께서 작은 어린아이의 한끼 식사였던 '오병이어'를 들어 축사하시고 제자들에게 주시며 오천이 넘는 자들을 향하여 '나누어 주라'고 하셨습니다(마 14:17-21; 막 6:34-44; 요 6:5-14; 누 9:11-17). 제자들이 예수님의 축복 기도 후 예수님으로부터 오병이어를 받아들었을 때, 떡 다섯 개와 물고기 두 마리 그대로인 상태였습니다. 기도 후 갑자기 확 늘어난 것도 아니었습니다. 만일 제자들이 본인들 눈에 보기에 오병이어가 늘어나지 않아서 나누어 주지 않았다면 예수님께서 아무리 축사를 하셨어도 오병이어의 기적은 일어나지 않았을 것입니다. 예수님께서 나누어 주라고 하시니 믿기 힘들지만 그가 하라시는 대로 나누어 주었을 때 기적이 일어났던 것처럼, 예수님이 그러라고 하시면 이해가 안 돼도 하기 시작하는, '하늘의 지혜'를 가진 자들이 되기를 예수님의 이름으로 축복합니다. 우리의 능력과 계산과 잔머리로는 하늘에 속한 신령한 그 어떤 축복도 누릴 수 없습니다.

용서라는 '긍휼의 나눔'도 마찬가지입니다. 어떨 때는 도저히 용서하기 싫은데, 하나님께서 "내가 너를 용서한 것 같이 너도 용서하라"라고 하실 때가 있습니다. '하나님, 나 용서하기 싫은데, 내게 용서할 수 있는 마음이 일어날 때까지 기다려 주세요' 하지 말고, '하나님, 나 용서하기 싫지만 하나님께서 그러라고 하시니, 용서할게요'라고 할 때, 하나님께서 그것을 겨자씨만 한 믿음으로 받아들여 주시고, 실질적으로 용서할 수 있도록 하셔서 그에 따른 기사와 이적을 보여 주십니다. 누구라도 하나님께서 용서하지 않으셨으면 우리 중에 살아남을 사람이 하나도 없는 것 아니겠습니까?

"의인은 없나니 하나도 없으며" (롬 3:10)

하나님의 축복을 누리기 위해서는 일단 우리의 것을 나누는 자가 되기를 바랍니다. 나눌 것이 없다고요? 마음을 나누기를 바랍니다. 생각을 나누고, 칭찬을 나누고, 한 번 더 고맙다고 하고, 한 번 더 등을 두드려 주십시오.

하나님의 형상으로 창조된 우리 안에는 제아무리 어떠한 절망스런 환경 가운데에서도 나누어 줄 수 있는 것이 있습니다. 하나님이 우리를 그렇게 창조하셨습니다. 나눌 것이 없다고 하는 자는 하나님을 모르는 자입니다. 우리의 마지막 숨 한 오라기만 남았더라도, 우리의 남은 그 숨 한 오라기를 나눌 수 있도록 하나님께서 우리 안에 창조하신 축복의 창문을 여는 우리 모두가 되기를 예수님의 이름으로 축복합니다.

하나님께서 당신을 그렇게 창조하셨습니다

너무 오랫동안 열어보지 않아서 곰팡이가 끼고 이끼가 끼었을지 몰라도, 이제 믿음으로 그 창을 여는 사람이 되기를 바랍니다. 하나님께서는 그 창을 억지로 열지 않으십니다. 당신이 직접 자원하여 하나님이 당신 안에 창조하신 그 창문을 열기를 바라십니다. 이것은 우리가해야 할 일입니다. 하나님께서는 그것을 기다리고 계십니다. 그래서 하나님께서 미리 우리 안에 창조하시고 준비해 놓으신 '하늘로부터 공급될 나눔의 문'은, '자원하여' 하나님을 찾는 심정인 그 선함으로 우리 안에서 믿음으로 나누려는 결정이 시작되는 바로 그 정확한 시점에 열리기 시작합니다.

예수 그리스도의 피가 우리의 마음 안에, 중심 안에 떨어져서 제일 처음 시작되는 일이 양심이 살아나는 일이라고 하셨습니다. 양심은 '선'을 추구하는 것입니다. 당신이 하나님의 축복을 누리기 위해서는 선한 행동들을 시작해야 합니다.

사탄이 하나님의 자녀들을 막는 것이 이것입니다. 행동하지 못하게 합니다. 별 이상한 생각이 다 들게 합니다. 주로 감정으로 공격합니다. 그래서 결국은 결정하지 못하게 합니다. 사탄은 많은 말을 하지 않습니다. 우리의 귀에 대고 '정말?', '에이, 설마', 'Really?'라며 부추깁니다. 그냥 아무 막힘없이 버젓이 자기집처럼 들어오려는 생각들과 감정들을 분별해야만 합니다. 그것들이 어디서부터 비롯되었는지 살펴봐야 합니다.

그러니 이제는 그릇된 감정들에서 비롯된 질문들 속에 파묻혀 있는 늘어진 얇은 귀를 버리고, 믿음을 행동으로 옮기는 사람이 되기를 기도합니다. 오늘이 마지막인 것처럼 행동에 옮기십시오. 내일이 안 올 것처럼 오늘, 지금 즉시 행동에 옮기십시오. 오늘이 이 땅에서 마지막인 것처럼 결정하고 행동하는 당신이 되기를 예수님의 이름으로 축복합니다.

그러기 위해서는 우리 안에 예수 그리스도의 진리의 말씀이 있어야만 합니다. 이 일은 오직 성령 하나님께서 우리 안에 들어오셔야 가능한 일입니다. 다시 말하지만 만약 그 어느 누구도 전도하거나 선교한다면서 예수 그리스도가 아닌 단체나 어느 특정한 부류나 사상이나 사람을 전하려 한다면 그는 바로 적그리스도의 영에게 노출된 위험한 사람인 것을 알고 긍휼히 여겨, 도리어 그를 전도해야 합니다.

사도행전 1장 8절에 예수님께서 "오직 성령이 너희에게 임하시면 너희가 권능을 받고 예루살렘과 온 유대와 사마리아와 땅 끝까지 이르러 내 증인이 되리라 하시니라"라고 하신 말씀은 농담도 거짓말도 아닙니다. 성령이 우리 안에 임하셔야 드디어 나누어 줄 수 있는 권능이 생깁니다.

예수 그리스도의 권능, 하나님의 권능, 성령의 권능으로 예수님을 나누길 기도합니다. 그럴 때 예수 그리스도의 영으로 진정한 영의 양식을 나누며, 하나님 사랑, 이웃 사랑으로 진정한 나눔의 삶을 살 것이라 믿습니다. 하나님께서 허락하신 말씀들을 통해 자유함을 얻고 치유함을 얻은 모든 것들을 '거저 받았으니 거저 주라'(마 10:8)는 말씀에 순종하여 나누기 시작해야 합니다.

예수님을 나눈다는 것은 그의 가르침을, 삶의 방법을 통해 스스로 경험하고 또 이웃들도 경험할 수 있도록 한다는 것입니다. 이렇게 "그리스도의 떡과 잔을 나눔"을 행하려 하면, 감사한 일들이 많이 일어나는데, 그중에 하나가 스스로의 믿음이 '살아 있는 믿음인가?'를 점검하게 된다는 것입니다. 만약 나눈 이후 아무 일도 일어나지 않는다면 거짓 믿음이겠지요? 그러나 '나눔' 이후 하나님의 약속이 일어난다면 살아 있는 믿음이요, 권능을 나누어 주는 자요, 하나님의 약속을 경험하는 자요, 자유함을 받았으니 이제는 자유하게 하는 자라고 믿습니다.

당신을 위해서 하나님께서 미리 준비하신 것을 경험하려면, 믿음의 양심을 따라 한 번도 안 해본 일을 도전하고 한 번도 나누어 보지 않았던, 한 번도 관심을 갖지 않았던 이웃에게 관심을 가지고 나아가십시오. 거룩한 전쟁을 치르는 자처럼 쳐들어가십시오. 예수님을 나누고, 하나님의 권능을 나눌 때, 신나는 일이 일어날 것입니다. 정말 잘 살기를 바랍니다. 제발 떵떵거리고 사십시오. 천국이 내 것인 양, 퍼 주고 퍼 줘도 더욱더 풍성해지는 그런 삶을 사십시오. 그러기 위해서는 속지 않아야 합니다. 나누기 시작해야 합니다. 그러나 나눌 때 본인의 이름으로 나누지 말고 오직 예수님의 이름으로 나누어야 합니다. 본인이 공급자가 아닌 하나님의 것을 나누는 유통자로서의 책임을 분명히 하십시오. 오직 거저 받았으니 거저 주는 마음, 하나님 사랑, 이웃 사랑하는 마음으로 진정한 믿음의 발걸음을 하나씩 떼십시오.

성령 세례를 구하고, 또 다른 사람들도 성령을 구하게 할 때 일어났던 사건들과 간증들을 나누십시오. 종교적인 표현을 하려고 애쓰지 말고, 평범한 단어로 나누려 노력하십시오. 반드시 하나님은 약속을 지키십니다.

'나눔의 삶'에도 열매가 있어야 합니다. 만약 매일 배우는 데만 열심이 있고, 행함이 없어 더 이상 하나님의 약속과 성령의 인도하심을 경험하지 못하고 있는지 제발 점검하십시오. 하나님에 대해서 매일 배워도, 실제로 예수님을 나누지 않으면 아무 축복이 없는 것이 정상이고 또 하나님의 약속입니다.

누가 "믿는다는 자가 전도하면서 예수님을 나누지 않는 사람이 어디 있습니까?"라고 묻는다면, "있습니다"라고 대답하겠습니다. 예수님을 나눈다고 하면서, 예수님을 본인의 이득을 위해 팔아먹으려고 하지 예수님을 거저 나누지 않는 사람들이 많이 있습니다.

선한 일을 할 때, '왼손이 하는 일을 오른손이 모르게 하라' 하신 것은 선한 일을 하는 의도가 나 때문인가, 하나님 때문인가를 정확히 분별하고 훈련시키시기 위한 것입니다. 하나님께서 진정으로 복을 주시려고 복 받는 비결을 알려 주시는 것입니다. 오직 하나님 때문에 선한 일을 하여, 진짜 하나님의 약속을 누릴 수 있도록 힌트를 주시는 것입니다. 진심으로 하라는 것입니다. 우리 다 하늘나라에 갈 때까지 훈련을 해야 합니다. 이 훈련 속에 서로 아름답게 경주하는 자가 되기를 바랍니다. 이것이 하나님께서 그의 백성들에게 허락하신 아름다움입니다. 오직 하나님의 뜻대로 순종하는 백성들에게 능력과 기사와 이적을 베푸시는 분은 하나님이십니다.

나눔의 범위를 넓히십시오

우리는 딱 한 번 삽니다. '다음에⋯⋯'라고 하거나 '난 앞으로 살 수 있는 시간이 얼마 안 남아서'라고 하지 마십시오. 능력의 여호와 하나님을 믿고 예수님 안에서 성령 충만한 삶을 살 때, 하나님께서 원하시면 우리의 삶의 하루를 천 년과 같게도 하실 수 있습니다. 그래서 남들이 천 년을 해도 할 수 없는 일을 하나님께서는 단 하루 만에 하게 하실 수도 있습니다. 하나님은 가능하십니다. 수많은 믿음의 사람들이 역사 가운데 간증해 왔던 일이기도 합니다. '내가 진작부터 했으면⋯⋯', '젊었을 때부터 믿었으면⋯⋯'이라며 너무 늦었다고 속단하게 하는 사탄에게 속지 마십시오. 오늘 하나님에게 다 거십시오. '올인'하십시오. 그리고 오늘 하나님을 경험하십시오. 이대로 살 수는 없습니다. 이렇게 끝나면 안 됩니다. 하나님께서 약속하신 아직 지구상에서 한 번도 누려보지 않았던 하나님의 그 축복을 누리기를 예수님의 이름으로 축복합니다. 그러기 위해서는 거룩한 결정을 지금 하십시오.

혼자서 고분분투하여 답답함이 있다면, 주저하지 말고 근처의 잘 믿는 열매 있는 하나님의 자녀들과 교회의 지체들과 열매를 확인하는 지혜가 필요할 수 있습니다. 열매를 점검하십시오. 내가 마지막으로 예수님을 나눈 적이 언제인가 확인하십시오. 실제로 이웃 사랑한 적이 언제인지 한숨이 나오면 오늘 이웃 사랑을 하십시오. 하나님 안에서 이웃 사랑을 넓혀 가는 우리 모두가 되기를 예수님의 이름으로 축복합니다.

나눔의 범위를 넓히십시오. '나눔의 삶'을 시작하는 사람들을 하나님께서는 직접 세밀하게 인도하여 주시길 기뻐하십니다. 나눔의 삶을 살려고 하는 자들에게 하나님의 손길이 직접 닿기 시작하는 것입니다. 그래서 먼저 하나님의 의도를 이해시키고, 또 훈련시켜서 그의 약속을 실제로 경험시키기 위하여 명령하신 말씀이 있습니다.

"오직 성령이 너희에게 임하시면 너희가 권능을 받고 예루살렘과 온 유대와 사마리아와 땅 끝까지 이르러 내 증인이 되리라 하시니라" (행 1:8)

나누기 위해서는 나눌 수 있는 하나님의 통로가 되어야 하나님의 것을 나눌 수 있습니다. 내가 지닌 모든 것이 진정으로 내 것이 아닌 하나님의 것이라는 사실을 알았을 때, 실제로 제대로 나눌 수 있게 됩니다. 스스로에게 물어보십시오. 나의 시간은 하나님의 것입니까? 나의 몸은 하나님의 것입니까? 내가 가지고 있는 모든 것은 하나님의 것입니까? 이 질문에 '예'라고 대답할 수 있다면 이제 나눌 수 있는 자가 된 것입니다. 왜냐하면 하나님께서 직접 나서서 증명해 주길 원하시기 때문입니다.

그러기 위해선 반드시 먼저 성령을 구한 자로서 이제는 더욱더 하나님의 의도와 마음과 생각으로 성령 충만함을 구한다면, 하나님의 임재하심으로 하나님의 직접적인 축복을 하나님의 뜻대로 나눌 수 있는 힘이 생기게 됩니다. 그때부터 훈련이 시작됩니다. 하나님의 능력의 움직임이 실제로 일어나기 시작하는 것을 경험하며, 동시에 범위를 넓혀 가게 하십니다. 나눔의 범위가 넓어지는 것입니다. 그래서 이 일은 강권적으로 명령하신 일이기도 합니다. 성령이 임하시면 권능을 받고 나눔의 범위가 예루살렘과 유대와 사마리아와 땅 끝까지 넓어지게 됩니다. 그래서 '나'는 하나님의 것이며, 하나님께서 '나'를 보내사 하나님의 것을 나누게 하신다는 것입니다.

예루살렘, 온 유대, 사마리아, 땅 끝까지

그러나 유의해야 할 것은, 이것이 지리학적인 것뿐 아니라 영적인 것이라는 것입니다. 지리학적으로 따진다면 우리의 지구 반대편이 바로 땅 끝일 것입니다. 지구는 둥그니까요. 그러나 영적인 땅 끝은 어쩌면 내 아내이거나 내 남편일 수도 있으며, 내 부모 혹은 내 자식, 누구든지 본인 스스로가 제일 관심 밖으로 생각하는 사람, 바로 그 사람일 수도 있습니다. 내가 가장 무시하거나 제일 미워하거나 불편해하는 그 자나 그 사람들이 바로 나에겐 영적인 땅 끝입니다. 온전히, 결국 그들에게까지 하나님을 매일 매 순간 만나는 증인의 삶, 축복의 삶, 나누는 삶의 모습을 하나님께서 당신과 함께 같이 동행하여 주심으로 나타내길 원하십니다.

지금 당신의 영적 지도를 그려 보십시오. 나에겐 무엇이, 어느 곳이 예루살렘이며, 온 유대이며, 사마리아와 땅 끝인지 그려 보십시오.

13

예배, 하나님 앞에 서는 삶

예배의 삶의 기본

영적 전쟁을 영적으로 바라보지 않고, 관계성으로나 인간적인 측면으로만 바라보면 하나님의 의도로 온전하게 접근하는 것이 어렵습니다. 영이신 하나님으로부터 또 영적으로, 나아가 삶의 모든 영역에서 자유함을 받은 자가 자유하게 하려는 마음을 가지고 침노하려는 의도가 없으면 침노당하는 것입니다(마 11:12).

'우리의 마음을 하나님께 고하면, 하나님께서 우리를 들으시고 우리를 위로하신다'고 말씀하는 사람들이 많지요. 사탄은 예배를 '니가 원하는 것을 구하는 것이다'라고 속입니다. 그러나 예배는 우리가 원하는 것을 구하는 것이 아닙니다. 교회는 하나님의 자녀들로서 부르심을 받은 자들, 예수님을 머리로 하는 자들이 하나님 앞에 서는 것입니다. 이것이 예배의 삶의 기본입니다.

성령께서 우리를 통하여 하시는 것은 하나님의 의도를 품은 상태로 말하는 것이기 때문에, 자기의 의도를 포기하지 않으면 안 됩니다. 행동으로는 강하게 자기 의도를 나타내면서, 말로만 '성령님, 하시옵소서' 외치면 안 되는 것입니다. 성령의 뜻을 구한다 하면서 자기의 의도를 굽히지 아니하면 그것은 단지 단어의 나열에 불과한 공허한 목소리가 될 뿐입니다.

많은 사람들이 생각으로는 하는 것 같은데, 실제로는 하나님께서 하라는 대로 하지 않습니다. 사역의 여러 모습들도 마찬가지입니다. 하나님의 것(말씀과 성경적 아이디어들)을 이용은 하지만 예수님께서 주인이 되게 하지 않습니다. 입으로 '주여, 주여'하면서 자기 필요한 것만을 먼저 챙기는지, 아니면 하나님의 의도를 바라보는지 스스로를 점검해 보십시오.

하나님과의 관계는 평생, 서서히, 본인이 편한 만큼 알아가는 것이 아니라 성령님을 받아들임으로써, 믿음으로 이루어지는 하나님께서 주시는 선물입니다. 그래서 하나님과의 온전한 관계를 드러내는 예배는 정결하고 거룩한 삶으로 드려야만 하는 것입니다. 우리의 삶 속에서 하나님과 더불어 한 몸, 한마음이 되는 실체적이고 구체적인 관계가 없으면 안 되는 것이 바로 예배입니다.

교회가 교회되게 하기 위해서는
예수님이 머리가 되시게 해야 합니다

"오직 사랑 안에서 참된 것을 하여 범사에 그에게까지 자랄지라 그는 머리니 곧 그리스도라" (엡 4:15)

교회가 교회되지 않게 하는 것은 바로, 예수님이 교회의 머리가 되시게 하지 않는 것입니다. 예수님이 머리가 되시지 않는다는 것은 예수님이 나의 '손'이 되어 내가 원하는 일을 하시게 하려 하거나, '발'이 되어 내가 가고자 하는 곳으로 데려다 주는 분으로만 만들려 하는 것과 같은 것입니다.

흔히 생각하듯이 우리의 치료자이시며 피난처이고 공급자되신 하나님을 경험해 가기만을 바라면서, 하나님께서 그러한 우리의 하나님이 되어달라고 조르는 것만 해서는 안 됩니다. 오히려 그 반대의 과정을 하나님께서는 더 원하십니다. 우리가 먼저 우리를 죽기까지 사랑하시는 하나님을 믿음으로, 물과 불로써 두 번 죽고자 하면 하나님을 경험하게 하시는 것입니다. 그러나 많은 사람들이 우선 먼저 하나님을 내가 원하는 방법으로, 나의 필요를 채우시는 하나님을 먼저 경험하고 나서 알아가겠다고 접근을 해 가기 때문에 '예배를 통한 축복된 모든 약속들'이 더딘 것입니다. 그리고 어떤 사람들은 하나님에 대하여 평생 공부만 하다가 죽는 경우가 있는 것입니다. 그러나 하나님께서 하나님의 능력을 예배의 삶을 통해 경험하기 위해 성경에서 제시한 방법은 '오직 우리에게 성령이 임하시면 권능을 받고 증인'이 되는 것입니다(행 1:8). 예배 속에 하나님을 지식적으로만 알아 하나님을 경험한다고 생각하는 것도 '지식의 힘'에 의지하는 것입니다. 그것이 아니라 '오직 성령의 능력'으로 하는 것입니다(슥 4:6).

성경을 공부하지 말라는 것이 아닙니다. 열심히 해야겠지요. 그것은 우리가 마땅히 해야 할 우리의 최선입니다. 그러나 하나님의 능력을 경험하는 예수님의 제자는 오직 십자가를 질 때만 될 수 있습니다.

예수님의 성품을 많이 연구해서 되는 것이 아닙니다. 예수님을 알아서 믿는 것이 아니라, 그를 믿기 때문에 그의 뜻대로 살아 그의 능력을 경험하며 삶 속에서 그를 알아가는 것입니다.

만일 어떤 사람이 자기의 십자가를 지고 죽기까지 순종하려는 마음으로 예수님을 따르려는 것이 아니라, 단지 지식적으로 하나님에 대해서 예수님에 대해서 공부만하고 예수님의 뜻대로, 하나님의 의도대로 살지 않는다면, 십자가를 지고 죽은 자가 아니라 계속 '내'가 '자아'가 살아 있는 자입니다. 그런 사람은 '예수님이 나의 치료자이십니다', '나의 구주이십니다'라고 하면서 찬양은 하는데 결코 하나님의 영광을 위하여 죽기를 원하지 않고, 손해도 불사하기를 바라지 않고, 단지 살아 있기만을 바라기 때문에, 살아남으려고만 하기 때문에 신령과 진정으로 드리는 예배 때에 허락하시는 하나님의 임재를 경험하지 못하게 됩니다. 그래서 결국 삶에서 하나님을 누리고 사는 일이 적어지고, 오직 성령 충만함으로 일어날 수 있는 능력의 나타나심 대신, 실제 생활과 입으로 나오는 선포가 달라 본인도 아주 힘이 들고, 은혜와 능력을 알고 있다고 말은 하지만 그 어떤 하나님의 약속도 경험하지 못하며 사는 아주 무서운 영적인 병에 걸리게 되는 것입니다.

그러다 보니 한번도 경험하지도 못한 하나님의 약속들을 얘기하고, 주님과의 동행함이 없이도 꼭 그런것처럼 표현하기 시작하고 나아가서는 거짓된 종교인으로 전락하게 되는 것입니다.

그렇게 이미 알고 있는 진리들을 실제적으로 삶에 적용하는데 자꾸 늦어지게 되면 어두운 영적인 억눌림들이 생깁니다. 분명한 것은 진리를 알면서도 그렇게 살지 않는 것이 더욱 무서운 것이며 '아무것도 모르고 사는 것'이 오히려 더 죄가 적을 수도 있는 것입니다. 예수님을 모를 때는 악한 일을 하는 것이 죄였지만 이제는 성령이 우리에게 들어오시면, 예배의 삶을 사는 자로서 선한 일을 할 줄 알고도 하지 않는 것이 죄가 되는 것입니다(약 4:17).

"오늘 나의 십자가를 지고 내가 원하는 것이 아니라 그가 원하시는 일을 하리라!" 하는 것이 믿음입니다. 그런 삶을 사는 만큼, 그만큼 내가 진정으로 믿는 것입니다. 그만큼 하나님의 역사가 나타나는 것이고, 그만큼 하나님께서 영광을 받으시는 것입니다.

예배 때마다 그렇게 날마다 영적인 전쟁 속에 사는 것이라면 힘들어서 어떻게 사느냐구요? 아닙니다. 전쟁이 있어야 승리가 있는 것이고, 그 승리 안에 축제가 있는 것입니다. 전쟁 없이 무슨 승리의 축제가 있겠습니까? 전쟁이 없는 축제는 가짜입니다. 감정적 고조가 있을 뿐, 하나님의 부흥은 없습니다.

또 하나님께서 함께하시는 예배 가운데 영혼을 향한 긍휼한 마음 없이 하나님에 대한 지식을 쌓기만 원하면, 계속해서 알고도 행하지 않는 죄들을 쌓게 되어, 그 무게와 메마름으로 인해 모든 것을 아는 것 같으나 결국은 영적인 허언증이나 심각한 우울증에 빠지는 경우가 많습니다. 성경을 알기는 하지만 하나님께서 하라는 대로 하지 않아, 결국은 하나님의 존재에 대한 의문마저 갖기도 합니다. 예수님이 길이요, 진리요, 생명이 아닌 사람들은 아무리 배워도 아무 일도 일어나지 않습니다.

그러나 재미있고도 신기한 사실은 하나님께서 도와주시면 혹 머리가 둔한 사람도 성령님을 통해 '학자의 혀'를 허락하시는(사 50:4) 누구에게나 공평하신 하나님을 경험할 수도 있다는 사실입니다. 우리가 평생 아무리 노력을 하여 지성과 공부의 탑을 높이 쌓았다 해도 하나님께서 예배의 삶을 살아가는 자에게 준비하신 깨달음의 뛰어남이 훨씬 크고 아름답다는 것입니다. 영광스럽다고 표현할 수 있을 만큼 말입니다. 하나님의 허락없이는 하나님의 것을 아무것도 받을 수 없습니다. 오직 은혜입니다.

> "주 여호와께서 학자들의 혀를 내게 주사 나로 곤고한 자를 말로 어떻게 도와줄 줄을 알게 하시고 아침마다 깨우치시되 나의 귀를 깨우치사 학자들 같이 알아듣게 하시도다" (사 50:4)

예배의 이유가 '나'라면 벌써 아닙니다

우리가 아무리 뛰어나도, 그 뛰어난 우리의 행위로 하나님의 나라에 공헌을 할 수 없습니다. '예수님께서 나를 죽기까지 사랑하신 것은 사실입니다. 그러나 예수님께서 나의 사랑을 얻으려고 절절매는 분은 아닙니다. 하나님께서 나만을 위하여 나를 사랑하신다고 생각한다면, 그것은 '나'를 하나님 위에 높이는 행위가 됩니다. '내가 행복한 것'이 하나님께서 존재하시는 목적이라고 생각한다면, 그것은 사악한 것입니다. 하나님께서 죽기까지 나를 사랑하시는 이유는 '내'가 아닙니다. 그래서 예배의 이유가 바로 '나'라면 벌써 아닙니다. 사탄은 교묘하게 하나님 이야기를 계속하면서 스스로를 높이기를 바라는 그런 사람들을 속입니다. 그 사람들은 스스로를 높이면서도 본인들이 잘 믿는다고 생각하는 것이고 사탄은 그런 사람들이 필요합니다. 그래서 그 사람들을 이용하여 주위에 있는 사람들도 더 못 믿게 하고, 더 나아가 제대로 잘 믿는 사람들을 방해합니다. 그런 사람들은 주로 매우 감정적입니다. 날마다 배우나 진리의 지식에 이르지 못합니다(딤후 3:7). 믿음으로 행함이 없습니다. 날마다 더 '나은 나'를 추구하나 아무것도 얻지 못합니다.

그래서 이제는 그런 상태에서 깨어나야만 합니다. 물론 정결하고 온전한 사람들만 다니는 곳이 교회가 아닙니다. 그러나 그리스도의 몸 된 자들, 하나님의 성령이 거하시는 성전인 자들이 교회라고 한다면 하나님의 역사가 나타나야 합니다. 그리스도를 머리로 한 자들이 교회이며, 그 안에 성령님께서 거하시는 자가 살아있는 성전된 자이며 '예수님이 머리가 된 온전한 교회'는 '자유함을 받고, 자유하게 하는 일'이 있어야 합니다. 삶 자체가 예배라면, 삶은 예배의 연속이며 예배의 성공을 계속 바라고 원해야 합니다.

하나님께서 직접 관여하는 예배만이 진정한 예배입니다. 하나님께서 받으시지 않는 예배는 예배가 아닙니다. 하나님에 대해서 이야기하는 것이 예배가 아닙니다. 그러기 위해선 거룩한 산 제사로 영적인 예배를 드리는 일이 반드시 필요합니다. 우리의 삶을 하나님께 성실과 정의와 공의로 불살라드리는 것이 필요합니다.

'예배의 삶'은 하나님의 의도가 들어간 '하나님의 나라'에 대한 이야기입니다. 하나님의 나라는 물론 하나님께서만 통치하셔야 하는 나라입니다. 나의 아이디어로 움직이는 나라가 아닙니다. 나의 꿈, 나의 이상이 다 이루어지는 곳이 아닌, 하나님의 꿈과 이상이 이루어지는 곳이 바로 하나님의 나라입니다. 나의 욕심이 아닌 하나님의 선하심은 나의 상상력을 동원해도 감히 알 수 없는 하나님의 거룩함 속에 있으며, 진정한 기쁨과 행복의 완전함이 예배 가운데 드러납니다. 그 완전함을 이 땅에서 미리 맛보게 하신 것이 하나님이 원하시는 예배이며, 또 하나님께서 우리로 천국의 기쁨을 이 땅에서 맛보게 하시려고 허락하신 것이 예배입니다. 이것은 오직 신령과 진정으로 드리는 예배에서만 허락된 하나님의 축복입니다.

이 예배는 행사가 아닌 삶으로 드리는 것이며, 그 삶을 살고자 하는 사람들이 둘 이상 예수 그리스도의 이름으로 모였을 때 하나님께서 함께하시겠다는 약속을 하시고 또 그 약속을 지키시는 것입니다.

예수님께서 내 앞에 계신 그때가 예배의 순간입니다

이것을 설명하신 장면이 요한복음 4장에 나오는데, 그중 등장인물이 여러분도 잘 아는 우물가의 한 이방여인입니다. 이 여인에게 일부러 찾아가신 예수님은(하나님 아버지의 뜻대로) 물 한 잔을 달라 하시며, 그녀에게 말을 건네십니다.

예수님께서는 영원히 목마르지 않을 생명수를 말씀하시면서 여인의 실제적인 목마름, 즉 관계성의 목마름, 영원을 향한 목마름, 하나님을 향한 목마름을 신령과 진정으로 드리는 예배를 통해 해소할 수 있음을 여인에게 알게 하신 것입니다. 예수님께서 바로 그 여인 앞에 있는 그 순간이 예배할 수 있는 순간이며, "네가 만일 하나님의 선물과 또 네게 물 좀 달라 하는 이가 누구인 줄 알았더라면 네가 그에게 구하였을 것이요 그가 생수를 네게 주었으리라'고 말씀하신 것은 그 여인이 자기도 모르게 예수님과 함께 있는 가운데(10절)(즉, 예배 가운데) 있을 때 일어난 사건입니다.

"거기 또 야곱의 우물이 있더라 예수께서 길 가시다가 피곤하여 우물 곁에 그대로 앉으시니 때가 여섯 시쯤 되었더라 사마리아 여자 한 사람이 물을 길으러 왔으매 예수께서 물을 좀 달라 하시니 이는 제자들이 먹을 것을 사러 그 동네에 들어갔음이러라 사마리아 여자가 이르되 당신은 유대인으로서 어찌하여 사마리아 여자인 나에게 물을 달라 하나이까 하니 이는 유대인이 사마리아인과 상종하지 아니함이러라 예수께서 대답하여 이르시되 네가 만일 하나님의 선물과 또 네게 물 좀 달라 하는 이가 누구인 줄 알았더라면 네가 그에게 구하였을 것이요 그가 생수를 네게 주었으리라 여자가 이르되 주여 물길을 그릇도 없고 이 우물은 깊은데 어디서 당신이 그 생수를 얻겠사옵나이까 우리 조상 야곱이 이 우물을 우리에게 주셨고 또 여기서 자기와 자기 아들들과 짐승이 다 마셨는데 당신이 야곱보다 더 크니이까 예수께서 대답하여 이르시되 이 물을 마시는 자마다 다시 목마르려니와 내가 주는 물을 마시는 자는 영원히 목마르지 아니하리니 내가 주는 물은 그 속에서 영생하도록 솟아나는 샘물이 되리라 여자가 이르되 주여 그런 물을 내게 주사 목마르지도 않고 또 여기 물 길으러 오지도 않게 하옵소서 이르시되 가서 네 남편을 불러 오라 여자가 대답하여 이르되 나는 남편이 없나이다 예수께서 이르시되 네가 남편이 없다 하는 말이 옳도다 너에게 남편 다섯이 있었고 지금 있는 자도 네 남편이 아니니 네 말이 참되도다 여자가 이르되 주여 내가 보니 선지자로소이다 우리 조상들은 이 산에서 예배하였는데 당신들의 말은 예배할 곳이 예루살렘에 있다 하더이다 예수께서 이르시되 여자여 내 말을 믿으라 이 산에서도 말고 예루살렘에서도 말고 너희가 아버지께 예배할 때가 이르리라 너희는 알지 못하는 것을 예배하고 우리는 아는 것을 예배하노니 이는 구원이 유대인에게서 남이라 아버지께 참되게 예배하는 자들은 영과 진리로 예배할 때가 오나니 곧 이 때라 아버지께서는 자기에게 이렇게 예배하는 자들을 찾으시느니라 하나님은 영이시니 예배하는 자가 영과 진리로 예배할지니라 여자가 이르되 메시야 곧 그리스도라 하는 이가 오실 줄을 내가 아노니 그가 오시면 모든 것을 우리에게 알려 주시리이다 예수께서 이르시되 네게 말하는 내가 그라 하시니라" (요 4:6-26)

여자가 예배를 어디서 드려야 하느냐고 질문했을 때, 예수님께서는 여기도 아니고, 저기도 아니요, 오직 메시아와 함께 있을 때가 "곧 이 때라" 즉 주님 앞에 있을 때가 바로 예배할 때라고 말씀하십니다. 그의 음성을 듣고 그와 함께하는 것이 예배라고 말씀하십니다.

순종의 삶, 예배의 삶

예수님께서는 제자들이 모르는 양식이 있다고 하시면서 "나의 양식은 나를 보내신 이의 뜻을 행하며 그의 일을 온전히 이루는 이것이니라"고 말씀하며 하나님께 순종하는 것이 바로 예수님의 양식이라 설명하십니다. 즉, 예수님의 일용할 양식은 오늘 하루 할 수 있는 순종의 예배라 말씀입니다.

"이르시되 내게는 너희가 알지 못하는 먹을 양식이 있느니라제자들이 서로 말하되 누가 잡수실 것을 갖다 드렸는가 하니 예수께서 이르시되 나의 양식은 나를 보내신 이의 뜻을 행하며 그의 일을 온전히 이루는 이것이니라" (요 4:32-34)

예배는 성령께서 우리 안에 들어와 우리로 거듭나게 한 이유를 행하는 것입니다. 성령님께서 원하시는 일을 하는 것이 예배입니다. 이 말씀은 순종없는 예배는 신령과 진정한 예배가 아니며 성령이 없는 자는 알 수 없는 예배를 말씀하시는 것입니다. 온몸을 순종의 삶으로 드리는 이 예배를 '산 제사'라고 말씀하셨습니다.

"그러므로 형제들아 내가 하나님의 모든 자비하심으로 너희를 권하노니 너희 몸을 하나님이 기뻐하시는 거룩한 산 제물로 드리라 이는 너희가 드릴 영적 예배니라"(롬 12:1)

하나님께서 오늘도 자비하심으로 우리에게 예배의 기회를 주시는데, 이제는 성령을 받은 자로서 하나님의 아들과 딸의 삶을 살아 진정한 예배의 삶을 살라고 권하는 것입니다. 분명히 순종이 없는 예배는 죽은 예배이며, 그런 예배는 아무도 살릴 수가 없는 예배입니다. 죽은 예배는 하나님께서 받으실 수 없기 때문입니다.

우리의 죽은 예배를 살리시기 위해 예수님께서 우리의 온전한 희생양으로 오신 것을 알고 우리의 죽었던 양심을 그의 피로 씻고 이제는 신령과 진정의 예배를 드리는 삶, 순종의 삶, 예배의 삶을 살기 바랍니다.

하나님 사랑과 이웃 사랑의 삶을 살 때, 예배의 회복이 일어납니다

"율법은 장차 올 좋은 일의 그림자일 뿐이요 참 형상이 아니므로 해마다 늘 드리는 같은 제사로는 나아오는 자들을 언제나 온전하게 할 수 없느니라 그 렇지 아니하면 섬기는 자들이 단번에 정결하게 되어 다시 죄를 깨닫는 일이 없으리니 어찌 제사 드리는 일을 그치지 아니하였으리요 그러나 이 제사들 에는 해마다 죄를 기억하게 하는 것이 있나니 이는 황소와 염소의 피가 능 히 죄를 없이 하지 못함이라 그러므로 주께서 세상에 임하실 때에 이르시되 하나님이 제사와 예물을 원하지 아니하시고 오직 나를 위하여 한 몸을 예비 하셨도다 번제와 속죄제는 기뻐하지 아니하시나니 이에 내가 말하기를 하나 님이여 보시옵소서 두루마리 책에 나를 가리켜 기록된 것과 같이 하나님의 뜻을 행하러 왔나이다 하셨느니라 위에 말씀하시기를 주께서는 제사와 예물 과 번제와 속죄제는 원하지도 아니하고 기뻐하지도 아니하신다 하셨고 (이 는 다 율법을 따라 드리는 것이라) 그 후에 말씀하시기를 보시옵소서 내가 하나님의 뜻을 행하러 왔나이다 하셨으니 그 첫째 것을 폐하심은 둘째 것을 세우려 하심이라 이 뜻을 따라 예수 그리스도의 몸을 단번에 드리심으로 말 미암아 우리가 거룩함을 얻었노라 제사장마다 매일 서서 섬기며 자주 같은 제사를 드리되 이 제사는 언제나 죄를 없게 하지 못하거니와 오직 그리스도 는 죄를 위하여 한 영원한 제사를 드리시고 하나님 우편에 앉으사 그 후에 자기 원수들을 자기 발등상이 되게 하실 때까지 기다리시나니 그가 거룩하 게 된 자들을 한 번의 제사로 영원히 온전하게 하셨느니라 또한 성령이 우리 에게 증언하시되 주께서 이르시되 그 날 후로는 그들과 맺을 언약이 이것이 라 하시고 내 법을 그들의 마음에 두고 그들의 생각에 기록하리라 하신 후 에 또 그들의 죄와 그들의 불법을 내가 다시 기억하지 아니하리라 하셨으니 이것들을 사하셨은즉 다시 죄를 위하여 제사 드릴 것이 없느니라" (히 10:1-18)

겉모습만의 예배, 하나님의 마음을 알지 못하는 예배의 행동만으로 는 안 된다고 합니다. 동물을 죽여서 우리의 죄를 완전히 씻을 수 없다는 것을 알게 하시려고 미리 훈련시키시고 알려 주신 것입니다. 번제는 불로 태우는 것이고, 속죄제는 나의 죄를 대속물에게 옮기는 것인데 하나님께서는 의미 없는 동문의 번제와 속죄제는 기뻐하지 않으신다고 하십니다. 우리가 날마다 모여 찬양하고 헌물하는 것을 원하시는 것이 아니라 우리가 예수님과 더불어 십자가에서 죽고 예수님과 더불어 다시 살아나, 이제는 하나님께서 원하시는 것을 행하는 것이 하나님께서 기뻐하시는 예배라고 하십니다. 예수님의 생명을 얻고 다시 살아나지 않으면 예배가 아니라고 하십니다. 하나님께서는 하나님의 말씀을 마음에 새기고 우리의 생각이 하나님의 의도로, 하나님의 마음으로 꽉 차는 것을 원하십니다. 항상 죄를 기억해서 모일 때마다 회개만 하는 것이 아니라 말씀대로 살고 결정하는 그것이 바로 예배라고 하십니다.

동물 대신 매일 예수님을 죽여서 속죄를 해야 한다면 더 악한 상황 아닙니까? 이제는 나의 것을 희생하여 속죄할 필요가 없고, 예수님께서 죽어 주셨으니 아무 일도 하지 않아도 괜찮다고 생각하는 것은 무서운 거짓입니다. 예수님께서 그저 동물을 죽이는 대신 본인이 죽으려고 오신 것이 아닙니다. 은혜는 그런 인스턴트가 아닙니다. 우리가 예수님의 삶을 직접 살라고 죽어 주시고 부활하신 것입니다. 우리의 감정만을 드리는 것이 아니라, 지속적으로 십자가를 지고 그와 함께 죽고 살아나 예수님처럼 살아야 합니다. 사탄은 '매일 좀 더 배우면 언젠가는 진리를 알게 될 것이다'라고 속이며 종교적인 행위만 하게 하고 절대로 십자가 위에서 예수님과 함께 죽지 못하게 합니다. 죽지 않은 사람이 어떻게 온 삶을 하나님께 드립니까? 그것은 무서운 거짓입니다.

하나님께서 "내 법을 그들의 마음에 두고 그들의 생각에 기록하리라"(히 10:16)하셨으니 예배는 거짓으로 할 수 없는 것입니다. 진정한 예배의 모습 가운데에는 종교적인 신령함과 경건의 모습이라 생각되는 겉모습이 아닌 삶 가운데 일어나는 하나님 사랑과 그에 따른 이웃 사랑이 반드시 있어야만 합니다. 그래야만 예배의 회복이 있는 것입니다.

'내가 기뻐하는 금식은...'

이사야서 58장을 보면, 하나님께서는 우리가 소위 말하는 경건의 모습 가운데 '금식'이 남에게 보이기 위한 겉모습이 아니라 하나님 아버지께 보여지는 속 모습인 것을 설명하십니다.

하나님께서 그들이 하나님께 기뻐하며 찾아오고, 마치 하나님의 뜻대로 살고 있는 듯이 행동한다고 하십니다. 하나님 사랑과 이웃 사랑을 실천하지 않으면서 하나님께 이것 저것 부탁한다고 하십니다.

진정한 예배의 표현 가운데 '금식'이란 모습은 동서고금을 막론하고 볼 수 있는 모습이기도 합니다. 요새는 스스로의 의견을 관철시키기 위한 수단으로 많이 쓰이기도 하는 꽤 대중화된 것이기도 합니다. '투쟁'이란 단어와 함께 쓰이기도 하며, 목숨을 걸고 자신의 주장을 관철시키기 위한 마지막 수단인 것과 같은 비장함을 나타내는 데 쓰이기도 하는 것 같습니다. 그러나 하나님께서 원하시는 '금식'이 절대로 개개인의 바람을 얻어내기 위한 수단과 방법이 될 수는 없습니다. 불가능합니다. 그렇게 속지 아니하시는 하나님을 찬양합니다.

하나님의 아름다우신 능력의 성품 가운데 하나가 모든 것을 보시고, 다 아신다는 것이십니다. 모든 것을 다 아시기에 우리가 원하는 것을 구하기 전에도 그는 다 아십니다.

"크게 외치라 목소리를 아끼지 말라 네 목소리를 나팔 같이 높여 내 백성에게 그들의 허물을, 야곱의 집에 그들의 죄를 알리라 그들이 날마다 나를 찾아 나의 길 알기를 즐거워함이 마치 공의를 행하여 그의 하나님의 규례를 저버리지 아니하는 나라 같아서 의로운 판단을 내게 구하며 하나님과 가까이 하기를 즐거워하는도다 우리가 금식하되 어찌하여 주께서 보지 아니하시오며 우리가 마음을 괴롭게 하되 어찌하여 주께서 알아 주지 아니하시나이까 보라 너희가 금식하는 날에 오락을 구하며 온갖 일을 시키는도다 보라 너희가 금식하면서 논쟁하며 다투며 악한 주먹으로 치는도다 너희가 오늘 금식하는 것은 너희의 목소리를 상달하게 하려는 것이 아니니라 이것이 어찌 내가 기뻐하는 금식이 되겠으며 이것이 어찌 사람이 자기의 마음을 괴롭게 하는 날이 되겠느냐 그의 머리를 갈대 같이 숙이고 굵은 베와 재를 펴는 것을 어찌 금식이라 하겠으며 여호와께 열납될 날이라 하겠느냐 내가 기뻐하는 금식은 흉악의 결박을 풀어 주며 멍에의 줄을 끌러 주며 압제 당하는 자를 자유하게 하며 모든 멍에를 꺾는 것이 아니겠느냐 또 주린 자에게 네 양식을 나누어 주며 유리하는 빈민을 집에 들이며 헐벗은 자를 보면 입히며 또 네 골육을 피하여 스스로 숨지 아니하는 것이 아니겠느냐 그리하면 네 빛이 새벽 같이 비칠 것이며 네 치유가 급속할 것이며 네 공의가 네 앞에 행하고 여호와의 영광이 네 뒤에 호위하리니 네가 부를 때에는 나 여호와가 응답하겠고 네가 부르짖을 때에는 내가 여기 있다 하리라 만일 네가 너희 중에서 멍에와 손가락질과 허망한 말을 제하여 버리고 주린 자에게 네 심정이 동하며 괴로워하는 자의 심정을 만족하게 하면 네 빛이 흑암 중에서 떠올라 네 어둠이 낮과 같이 될 것이며 여호와가 너를 항상 인도하여 메마른 곳에서도 네 영혼을 만족하게 하며 네 뼈를 견고하게 하리니 너는 물 댄 동산 같겠고 물이 끊어지지 아니하는 샘 같을 것이라 네게서 날 자들이 오래 황폐

된 곳들을 다시 세울 것이며 너는 역대의 파괴된 기초를 쌓으리니 너를 일컬어 무너진 데를 보수하는 자라 할 것이며 길을 수축하여 거할 곳이 되게 하는 자라 하리라" (사 58:1-12)

금식은 종교행위 중에 가장 열심을 보이는 행위 중 하나입니다. 바울의 금식, 3일 금식, 21일 다니엘 금식 등을 행하면서 하나님께 왜 자신의 기도에 응답하지 않느냐고 묻습니다.

하나님께서 보시기에는 자신을 기쁘게 할 오락감을 구하며 하나님께 온갖 일을 시킨다는 것입니다. 하나님께 금식하는 것을 보이며, 하나님께서 자신의 일을 하시는 분인 양 이런 저런 일을 시킨답니다. 금식은 하지만 그 마음에 서로 논쟁하고 다투며, 결국은 본인이 하나님이 되려한다는 것입니다. 일은 하나님께서 하시게 하고 자신은 금식을 하는 것입니다. 하나님을 마치 고용인인 것처럼 여기는 것입니다.

하나님께서 진정으로 기뻐하시는 금식은 다른 형제 자매가 흉악의 결박이나 사탄의 권세에 묶여 있을 때 그들을 풀어 자유롭게 하며, 압제당하는 자들을 자유롭게 하는 것입니다. 하나님께서 원하시는 것을 하는 이것이 예배이며 금식입니다.

또 금식은 너희가 너희의 배를 주리게 하여 굶는 것이 아니라, 가난한 사람들을 먹이며 헐벗은 자를 입히는 것이라고 하십니다. 가장 강한 기도는 이웃 사랑의 삶이라는 것입니다. "너의 필요를 위해 기도하기 보다 이웃을 사랑하라"하십니다. 그러면 너희에게 빛이 나며, 치유가 급속히 일어나고, 하나님의 영광이 나타나고 수호자처럼 지키시며 호위하신다고 하십니다. 우리가 하나님을 부를 때, "내가 여기 있다"하시며 항상 같이 하시겠다고 하십니다.

서로 자신의 이익을 위해 짐지게 하고, 영적인 우월감을 나타내려 하지 말고 하나님의 의에 주린 자들과 심령이 가난한 이웃에게 심정이 동하라 하십니다. 그 이웃들에게 하나님의 성령을 구하게 하여 자유하게 하면 우리들의 삶에 우리가 구하지 않아도 하나님께서 낮과 같이 함께하시겠다고 외치십니다. 사막 한가운데 있어도, 바다 깊은 곳에 있다 하여도 하나님께서 만족하게 하실 것입니다. 에스겔 골짜기에서 죽은 뼈들을 살리신 것처럼(겔 37:5), 세상이 보기에는 메마른 것 같아도 도리어 물이 끊어지지 않는 물 댄 동산 같게 하사, 새 생명을 허락하십니다.

예배는 우리가 원하는 것을 구하는 행동이 아닙니다. 예배란, 하나님께서 원하시는 삶을 사는 것입니다. 그래서 '금식 장'이라 불리는 이사야 58장에서도 '금식'을 설명하실 때에, 먹는 것에 관해서는 아무런 언급도 아니하시고 도리어 이웃을 돌아보며 마음을 금하는 것을 훈련하기를 바라시는 것입니다.

그렇습니다. 진정한 예배에는 반드시 자유가 있습니다. 이 자유는 하나님께서 허락하시는 축복이며, 우리가 생명을 걸고 누려야 할 하나님의 약속입니다. 스스로의 배를 채우기 위한 모든 거짓 몸부림에 그 아무리 예배란 형식과 절차를 더한다 해도 하나님께서는 받지 아니하실 것입니다.

처절한 우리의 열심과 불 같은 노력, 뛰어난 호소력과 화려한 수식어가 설사 우리 자신을 속일지라도 하나님은 속일 수 없습니다. 너무나 자주, 우리의 간절함은 우리를 속입니다. 우리가 간절하면 간절할

수록 스스로 믿는다고 소리치며 부들부들 떨릴 정도로 우리의 감정이 고조된다 해도 그것은 연기에 불과합니다. '쇼'입니다.

오직 하나님 사랑은 이웃 사랑입니다. 예배의 목적도 하나님 사랑, 이웃 사랑입니다. 살아 있는 예배, 능력의 예배를 누릴 수 있도록 옷을 찢고 머리에 재를 뿌리는 겉모습 보다는, 마음을 찢고 이웃을 돌아보는 예수님의 마음을 지니길 예수님의 이름으로 기도합니다. 서로 흩어져서 있는 곳에서 각자의 삶을 살고, 주일날 모여서 하나님께 불을 받아 또 각자 흩어져 하나님께서 축복하시는 예배의 삶을 살기를 바랍니다.

"또 마음을 다하고 지혜를 다하고 힘을 다하여 하나님을 사랑하는 것과 또 이웃을 자기 자신과 같이 사랑하는 것이 전체로 드리는 모든 번제물과 기타 제물보다 나으니이다"(막 12:33)

14

부활의 삶, 십자가의 길

부활의 삶을 경험하라!

'십자가 위'가 우리의 고향입니다

내가 새로 태어난 곳이 바로 '십자가 위'라는 것이 너무나도 중요합니다. 그래서 사탄은 음흉하게도 우리로 십자가 앞에 있게 하고, 십자가 밑에 있게 하고, 바라보게 하고, 쳐다보게 하고, '십자가를 따르라! 기억하라! 상고하라!'하면서 절대로 십자가 위에 올라가지 못하게 합니다. 사탄은 알고 있는 것입니다. '예수 그리스도께서 나 대신 죽으셨다'가 복음이 아니라 '내가 그와 함께 십자가에 못 박혔다'가 '하늘의 능력을 입는 복음'인 것을 말입니다. 나는 안 죽고 또 안 죽으려고 하면서 그리스도만 죽으신 것을 믿는 것에는 아무 능력과 힘이 없습니다. 이 책에서는 우리가 물세례, 불세례를 통해 믿음으로 죽고 죽어, 또 죽는 일을 계속해 왔습니다. 이제 다시 한 번 예수님께서 십자가에서 말씀하신 가상칠언(架上七言)을 통해, 우리를 온전히 죽여서 십자가 위가 우리의 고향이 되게해야 할 것입니다.

'의의나무'는 하나님이 직접 심으시겠다고 약속하신 자들이니 만큼, 철저하게 분별하여 인본적인 뒤섞임을 없애야만 합니다. 모든 인본적인 생각들 속에는 공통적인 것이 있는데, 그것은 바로 죽음을 통하지 않고 새로 태어날 수 있다는 거짓입니다. 자기중심적인 생각들은 죽음을 원치 않습니다. 또 자기중심적인 생각들로 꽉 차 있는 자들은 죽었다고 머리로만 알고 하나님의 약속들을 계산하여, 그렇게 여기기를 바라나 절대로 완전히 죽으려 하지 않습니다. 'SUBMIT', '무릎을 꿇는다', '머리를 숙인다', '엎드린다'까지는 하려고 할 것입니다. 어쩌면 평생 그렇게 해서 누군가에게 무엇인가를 받아왔기 때문입니다. 사탄에게 엎드리건 물질에게 엎드리건, 권력에, 잘난 자에게, 많은 자에게 그들은 엎드리며 받는 것이 익숙하기 때문입니다. 인본적인, 육신적인 생각에 꽉 찬 자들은 무엇인가에게 경배하며, 무엇인가에게 엎드려 세상의 것, 육신에 속한 것을 받아왔던 것이 사실입니다. 그러나 하나님은 하나님께 엎드리는 것을 원하시는 것이 아니라, 예수 그리스도와 함께 실체적인 믿음의 죽음을 통과하여 진정한 부활의 삶을 살게 되는 것을 원하십니다.

새 열매는 새 나무에서만 나올 수 있으며, 새 포도주는 새 부대에만 담을 수 있습니다(마 9:17). 이것이 우리의 십자가를 향한 하나님의 의도입니다. 십자가 위에 예수 그리스도와 함께 못 박히지 않는다면 결코 새 부대가 될 수 없습니다. 이 하나님의 완전한 계획 Master Plan을 온전히 깨달을 때, 가장 잔인했던 고문의 형틀인 십자가가 도리어 새 생명의 시작점이 되었음을 발견하게 될 것입니다.

벌써 유명해진 십자가, 세상 모두가 다 알고 있는 사건을 사탄 마귀 또한 잘 알고 있습니다. 그래서 그 십자가의 사건을 도리어 악용하려고 합니다. 많은 때에 십자가를 이용하여 하나님의 사람들을 농락하고 넘어뜨리는 일을 하고 있습니다. 십자가를 목에 매게 하고, 십자가를 벽에 걸게 하고, 십자가를 바라보고, 십자가 앞에 무릎을 꿇게 하나, 십자가 위에 믿음으로 올라가지 못하게 하는 것입니다. 도리어 십자가의 유명세(Popularity)를 이용하여 많은 하나님의 사람들을 능력이 없는 믿음으로 인도하여 무너뜨리고 죽이고 있습니다.

새로 태어나야, 새로 거듭나야만 볼 수 있는 하나님의 나라는, 반드시 십자가에서의 본인의 모습을 발견하고 경험할 때만이 이루어질 수 있는 하나님의 약속입니다. 새로 거듭나야 한다는 것은 십자가 위에서 죽고 거듭난다는 것을 의미한다고 분명히 못을 박는 심정으로 전합니다.

나는 날마다 죽음으로 부활하노라

"의인은 믿음으로 말미암아 살리라"(갈 3:11; 롬 1:17)는 말씀은 바로 본인의 삶을 십자가에 실제적으로 올려놓고, 그 십자가에서 일어난 상황을 개인적인 사건으로 믿게 될 때에 일어나는 하나님의 기적입니다. 이 예수 그리스도의 십자가의 사건을 올바로 개인적으로 받아들이고 믿음의 능력을, 부활의 삶을 경험하십시오. 그러려면 날마다 죽고, 또 그래서 날마다 부활해야 하는 믿음의 삶을 말씀을 통하여 점검해야만 합니다.

바울 사도가 "형제들아, 내가 그리스도 예수 우리 주 안에서 가진 바 너희에 대한 나의 자랑을 두고 단언하노니 나는 날마다 죽노라"(고전 15:31)라고 고백한 그의 자랑은 바로 날마다 십자가를 지는 자랑과 그로 인한 부활의 믿음을 말한 것입니다. 죽음은 바울 사도가 할 수 있는 것이지만 부활은 하나님께서만 하실 수 있는 것이기 때문에, 나의 최선인 날마다의 죽음과 더불어 하나님의 최선인 날마다 우리를 부활시키시는 것을 자랑한다는 것입니다. 그가 '나는 날마다 죽노라'를 자랑할 수 있었던 이유는 하나님께서 날마다 부활시키실 것을 알았기 때문입니다. 바울 사도는 예수님의 세례, 즉 십자가의 죽음을 두고 이렇게 설명합니다.

"무릇 그리스도 예수와 합하여 세례를 받은 우리는 그의 죽으심과 합하여 세례를 받은 줄을 알지 못하느냐 그러므로 우리가 그의 죽으심과 합하여 세례를 받음으로 그와 함께 장사되었나니 이는 아버지의 영광으로 말미암아 그리스도를 죽은 자 가운데서 살리심과 같이 우리로 또한 새 생명 가운데서 행하게 하려 함이라 만일 우리가 그의 죽으심과 같은 모양으로 연합한 자가 되었으면 또한 그의 부활과 같은 모양으로 연합한 자도 되리라 우리가 알거니와 우리의 옛 사람이 예수와 함께 십자가에 못 박힌 것은 죄의 몸이 죽어 다시는 우리가 죄에게 종 노릇 하지 아니하려 함이니 이는 죽은 자가 죄에서 벗어나 의롭다 하심을 얻었음이라 만일 우리가 그리스도와 함께 죽었으면 또한 그와 함께 살 줄을 믿노니 이는 그리스도께서 죽은 자 가운데서 살아나셨으매 다시 죽지 아니하시고 사망이 다시 그를 주장하지 못할 줄을 앎이로라 그가 죽으심은 죄에 대하여 단번에 죽으심이요 그가 살아 계심은 하나님께 대하여 살아 계심이니 이와 같이 너희도 너희 자신을 죄에 대하여는 죽은 자요 그리스도 예수 안에서 하나님께 대하여는 살아 있는 자로 여길지어다"(롬 6:3-11)

세상이 나를 대하여 십자가에 못 박히고 내가 또한 세상을 대하여 그러하니라

또 바울 사도는 "내게는 우리 주 예수 그리스도의 십자가 외에 결코 자랑할 것이 없으니 그리스도로 말미암아 세상이 나를 대하여 십자가에 못 박히고 내가 또한 세상을 대하여 그러하니라"(갈 6:14)라고 말하면서 그가 날마다 자랑스럽게 짊어졌던 그리스도의 십자가를 통한 능력을 설명합니다. 자기 자신이 예수 그리스도와 함께 십자가에 못박힌 것을 확인했더니, 세상이 십자가에 못 박힌 것을 보게 되었다는 것입니다. 나 자신만 죽인 줄 알았는데, 나를 누르고 힘들게 하고, 괴롭게 하고 함부로 하던 세상 마저 십자가에 못 박힌 것을 발견하게 된 것입니다. 그래서 완전히 세상에서 자유하게 되어 부활한 자신의 모습을 경험하는 일이 일어난 것입니다. 이렇게 모든 것에서 완전히 자유하게 되는 이 능력의 사건이 오늘 일어나기를 예수님의 이름으로 축복합니다. 날마다 십자가의 죽음을 경험하여 날마다 부활의 삶을 살고자 한다면, 십자가 위에 예수님과 같이 못 박혀 있는 본인의 모습을 보아야만 합니다.

오랫동안 사탄은 하나님의 백성들을 속여 왔습니다. '그가 네 대신 십자가에서 죽으셨다' 하면서 '네 대신'을 강조하여 무작정 '꾸며진 은혜'로 구원을 받으라고 하면서 십자가를 전 세계의 빌딩에 붙이고, 그들의 목에 걸게 하고, 벽에 걸게 하고, 많은 십자가를 눈에 보게 함으로 십자가와 가까운 것처럼 생각하게 하고 결국에는 본인이 직접 십자가에 올라가지 않게 하는 데 성공했다는 사실입니다. 이 얼마나 악랄

하고 무서운 발상입니까? 가까이 가게 하되 결코 실제가 되지 못하게 하는 이 사탄의 작전에 세상은 넘어지고 부서져 결코 그의 십자가를 짊어지지 못하는 자신을 발견하게 되는 것입니다.

예수님께서 나를 위하여 십자가에서 죽으셨다는 고백을 하기 전에, 내가 예수 그리스도와 함께 십자가에 못 박혀야만 되는 것입니다. 그래서 진정한 은혜의 십자가를 자세히 봐야만 합니다. 그 사건을 직시해야만 합니다. 눈으로 보는 것보다 강한, 손으로 만지는 것보다 더 분명한, 하나님의 선물인 믿음으로 보는 일이 일어나야만 합니다. 그럴 때 성령님께서 십자가를 온전히 경험하게 하실 것입니다.

가상칠언

그 믿음의 눈을 사용하기 위해 십자가 상에서의 예수님의 일곱 가지 말씀(가상칠언)을 보겠습니다.

1) 누가복음 23장 34절
아버지 저들을 사하여 주옵소서 자기들이 하는 것을 알지 못함이니이다

2) 누가복음 23장 43절
내가 진실로 네게 이르노니 오늘 네가 나와 함께 낙원에 있으리라

3) 요한복음 19장 26-27절

여자여 보소서 아들이니이다

보라 네 어머니라

4) 마가복음 15장 34절

예수께서 크게 소리 지르시되 '엘리 엘리 라마 사박다니' 하시니 이를 번역하면 '나의 하나님 나의 하나님 어찌하여 나를 버리셨나이까' 하는 뜻이라

5) 요한복음 19장 28절

예수께서 모든 일이 이미 이루어진 줄 아시고 성경을 응하게 하려 하사 이르시되 "내가 목마르다" 하시니

6) 요한복음 19장 30절

예수께서 신 포도주를 받으신 후 이르시되 "다 이루었다" 하시고

7) 누가복음 23장 46절

예수께서 큰 소리로 불러 이르시되 "아버지여 내 영혼을 아버지 손에 부탁하나이다" 하고 이 말씀을 하고 운명하시다.

십자가의 사건이 바로 나 자신의 사건이어야 한다는 진리는 바울 사도의 자랑이자 능력이 되었습니다. 예수님의 십자가가 나의 것이 되려면 예수님과 더불어 십자가에 못 박히는 현장 속에 나도 스스로 못

박히는 믿음의 일이 일어나야 합니다.

먼저 십자가에 못 박히시기 전, 예수님께서 받으셨던 고난을 봐야만 합니다. 그렇게 예수님을 위하여 목숨까지 내어놓을 것 같았던 동고동락하던 제자들도 다 비겁한 그림자들만 남기며 철저히 예수님을 배신하며 피해 버렸습니다. 지금, 예수님 홀로 감당해야만 했던 십자가의 길로 당신을 초대합니다. 당신을 절대적인 외로움의 이 길로 초대합니다. 당신을 그 막다른 길로 초대합니다. 아무도 책임질 수 없는 버려진 이 땅으로 당신을 초대합니다.

그 아무도 책임지려 하지 않는 나의 죄악과 모든 고통을 예수님은 하나님의 아들로서 우리 대신 홀로 감당하려 하시는 것입니다. 당신의 십자가를 예수 그리스도와 함께 짊어지고 처절한 외로움에 파묻혀야만 합니다. 처절한 죽음을 받아야만 받을 수 있는 용서를 위해서 그래야만 합니다.

그러나 우리를 하나님의 자녀로 새로 태어나게 하기 위해서는 죄악된 인간의 피는 소용이 없고 감당할수 없기에, 오직 하나님의 거룩하신 피만이 흘려져야 했습니다. 그래서 믿음으로 예수님과 그 고통과 슬픔과 처절함을 받아야만 합니다. 그리하여 그 영혼에 하나님의 거룩하신 피가 예수 그리스도와 함께 못 박힌 당신의 핏줄을 타고 흘러 들어와야만 합니다. 영원한 하나님의 피만이 영원한 생명을 얻을 수 있게 하기 때문입니다. 그러나 당신이 죽음을 직접 맛보려 하지 않는다면, 그리고 예수님과 그 처절한 순간 순간을 함께 통과하지 않으려고 한다면 당신은 배신자요 하나님을 모르는 자이며, 그리스도의 복음과 그리스도의 십자가에 동참하지 않는, 예수님과 함께 십자가에 못 박히려하지 않는 파렴치한 자입니다. 그렇습니다. 나는 믿음으로 그 자리에 있어야만 합니다. 그것이 하나님께서 원하시는 것입니다.

아무도 인정해 주지 않는 십자가. 도리어 수많은 멸시와 천대, 비웃는 외침들과 폭행 속에 저주를 한몸에 받고 그렇게 나를 위해 묵묵히 십자가를 지고 가고 있는 그분의 어깨와 등은, 벌써 후리고 지나간 쇳조각과 뼛조각들이 달린 채찍으로 반 이상이 찢겨지고 너덜거리고 있었습니다. 지금 내가 보고 있는 것은 인류의 죄가 아닙니다. 나의 죄로 인한 나의 고통을 예수님이 받으시는 것을 볼 때만이, 나의 십자가를 믿음으로 볼 수 있게 되는 것입니다.

피걸레로 밖에 볼 수 없는 찢겨진 몸뚱아리가 벌거벗겨진 채 사정없이 십자가 위에 팽개쳐졌습니다. 예수님은 벌거벗겨진 채 극치에 이른 수치스런 모습으로 처참하게 십자가에 달리셨습니다. 영화에 나오는 고귀한 장면처럼 수건을 두르고 있었다고 생각하지 말기를 바랍니다. 그것은 처절하고 창피한 죽음이었고, 눈으로 보기에 민망해서 견딜 수 없는 너무나 바닥인, 영광의 모습이란 조금도 없는 완전한 괴로움과 어둠이었습니다. 십자가란 형틀 위에 녹슨 못을 그의 손과 손목 사이에 찔러 넣는 그 순간, 나도 내 손을 같이 깊이 박아야만 합니다.

용서의 선포

망치가 내리쳐지고 숨이 끊어질 것 같은 아픔을 느끼며, 그 십자가에서 무너지는 예수님의 첫 음성이 들려옵니다.

"아버지 저들을 사하여 주옵소서 자기들이 하는 것을 알지 못함이니이다" (눅 23:34)

예수님께서 용서해 달라고 하신 저들이 바로 '나'라는 사실을 깨닫게 되고 나의 죄를 용서해 달라는 예수님의 음성을 듣고, 십자가와 그의 깨어진 등 사이에 숨어 하나님의 자비를 구하는 '나'를 발견해야 합니다.

그제서야 예수님께서 나를 용서하신 것 같이 나도 십자가를 경험한 자로, 다른 사람들을 진정으로 용서할 수 있게 되는 길이 열리게 되는 것입니다.

진정한 용서를 받은 자는 진정한 용서를 부르짖을 수 있습니다. 예수 그리스도의 십자가를, 하나님의 선물인 은혜의 믿음, 진정 하늘의 믿음으로 볼 수 있다면 나도 용서해야만 합니다. 그렇지 아니하면 십자가를 진정으로 경험해 보지 못한 것입니다.

죄인의 고백으로 하나님의 완전하신 통치 안에 거하십시오

용서하셨다면 그다음 음성을 들으십시오. 예수님의 옆에 같이 달려 있던 강도들과 같이 나도 믿음으로 달리었으니 그들의 음성 중 나의 음성을 믿음으로 택하여야 합니다. 한 강도는 "네가 그리스도가 아니냐 너와 우리를 구원하라"(눅 23:39)라고 비방했고, 또 다른 강도는 그 자를 향해, '네가 동일한 정죄를 받고서도(십자가 위에서도) 하나님을 두려워하지 아니하느냐 우리는 우리가 행한 일에 상당한 보응을 받는 것이니 이에 당연하거니와 이 사람(예수님)이 행한 것은 옳지 않은 것이 없느니라"(눅 23:40-41)라고 하였습니다.

지금 당신이 믿음으로 십자가 위에 못 박혀 있습니까? 십자가 위에 예수님과 같이 달린 믿음의 순간에도 선택하게 하신 하나님의 눈을 보십시오. 당신은 용서를 받을 만합니까?

만약에 당신이 용서를 받아 마땅하다고 생각한다면, 당신은 십자가에서 새 생명을 누릴 수 없는 죽은 자입니다. 아직도 십자가에 올라가 있지 못한 자입니다. 십자가 밑에서 십자가를 올려다보며 감정의 책갈피를 넘긴 적은 있어도, 한 번도 십자가 위에 올라가 본 적이 없는 자입니다. 양심이 살아나지 않은, 아니 그러지 못한 죽은 자입니다.

그러나 내가 만약, "당신(예수님)의 나라에 임하실 때에 나를 기억하소서(Remember me)'(눅 23:42)라고 기도하며 오직 하나님의 자비와 은혜만을 구하는 정직한 자라면, 예수님의 음성을 듣게 될 것입니다.

"내가 진실로 내게 이르노니 오늘 네가 나와 함께 낙원에 있으리라"(눅 23:43)

십자가 위의 강도의 고백 속에, 나의 고백을 예수님께 드려 오늘 벌써 하나님의 완전한 통치(낙원) 안에 있으시길 바랍니다.

끝까지 '책임지려는 삶'이 십자가 위에서부터 살아나야만 합니다

그제서야 들리는 예수님의 음성은 책임지시는 음성입니다. 십자가를 질 줄 아는 사람들은 하늘과 이 땅에서 책임질 줄 알아야 합니다. 십자가에서 모든 죄가 사함을 입었다고 책임지려 하지 않는다면 그는 십자가를 모르는 사람입니다.

물론 오직 하나님께서만 책임지실 수 있는 일들이 있습니다. 그러나 예수님처럼 우리가 그와 함께 십자가에 못 박힌 자라면 책임질 줄 알아야만 합니다. 예수님의 제자 중 그나마 요한은 '죽음의 십자가 근처'에서 '절망의 배회'를 하고 있었습니다. 또 그 자리엔, 예수님의 육신의 어머니 역할을 맡았던 마리아라는 여인도 슬픔을 이기지 못하여 죽을 것 같은 상황에 있었습니다. 바로 그때에 예수님께서는 서로를 책임지게 하는, 의지하게 하는 말씀을 주십니다.

'여자여 보소서 아들이니이다' (요 19:26)
'보라 네 어머니라' (요 19:29)

이 두 사람은 예수님을 무척이나 사랑했던 사람들로서, 서로 이해하고 의지하여 죽음의 그림자에 가려지는 예수님의 빈 공간을 채워, 서로를 위로할 수 있는 사람들이었습니다.

누구든지 끝까지 책임지려는 삶을 십자가 위에서부터 살아나가기 시작해야만 합니다. 천국과 더불어 지구상의 모든 일들도 하나님의 통치 안에 있습니다. 십자가의 승리가 무책임으로, 나의 책임이 회피된 것으로 오해되지 않도록 속지 말아야 합니다.

내가 되어 버리신 예수님

그때에 들리는 음성이 바로 "나의 하나님, 나의 하나님, 어찌하여 나를 버리셨나이까"(막 15:34)입니다. 이 음성은 기적의 음성으로서 예수님께서 실제로 내가 되셔서 나 대신 부르짖으시는 순간입니다. 그래서 '아버지'대신 '나의 하나님, 나의 하나님'이라 외치셨으며, 하나님의 신과학, 하나님의 위대한신 약속의 능력으로 우리 대신 철저히 버리심을 당하시는 순간입니다.

그렇습니다. 나는, 그리고 당신은 버림을 당해야만 했습니다. 철저하고도 분명하게 버려짐을 당하지 않고서는 온전하고도 완전하게 죄의 값을 갚을 수 없기 때문입니다. 모두 다 완전히 버림을 당해야 하는 것을 보고 느끼고 알아야만 합니다. 버려진 자, 하나님께서 직접 버리신 자가 되어야 합니다. 눈으로 보고, 손으로 만지는 것보다 더 강력하고 분명한 믿음으로 우리가 예수 그리스도와 함께 처절하게 버려졌을 때 아무도 버림받지 않았다는 것을 경험하게 될 것입니다.

아무도 진정으로 버림받지 않았습니다. 오직 예수님 밖에는!

그 다음으로 버림받은 십자가 위에 어둠이 더해 가고, 완전한 어둠과 절망의 구덩이에 빠진 자처럼, 예수님께서는 목이 말라 가셨습니다. 온몸의 수분이 말라가며, 혀가 입천장에 말라붙어 갈라질 때까지 (시22:15), 당신을 포기하지 않고 하신 말씀은 "내가 목마르다"(요 19:28) 였습니다.

나 대신 목이 마르신 예수님께 사탄의 무리는 쓸개를 탄 식초를 마시게 하고 그를 더욱더 저주했습니다. 그러니 당신도 이젠 목이 말라야 합니다. 목이 타들어가 재가 되더라도, 혀 끝에 피멍이 맺히고 갈라져 죄로 인한 죽음의 맛을 더 이상 원하지 않을 때까지 목이 말라야 합니다. 그리고 이제 의로움에 목이 마르기 시작해야 합니다. 그리고 오늘 하나님의 의에 주리고 목이 말라 주님의 마음을, 아버지 하나님의 마음을 시원하게 하는 자로 살아나야만 합니다.

이 예수 그리스도의 사랑의 절규는, 말씀으로 세상을 창조하신 하나님의 창조의 능력의 외침입니다. "빛이 있으라!" 외치실 때에 빛이 창조된 것처럼, 나의 모든 죄를 용서키 위해 이 땅에 오시고, 모든 일을 마치신 이후, "다 이루었다!"라고 선포하시는 순간, 실제로 그 창조의 능력의 말씀을 받아들이는 자는 그 자리에서 새로운 피조물, 창조물이 되는 것입니다.

이 하나님의 과학, 초과학적으로 십자가 위에서 나 자신이 되어버리신 예수님을 믿음으로 바라보십시오. 예수님께서 지구상에 오셔서 행하신 기적 중 가장 큰 이 기적을 내가 개인적으로 누리지 못한다면 나는 세상에서 가장 불쌍한 사람이 될 것입니다.

이 일을 이루시고 크게 소리치신 것이 바로 승리의 외침이십니다.

다 이루었다!

가슴이 다 터져 나가라고 외치신 그 외침을 당신도, 나도 십자가 위에서 외칠 줄 알아야 합니다. 믿음으로 행하는 이 일을 바로 십자가 위에서 해야만 합니다.

그제서야 "내가 그리스도와 함께 십자가에 못 박혔나니 그런즉 이제는 내가 사는 것이 아니요 오직 내 안에 그리스도께서 사신 것이라 이제 내가 육체 가운데 사는 것은 나를 사랑하사 나를 위하여 자기 자신을 버리신 하나님의 아들을 믿는 믿음 안에서 사는 것이라"(갈 2:20)라고 외칠 수도 있는 것입니다.

손과 옆구리, 발에 믿음의 상처를 가진 하나님의 자녀들

그때에 예수님께서 스스로 이 완전하고 영원한 제사를 완성하기 위해 "아버지 내 영혼을 아버지 손에 부탁하나이다"(눅 23:46)라고 말씀하실 때, '예수 그리스도와 합체가 된 우리'도 우리의 영혼을 십자가 위에서 예수 그리스도와 함께 아버지 손에 의탁할 수 있게 되는 것입니다.

당신의 영혼이 하나님 아버지의 손에 붙잡혀 있습니까? 아니면 십자가 밑을 배회하며 십자가에서 떨어진 은혜를 줍고, 빈 주머니와 빈 배를 채우기 위해 연명하는 삶을 살고 있습니까?

날마다 십자가 위에 올라가야만 했던 바울 사도의 자랑이 오늘 당신의 자랑이 되기를 예수님의 이름으로 기도합니다. 날마다 십자가 위로 올라가십시오. 올라가 또 찢기고 또 죽임을 자원함으로 당하여, 날마다 부활의 삶을 사는, 거듭난 '하나님의 자녀의 삶'을 살기를 바랍니다.

당신이 진정으로 중간에서 포기하지 아니하고, 온전히 십자가에서 예수님과 마지막 외침까지 믿음으로 동행한다면, 주님과 함께 끝까지 못 박혀 있기를 주저하지 않는다면, 예수님의 '내 영혼'이라는 외침 속에 '당신의 영'도 함께 포함되어 하나님 아버지의 손에 온전히 의탁된 것을 보게 될 것입니다.

예수님께서 완전히, 또 끝까지 이루신 이 일을 하나님 아버지께서는 지성소의 휘장을 찢어버리심으로 인정하여 주셨습니다. 즉, "너와 나 사이에 가로막힘은 없다" 하시고 십자가 위에서 예수님과 함께 못 박힌 그 영혼에게 '나와 대면하자' 하시는 것입니다. 이렇게 하나님 아버지께서는 당신을 하나님의 손으로 직접 붙들어 주시길 원하십니다. 그리고 당신의 손과 발에서 못자국의 상처를 만저주시길 바라십니다. 당신의 옆구리에 깊이 패인 창자국에 하나님 아버지의 뜨거운 손이 얹혀지길 원합니다.

믿음의 상처들을 가진 하나님의 자녀들에게 예수 그리스도의 보혈이 묻게하여 주시고 지성소로 담대히 들어갈 수 있도록 길을 열어주시는 것입니다. 그렇게 이 일은 날마다 일어나야 하는 것입니다!

이제 하나님을 아빠, 아버지라 부를 수 있는 '양자의 영', '성령'을 통하여 십자가에서 예수님과 같이 못 박힌 자는 하나님의 자식된 삶을 통하여 살게 하시겠다고 확인해 주시는 것입니다. 오늘, 당신은 십자가에 못박힌 사람입니까?

확인해 보시기를 바랍니다. 이 십자가 위에서의 순간들을 사실로 받아들이고, 믿음으로 예수님과 함께 치뤘다면, 속지 아니하시는 하나님께서 당신을 온전한 믿음, 부활의 믿음 안에 살게 하실 것입니다. 날마다 지성소에 임하는 삶을, 하나님 앞에 가까이 허락된 삶을 멋들어지게 살길 부활의 믿음으로 바라봅니다.

15

오직 예수님만
우리의 목자 이십니다

오직 하나님의 것을, 하나님의 영광을 위하여, 하나님의 뜻대로만 나누고, '예수님만이 우리의 목자'되게 하실 때에, 그제서야 천상의 모든 약속들을 누릴 수 있게 됩니다.

하나님의 말씀을 이용하여, 내 사람을 만들려 하는 것은 악이며 사탄적인 일입니다

의의나무 기본 시리즈의 마지막에 '목자되신 분, 한 분, 예수 그리스도!" 예수 그리스도만이 우리의 목자이십니다'를 선포하는 중요한 이유가 있습니다. 이것은 전하는 사람과 받는 사람의 관계를 확실히 하는 것이 너무나 필요하기 때문입니다. 말씀을 '전하는 자'나 '전함을 받는 자'가 인간과 인간 사이의 이해관계로만 놔두면 그 관계가 온전할 수 없다는 것을 확실히 알고 믿는 자들로서 예수 그리스도의 제자의 삶을 살게 해야만 합니다. 그리고 오직 예수 그리스도를 전하는 삶을 사는 것을 서로 확인하는 과정이 필요합니다. 만일 어떤 사람이 하나님의 뛰어난 의도와 의지를 나누고 나서, '전함을 받은 자'를 자기를 위한 제자로 삼으려고만 한다면 이 얼마나 무서운 일이겠습니까?

하나님께로부터 온 '믿음'은 하나님의 선물이기 때문에 사탄이 빼앗아 갈 수 없습니다. 그러나 사탄은 할 수만 있다면 믿음을 교묘하게 조금씩 조금씩 틀어서 자기가 원하는 방법, 자기가 기뻐하는 방법, 자기가 필요한 방법으로 돌려서, 성령으로 시작했으나 육체로 마치도록(갈 3:3) 공격합니다. 그렇기 때문에 너도나도 누구나 다 오직 예수 그리스도 안에서 예수께 계속 배워야 한다는 겸손함과 긴장감을 놓치지 않아야 합니다.

믿음 안에서의 하나님께서 바라보시는 모습은 얼마나 하나님을 더 섬기느냐 하는 것이지 사람에게 높임을 받는 것이 아닙니다. 너희가 섬김을 받고자 하면 더욱더 섬기는 자가 되어야 하느니라(막 10:43-44; 마 20:26-27)라고 하신 말씀 안에 섬김은 섬기는 척하는 것이 아니라, 실제로의 섬김입니다. 전하는 자가 전함을 받는자에게 "오직 그리스도 예수를 따라가라"라고 말할 수 있어야 합니다. 그리고 그가 나보다 더 성령 충만하기를, 나보다 더 예수님께 가까이 가기를, 나보다 더 하나님의 복을 더 온전히 누리기를 바라야 합니다. 그래서 모든 자가 진정한 예수님의 제자가 되기를 바라는 마음, 즉 '온전한 섬김의 마음'을 갖게 되는 것입니다.

하지만 거꾸로, 만약에 어떤 사람을 당신의 사람으로 만들려 한다면, 그를 당신보다 더 나은 사람으로 하나님의 뜻 가운데 인도함 받게 하는 것은 불가능한 일이 될 것입니다. 전함을 받는 사람이 전함을 받은 후에, 나보다 더 나은 사람이 되기를 바라야만 합니다. 우리는 그 어느 누구도, '내 사람'이나, 우리보다 못한 사람으로 만들려고 하면 안 됩니다. 오직 예수 그리스도의 사람으로 처음부터 그를, 나보다 더 뜨 거운 하나님의 불로 '땅 끝까지 하나님의 영광을 위하여 보내리라' 하 고 작정하십시오. 만약 '그를 옆에 두리라. 그를 옆에 두고 나의 사람으 로 만들리라' 하는 생각을 갖는다면, 그것은 악한 생각이며, 사탄이 주 는 생각입니다. 그것은 모든 하나님의 말씀과 은사를 다 이용하여 그 를 내 사람이나, 내 소유로 만들려고 하는 사탄의 성품을 닮은 일을 하 는 자가 되는 것입니다.

누구를 전도하고, 그를 위해 기도하고, 금식을 해도, 그를 당신의 사람으로, 소유물로 만들려 하면, 거기에는 하나님의 약속과 축복이 없게 됩니다. 당신이 그를 당신에게 이끌려고 하고, 그를 쥐고 흔들려 고 하면 할수록 하나님께서는 약속하신 능력을 결코 쏟아부어 주시지 않습니다. 허락하실 수가 없습니다.

이것이 하나님의 법칙입니다. 온 우주가 다 하나님의 약속 안에 있 습니다. 그래서 우리의 영적인 모든 것도, 물질적인 것들도 마찬가지 인 것입니다. 스스로를 위해서 움켜쥐려고만 하면 아무리 쌓아도 누리 지를 못합니다. 그러나 많은 사람에게 베풀려고 하면, 적게 있어도 누 리게 하십니다. 자기가 가졌다고 생각하는 사람, 재능, 기술, 힘을 하 나님의 나라를 위해 쓰려 하지 않고 나만을 위해 쓰려고 한다면 결국 은 그것들을 쓰지도, 누리지도 못하게 되는 것입니다. 이것이 신비로 운 하나님의 법칙입니다. 우리가 먼저 하나님의 것이 되어, 하나님의 온전한 사람이 되어, 하나님의 것(즉, 우리 자신을 포함한 우리의 모든 것)

을 아무 거리낌이나 아낌없이 나누는 하나님의 '축복의 통로'가 되려고 하면 비로소 하나님의 마음을 이해하기 시작할 수 있게 되는 것입니다. 반면 하나님의 것이 아닌, '자기 것(본인도 하나님의 것이 아님)'을 나누는 사람은 마음의 부담, 괴로움, 슬픔, 안좋은 기억들의 짐을 덜을 수 있을지는 모르겠지만 아무도 하나님 나라에 가까이 인도하지 못합니다. 아무리 자기의 모든 것(하나님의 것이 아니라 생각하기에)을 불사르게 내어 준다고 해도 천상의 것을 누리지는 못합니다. 오직 하나님의 영광을 위하여 하나님의 것을 나누고, '예수님만이 우리의 목자'되게 할 때, 비로서 천상의 것을 누릴 수 있게 됩니다.

오직 여호와 하나님만 선하십니다

'나'를 위해서 하나님을 찾는 자, 계속 '나만'을 위해서 하나님을 찾는 사람은 하나님을 무시하는 자입니다. '나의 하나님, 나의 하나님' 하면서 하나님을 내 것으로 만들려고 하는 것은 저주를 받는 비결입니다. 하나님은 그 어느 누구에게도 속하실 수 없습니다. 하나님이시기 때문입니다. 하나님께서 원하시는 것을 찾고, 구하십시오. 행복하시고 싶다구요? 물론 하나님께서는 당신이 행복하기를 바라십니다. 당신이 원하는 것들보다 위대한 것들로 채워지길 원하십니다. 또 우리가 하나님께서 주시는 모든 좋은 것들을 갖고 있는 것만이 아니라 하나님께서 보시기에 정하고 바르게 누리기를 바라십니다.

우리 중 선한 사람은 아무도 없습니다. 하나님만 선하십니다. 그러

285
15 오직 예수님만 우리의 목자 이십니다

나 하나님의 자녀가 하나님을 닮아가면 선해지는 것입니다. 진정한 선함은 선한 일을 하는 것이 아니라, 내가 악한 것을 알아 오직 선하신 하나님을 믿고 의지하여 하나님을 닮으려는 최선의 삶을 예배로 살 때, 그의 삶에 '선함'이 하늘로부터 내려앉게 되는 것입니다.

예수님께서도 "선한 선생님이여"라고 묻는 한 사람에게, "예수께서 이르시되 네가 어찌하여 나를 선하다 일컫느냐 하나님 한 분 외에는 선한 이가 없느니라"(막 10:17-18) 하셨습니다. 예수님께서 겸손하셔서 그렇게 말씀하신 것이 아니라, 진심으로 말씀하신 것입니다.

> "내 마음이 매우 고민하여 죽게 되었으니……내 아버지여 만일 할 만하시거든 이 잔을 내게서 지나가게 하옵소서 그러나 나의 원대로 마시옵고 아버지의 원대로 하옵소서 하시고……내 아버지여 만일 내가 마시지 않고는 이 잔이 내게서 지나갈 수 없거든 아버지의 원대로 되기를 원하나이다"(마 26:38-39)

> "아버지여 만일 아버지의 뜻이거든 이 잔을 내게서 옮기시옵소서 그러나 내 원대로 마시옵고 아버지의 원대로 되기를 원하나이다 하시니 천사가 하늘로부터 예수께 나타나 힘을 더하더라 예수께서 힘쓰고 애써 더욱 간절히 기도하시니 땀이 땅에 떨어지는 핏방울 같이 되더라"(눅 22:42-44)

할 만하시거든 잔을 옮겨 달라고 하시는 예수님의 기도를 기억합니까? 땀이 핏방울같이 될 정도로 기도하시고 고민하시고 고뇌하셨습니다. 예수님께서도 싸우셔야만 했습니다. '본인의 의지'와 '하나님의 의도' 가운데서 싸우셔야 했습니다. 육신을 입고 있는 것은 다 그런 것입니다. 그러나 예수님께서는 "그러나 나의 원대로 마시옵고 아버지의 원대로 하옵소서"(마 26:39)하고 기도하셨습니다. 우리가 우리 육신의 연약함과 악함을 인정하고, 오직 하나님 안에서 하나님의 것을 누리며 서로 하나님을 나누는 것보다 더 선한 일은 세상에 없습니다. 그 일이 우리에게 일어나기를 예수님의 이름으로 축복하며 기도합니다.

항상 우리의 생각들과 단어들은 불완전하기에, 서로 이야기하는 단어들과 생각들 가운데 성령님께서 도와주시지 아니하시면 하나님의 말씀을 온전히 나누기가 불가능합니다. 아무리 예쁘게 설명하고 말을 잘해도 인간의 말로는 하나님의 의도를 100% 전할 수 없습니다.

하나님께서 허락하신 단 하나의 방법은, 성령이 있는 자가 성령이 있는 자에게 말씀을 전할 때, 전하는 자도 성령의 뜻 안에서 깨끗하게 하고, 듣는 자도 (목소리만 들으면 안 되고) 성령께서 정하게 거르신 말씀을 들을 때 하나님의 마음이 온전히 들리게 하시는 것입니다.

이것은 하나님께서 도와주시지 아니하시면 하나님의 말씀을 나누는 것, 예배 드리는 것 자체가 불가능하다는 것입니다. 하나님이 없는 예배, 하나님이 도와주시지 않는 성경 공부, 하나님이 함께하시지 않는 일에 무슨 유익이 있겠습니까?

서로에게 자유로워지고, 결국 자기 자신으로부터도 자유로워지기

누가 말씀을 전한다 하며 자기의 생각과 자기의 욕심으로 자기의 유익을 어떻게든지 얻으려고 하고, 말씀을 듣는 자를 자기의 사람으로 만들려고 하면, 하나님의 은혜의 역사가 일어나지 않고 거기에는 오직 악령들의 방해만이 있을 것입니다. 악령들도 좋은 소리를 할 줄 압니다. 그가 완전히 꼬임에 넘어가 죽을 때까지, 어떨 때는 나이 많이 먹어 죽을 때까지 속입니다. 일단 시간만 낭비하게 하면 악령들이 이기는 것이기 때문입니다. 그래서 '종교의 영'이라는 악령들은 평생동안 계속 그를 간절하게 합니다. 자신의 필요를 위해, 마음의 평안을 위해 간절하게 합니다. 그러나 종교의 영은 '하나님 사랑, 이웃 사랑'을 못하게 하고, 아무도 자유하게 하지 못하게 합니다. 오직, 평생 간절하게 합니다. 종교의 영을 더 붙잡도록, 더욱더 간절하게만 합니다. 그러나 항상 모자라고 항상 목마르게만 합니다. 그리하여 아무도 자유하게 하지 못하게 하고, 결국은 본인도 자유롭게 되지 못하게 합니다. 그렇습니다. 아주 교활합니다. 그래서 평생 교회를 다녔어도 아무 일도 안 일어나고, 평생 간증했던 모든 것들도, 감정들의 기복현상일뿐 진정한 간증이 아닌 경우가 많게 됩니다. 우리는 그러지 않기를 쪼개지는 심정으로 기도합니다.

'자유함을 받고 자유하게 하라'가 의의나무 기본 시리즈의 촛점입니다. 의의나무 기본 시리즈의 마지막 장에 '자유함을 받고 자유하게 하라'는 말씀을 전했던 자(여기서는 '저' 겠지요)에게서 자유하게 하는 작업을 하는 것입니다. 당신은 제 말을 듣는 것이 아니고 오직 하나님의 의도만을 깨달아, 하나님께만 가까워져야 합니다. 저와 예수님의 관계보다 당신과 예수님의 관계가 더 가까워 지기를 예수님의 이름으로 축복합니다. 진심으로 축복합니다. 우리가 서로 하나님을 사랑하고 서로를 사랑하여 믿음의 동역자요, 선한 믿음의 행복한 경주자가 되기를 바랍니다. 이 선한 경주의 아름다운 승리자들은 서로를 위해 더 잘 경주할 수 있도록 의로움을 베풀고, 밀어주고 땡겨주는 자들입니다. 이것이 '

주 안에서의 행복한 믿음의 경주'입니다. 하나님의 뜻 안에서 경주하는 서로를 바라본다는 것은 참 행복한 일입니다.

당신이 다른 사람에게 전할 때도, 예수님을 다 전한 뒤에는 당신 자신을 듣는 자에게로부터 자를 줄 알아야 합니다. 당신 스스로를 부인할 줄 알아야 합니다. 그리하면 주 안에서 서로에게 자유로워지고, 비로소 당신은 당신 자신에게로부터도 자유로워지는 일이 일어납니다.

어떤 사람이 예수님께서 그러셨던 것처럼 모든 것을 다해서 3년 반을 가르쳤다고 합시다. 그래도 그는 마지막에 그 사람과 본인과의 관계에 있어서 '그 사람이 더 이상 필요하지 않다'라고 선포할 줄 알아야 하고, 실제로 하나님 앞에서 자를 줄 알아야 합니다.

전도와 교회 부흥

그러면 전도는 어떻게 하고, 교회는 어떻게 부흥하냐구요? 그것은 하나님께서 하시는 것입니다. 진심으로 그 사람이 나보다 더 성령 충만해서 예수님께 가까워지기를 바라고, 정직하게 본인이 아무것도 아님을 고백하며 나에게서 그를 자유롭게 하면 하나님께서 그 진실함을 보시고, 서로 땅 끝까지 함께 예수님의 이름으로 목숨 걸고 가게도 하십니다. 하나님께서 원하시면 말입니다. 그러나 만약 정반대의 다른 땅 끝으로 서로 흩어져 가도 전혀 상관은 없습니다. 왜냐하면 교회는 하나이기 때문입니다. 우리가 예수님을 머리로 한 하나의 교회로써, 예수님 안에서 한몸이기 때문입니다. 예수님을 머리로 한 자들은 자기들이 떼고 붙이고 하는 것이 아니라 하나님께서 하나되게 하시는 것입니다. 그렇게 할 줄 알아야 내가 나에게서 자유롭게 되는 상상도 못했던 일이 일어납니다. 상대방을 나에게서 자유롭지 못하게 붙잡으면, 본인이 무엇이건 상관없이 그 자신이 평생 자기 자신으로부터, 자유롭지 못하게 되는 무서운 일이 일어나게 됩니다. 실제로 많은 목회자들이 본인에게서 자유롭지 못합니다. 예를 들어, 여러 교회 중에 내 교회가 제일 잘나가는 교회가 되기를 바란다면 자기의 욕심에서 자유롭지 못한 것입니다. 자기가 자기 자신의 가장 큰 적이라는 것을 바라보지 못합니다. 다른 사람은 잘 분별하면서도 본인이 본인을 분별하지 못합니다.

당신의 가장 무서운 적이 당신 안에 숨어 있습니다. 어떤 사람을 나의 것으로 만들려고 하거나 내 편으로 만들려고 하는 의도가 있으면, 결코 본인이 본인에게서 자유롭게 되지 못합니다. 자유함받고 자유케 되는 일은 기본이나, 기본의 끝은 서로에게서 자유롭게 됨으로, 그래서 결국은 자신에게도 자유롭게 되도록 종결이 되어야합니다.

이것이 얼마나 감사하고 행복한 일인지 모릅니다. 설명할 필요도 없고 속지 않으시는 하나님 앞에서 실제로 그런 마음을 가지면 되는 것입니다. 얼마나 안전합니까? 그래서 유형의 교회가 교회가 아니요, 무형의 교회가 참 교회이며, 무형의 하나님, 영이신 하나님께서 실제의 하나님이십니다. 하나님께서는 우리의 모든 것을 들여다보고 계시며, 온 우주에 가득 차 계십니다. 전지전능, 무소부재하신 분이십니다. 아무도 진정한 하나님의 교회를 흔들 수도 없고, 깰수도 없고, 부술 수도 없습니다. 한번도 하나님의 교회는 그런 적이 없습니다. 인간의 생각이 흐트러지고 서로 치고 받고 하는 것이지, 하나님의 교회는 한 번도 문을 닫은 적이 없습니다. 교회는 오직 하나님의 교회 하나 밖에 없습니다.

하나님께서 주신 믿음은 기적을 필요로 합니다

주 안에서 진정으로 하나님을 경험하고 누리기를 바랍니다. 그렇지 않으면 얼마나 답답한 일입니까? 매일 듣는데, 아무 일도 일어나지 않고 그냥 듣고 끝난다면 무서운 일 아닙니까? 그래서 이제는 듣는 자와 전하는 자가 서로에게 자유하게 되어 사역을 같이 하는 일이 있어야합니다. 사역은 하나님의 일입니다. 하나님의 사람들이 하나님의 의도대로, '하나님께서 원하시는 것이 뭘까' 고민하며 같이 사역을 해 나갈 때, 아주 재미있는 드라마가 일어납니다.

많은 사람들이 자기 귀에 듣기 좋은 말을 찾아다닌다고 합니다. 그러나 하나님이 없는 일의 성취와 행복은 없습니다. 그래서 아무리 찾고 헤매도 결국은 만족이 없는 것입니다. 당신은 속지 마십시오. 제발 무슨 척 하지 마십시오. 믿는 척 하지도 마십시오. 믿으십시오. 다들 믿는 척을 잘합니다. 그러나 믿는 척해야 아무 일도 일어나지 않습니다. 믿어야 합니다.

믿음은 기적을 하나님의 영광을 위해 요구할 줄 알아야 합니다. 물론 '내일 해가 뜬다'는 것과 같은 것은 기적을 필요로 하지 않습니다. 당연한 일(모두 다 알고 있는)이기 때문입니다. 그러나 남들이 안 된다고 해도 오직 하나님이 원하시면 될 것으로 믿는 것이 하나님께서 우리에게 주신 믿음이 아니겠습니까? 문제는 우리가, 내가 할 수 있느냐가 중요한 것이 아니라 단지 하나님께서 원하시느냐만 분별하며 나아가는 것이 중요합니다. 하나님이 원하시면 다 될 것이기 때문입니다.

그런데 믿는다고 하면서 될 만한 것만 믿고, 그리하여 또 죽으면 천국에 갈 것을 믿는다고 합니다. 아니, 죽기 전에 아무 일도 경험하지 못했는데 죽은 후에 천국에 갈 것은 어떻게 믿습니까?

믿음은 '보험'이 아닙니다. 일주일에 몇 번 교회에 가서 하나님께 얼굴을 비추면, 영원한 보험에 들게되는 것이 아닙니다. 얼마나 무서운 일입니까? 얼마나 값싼 보험입니까?

거짓 믿음으로 지옥에 보험들지 마시고, 이 땅에서 하나님의 약속을 누리고 살다가, 어느 날 눈 떠 보면 하늘나라에 가 있으시기를 바랍니다. 우리가 하늘나라 가기 전에 이 땅에서 하나님을 누리게 하시기 위해 예수님께서 이 땅에 오신 것 아니겠습니까? 이 땅에서 온전한 하늘의 사람이 되고, 천국을 누리고, 나아가 천국을 나누어 주는 하나님의 존귀한 자들이 되기를 예수님의 이름으로 축복합니다.

그러기 위해서는 오직 예수님만 참목자되시게 해야만 합니다. 바로 예수님을 따라 다니는 삶을 말하는 것이지요. 누가 본인이 목자라 하며, '양 떼가 오직 본인, 한 목자에게만 있어야 된다'고 이야기하거든, '맞습니다. 그러나 그 참목자는 당신이 아니라 예수님입니다'라고 담대히 말하는 사람이 되십시오. 오직 예수님만 열심히 주야로 따라다니는 사람이 되십시오. 주 안에서는 행복한 일들이 많습니다. 점점 더 행복하게 사십시오. 점점 더 멋있게 사십시오. 점점 더 하늘나라의 영향권 안에 들어가십시오. 점점 더 수많은 사람들에게 축복의 통로의 삶을 사십시오. 하나님은 이미 준비가 다 되셨습니다. 우리만 잘하면 됩니다. 제발 행복하십시오. 오직 예수님만 목자되게 하셔서 복이 미어터지게 행복한 삶을 살기를 예수님의 이름으로 축복합니다.

"내가 친히 내 양의 목자가 되어 그것들을 누워 있게 할지라 주 여호와의 말씀이니라 그 잃어버린 자를 내가 찾으며 쫓기는 자를 내가 돌아오게 하며 상한 자를 내가 싸매 주며 병든 자를 내가 강하게 하려니와 살진 자와 강한 자는 내가 없애고 정의대로 그것들을 먹이리라 주 여호와께서 이같이 말씀하셨느니라 나의 양 떼 너희여 내가 양과 양 사이와 숫양과 숫염소 사이에서 심판하노라 너희가 좋은 꼴을 먹는 것을 작은 일로 여기느냐 어찌하여 남은 꼴을 발로 밟았느냐 너희가 맑은 물을 마시는 것을 작은 일로 여기느냐 어찌하여 남은 물을 발로 더럽혔느냐 나의 양은 너희 발로 밟은 것을 먹으며 너희 발로 더럽힌 것을 마시는도다 하셨느니라 그러므로 주 여호와께서 그들에게 이같이 말씀하시되 나 곧 내가 살진 양과 파리한 양 사이에서 심판하리라 너희가 옆구리와 어깨로 밀어뜨리고 모든 병든 자를 뿔로 받아 무리를 밖으로 흩어지게 하는도다 그러므로 내가 내 양 떼를 구원하여 그들로 다시는 노략 거리가 되지 아니하게 하고 양과 양 사이에 심판하리라 내가 한 목자를 그들 위에 세워 먹이게 하리니 그는 내 종 다윗이라 그가 그들을 먹이고 그들의 목자가 될지라 나 여호와는 그들의 하나님이 되고 내 종 다윗은 그들 중에 왕이 되리라 나 여호와의 말이니라 내가 또 그들과 화평의 언약을 맺고 악한 짐승을 그 땅에서 그치게 하리니 그들이 빈 들에 평안히 거하며 수풀 가운데에서 잘지라 내가 그들에게 복을 내리고 내 산 사방에 복을 내리며 때를 따라 소낙비를 내리되 복된 소낙비를 내리리라 그리한즉 밭에 나무가 열매를 맺으며 땅이 그 소산을 내리니 그들이 그 땅에서 평안할지라 내가 그들의 멍에의 나무를 꺾고 그들을 종으로 삼은 자의 손에서 그들을 건져낸 후에 내가 여호와인 줄을 그들이 알겠고 그들이 다시는 이방의 노략 거리가 되지 아니하며 땅의 짐승들에게 잡아먹히지도 아니하고 평안히 거주하리니 놀랠 사람이 없으리라 내가 그들을 위하여 파종할 좋은 땅을 일으키리니 그들이 다시는 그 땅에서 기근으로 멸망하지 아니할지며 다시는 여러 나라의 수치

를 받지 아니할지라 그들이 내가 여호와 그들의 하나님이며 그들과 함께 있
는 줄을 알고 그들 곧 이스라엘 족속이 내 백성인 줄 알리라 주 여호와의 말
씀이라 내 양 곧 내 초장의 양 너희는 사람이요 나는 너희 하나님이라 주 여
호와의 말씀이니라" (겔 34:15-31)

하나님께서는 "내가 친히 내 양의 목자가 되어 그것들로 누워 있게
할지라"(겔 34:15)라고 하시면서 '목자'는 오직 여호와 하나님이시라는
것과 '양'은 사람이라는 것을 분명히 하셨습니다.

하나님께서만 직접 양 떼들을 구원하실 수 있기 때문에 양 떼들이
다시는 노략거리가 되지 않게 하기 위하여 하나님께서만 온전히 목자
가 되셔야 합니다. 예수님께서도 그 일을 증명하기 위하여 오셨고, 예
수님만이 '선한 목자'이신 것을 강조하셨습니다. "나와 아버지는 하나
이니라"(요 10:30)라고 말씀하신 예수님만이 온전한 목자가 되실 때, 오
직 여호와 하나님만이 목자가 되신다고 선포합니다.

목자 흉내를 내는 살찐 양은, 여호와께서 주신 좋은 꼴을 당연하게
여기고, 여호와께서 주신 물을 먹고서 남은 물을 발로 더럽혀서 다른
사람에게 준다고 합니다. 같은 양들인데, 살찐 양과 파리한 양이 있다
고 합니다. 먼저 먹었다고, 자기가 잔뜩 먹고, 다른 양은 자기의 찌꺼
기만 주는 양은 하나님께서 주신 생명수를 자기가 먼저 먹고 남은 물
을 발로 더럽혀서 파리한 양에게 준다는 것입니다. 살찐 양은 목자가
아니면서 목자 흉내를 내는 자들입니다. 목자인 척하는 자들은 영적
인 힘과 권세가 있는 것처럼 힘으로 밀어뜨리고, 병든 자를 뿔(권세)로
받아 예수님 안에 거하지 못하게 하고 예수님의 은혜 밖으로 쫓아낸
다고 합니다.

하나님께서는 목자인 척하는 살찐 양에게서 그들이 먹고 발로 더럽힌 물을 먹는 파리한 양을 구하여 내어 다시는 노략거리가 되지 않게 하겠고, 그 사이에 심판하겠다고 하십니다. 그리고 한 목자, 예수님을 세워 그들을 먹이고, 하나님이 하나님 되시게 하겠다고 하십니다. 이것은 변하지 않는 하나님의 말씀입니다. 하나님의 음성을 먼저 들은 양이 있을 수 있습니다. 그러나 목자이시자 왕이신 분은 오직 예수님밖에 없습니다. 성령이 임한 우리는 왕 같은 제사장, '왕 노릇' 하는 자들입니다. 그러나 진정한 왕은 오직 예수님 밖에 없습니다.

예수님만 목자되시게 하는 것이
왜 그렇게 힘이 듭니까?

예수님만 목자되시게 하는 것이 왜 그렇게 마음을 들끓게 합니까? 왜 그렇게 힘이 듭니까?

끊임없이 얻으려 하고, 누리려 하고, 영권이라는 말로 감정으로 누르려고 하면서 순종하지 아니하면 '죄를 받는다'는 등, 자기가 원하는 대로 사람들을 이끌려고 하는 모든 것이 바로 사탄의 마음이며, 루시퍼의 마음입니다. 그런 악마의 마음을 흉내내려는 사람들이 많습니다. 흉내를 내다 보면 어느덧 그 열매를 먹고 있는 자신을 발견하게 되는 것입니다. 영원한 죽음과 멸망의 열매들 말입니다.

우리도 조심하지 않으면 같은 죄를 지을 수 있는 부족한 사람들입니다. 스스로를 조심하십시오. 자신에게 너무 관대하지 마십시오. 항상 좋은 마음으로 서로 분별해 주고 서로 세워 주는 교회의 행복이 여러분 안에 있기를 예수님의 이름으로 축복합니다.

> "내가 한 목자를 그들 위에 세워 먹이게 하리니 그는 내 종 다윗이라 그가 그들을 먹이고 그들의 목자가 될지라"(겔 34:23)

하나님께서 이렇게 분명하게 말씀하셨습니다. 얼마나 더 분명하게 말씀하셔야 합니까?

하나님께서 이렇게 단호히 말씀하신 것은 '악한 짐승'을 땅에서 그치게 하기 위해서입니다(겔 34:25). 오직 예수님만 목자되시고, 하나님만 하나님 되실 때, 그들의 삶에서 악마의 방해가 그칠 것이라는 것입니다. 사탄이 그것을 알기 때문에 그들로 예수님의 이야기를 많이 하게 하고, 끝에 가서 목자가 예수님이 아니라 전하는 자가 되게 하는 것입니다. 악한 짐승을 그치게 할 수 있는 능력이 없도록 말입니다. 예수님만 목자가 되지 않게 한다면, 그렇다면 언제든지 넘어뜨릴 수 있기 때문입니다.

사탄은 목사가 목자라고 생각하는 사람들에게, 언제든 사람인 그자에게 실망하여, '섭섭'하게만 하면 됩니다. '에잇, 안 믿어.' 하고서 어영부영 실망 속에 뒹굴다가 나이 먹을 때까지 또, "목자다운 목자없나?" 하며 방황하며 헛수고하게 합니다. 또 사탄은 아주 뛰어난 종교인, 본인이 성령 충만(거룩한 감정 충만)하다고 생각하는 사람들 중 '내가 진정한 참목자가 되리라!'라는 황당한 생각들을 지속적으로 심어 주어 결국은 참목자이신 예수님만을 통한 하나님을 향한 생명의 길을 막는 자가 되게 하는 것입니다. 이런 사람들이 많아져야 그 사람들 때문에 다른 수많은 사람들이 보고 안 믿을 것 아닙니까? 그리고 그 불쌍한 사람은 자기가 잘 믿는다고 의심없이 생각하게 놔두는 겁니다. 이 얼마나 사탄이 보기에 효과적인 작전입니까?

그렇습니다. 의인은 단 하나도 없기에 사람이 목자가 되면 반드시 시험에 듭니다. 여러분은 그런 삶을 살지 않기를 바랍니다.

물론 목사라는 기능을 담당하는 사람들은 말씀 선포의 사역을 감당할 수 있도록 교회에 선물로 허락한 사람들입니다. 그러나 우리 하나님의 자식들 중 그 어느 누구도 기능성에 매이지 말고 목사, 선교사, 전도사 등등 그 어떤 이름들이나 명칭보다 더 뛰어난 하나님의 자녀의 삶을 살기를 바랍니다. 예수님만 목자되시게 하면 하나님께서 그렇게 인도하실 것입니다.

여호와께서는 예수님만이 목자된 사람의 삶(땅)에서 어둠의 공격(악한 짐승)이 없게 하십니다. 예수님만 목자된 사람들은 시험들 일이 없습니다. 그러나 사람이 목자되면 반드시 시험들 일이 생깁니다. 예수님만 목자되시게 할 때, 그들이 안전합니다.

하나님께서 그의 삶, 그의 땅을 하나님께서 말씀하신 대로 회복된 땅이 되게 하실 것이며, 그렇게 하나님의 의도만을 바라보는 모든 사람들은 하나님의 양들이 될 것이며, 하나님은 그들의 하나님이 되시겠다고 하십니다. 또 이와 더불어 한 목자이신 예수님만을 목자로 따르고, 그의 음성대로 순종하는 자들에게는 약속하신 축복들을 주십니다.

예수님만 목자되시게 하여 심령의 깊은 곳에 생명이 넘치는 일이 있기를 바랍니다.

◎ 복을 받게 됩니다(나의 사면 모든 곳도).

◎ 때를 따라 비를 얻되 복된 장마비입니다.

◎ 하는 일마다 열매를 맺게 됩니다(심은 대로)

◎ 모든 종살이에서 자유하게 됩니다.

◎ 누구에게도 빼앗기거나 침해당하지 않습니다.

◎ 절대 기근으로 멸망하지 않습니다.

◎ 다시는 그 어느 누구에게도 수치를 받지 아니할 것입니다.

예수님만 목자되시면

화평하게 됩니다

인간과 인간 사이에 목자의 개념으로, 서로 높음과 낮음을 따짐으로 인한 싸움이 종식됩니다. 화평하지 않으십니까? 예수님께서 목자되시지 않은 것입니다.

문제에서 자유하게 됩니다

예수님만이 목자인 사람은 악한 짐승이 그 땅에서 그치게 됨으로 말미암아, 그 악한 짐승이 땅에 일으키는 모든 문제에서 자유하게 됩니다. 문제가 많습니까? 목자이신 예수님께 물어보고 예수님께 달려가십시오. 악한 짐승을 그 땅에서 그치게 하신다고 약속하셨지 않습니까?

평안 속에 있게 됩니다

예수님만이 목자되실 때 약속하신 모든 축복이 임하게 됩니다. 예수님말고 다른 사람이나 우상이 목자되게 하면 그 축복들이 없게 하겠다는 것입니다.

> "여호와는 나의 목자시니 내게 부족함이 없으리로다 그가 나를 푸른 풀밭에 누이시며 쉴 만한 물 가로 인도하시는도다 내 영혼을 소생시키시고 자기 이름을 위하여 의의 길로 인도하시는도다 내가 사망의 음침한 골짜기로 다닐지라도 해를 두려워하지 않을 것은 주께서 나와 함께 하심이라 주의 지팡이와 막대기가 나를 안위하시나이다 주께서 내 원수의 목전에서 내게 상을 차려 주시고 기름을 내 머리에 부으셨으니 내 잔이 넘치나이다 내 평생에 선하심과 인자하심이 반드시 나를 따르리니 내가 여호와의 집에 영원히 살리로다" (시 23편)

'여호와는 나의 목자시니'라고 누가 시편 23편의 말씀을 전할 때도 전하는 자나 듣는 자 모두 다 양들이 되어야만 합니다. 그래서 우리 모두 사망의 음침한 골짜기를 다닐지라도 해(害, Evil)를 두려워하지 않게 되는 것은 오직 예수 그리스도께서 우리의 목자이시기 때문입니다. 목자는 때로 더 이상 초장이 보이지 않을 때 아무도 모르는 지름길로 양들을 몰고 가며, 사망의 음침한 골짜기 같은 길을 지날 때가 있습니다. 그 길은 한 번도 가 보지 않았던 어둠에 속한 골짜기라 사망의 음침한 길로 보일 때가 있으나, 그 길은 목자가 지키시는 길이기에 우리의 목자되신 예수께서 그만을 바라보는 양들 중 그 어느 누구도 해를 받지 못하게 하실 것입니다.

하나님의 방법으로 가뭄을 견딘 자에게

하나님께서 풍년이 있게 하십니다

"너희는 하나님과 재물을 겸하여 섬길 수 없느니라" (눅 16:13)

예수님이 목자가 아니라 돈이나 필요를 따라가면, 돈이나 필요가 그 사람에게 목자입니다. 하나님께서 우리 믿는 자들을 뛰어나게 하십니다. 돈이나 필요만을 찾아 헤메거나 매이지 않을 뿐이지 하나님께서는 우리에게 재물 얻을 능력과 재물의 복을 주시고, 물질의 복을 주시기를 바라십니다. 돈은 선도 아니고 악도 아니고, 그저 흐름(Currency)입니다. 실제로 하나님의 복락을 누리시려면 하나님의 뜻 안에서 가뭄도 견딜 줄 알아야 합니다. 그러면 하나님의 방법으로 가뭄을 견딘 자에게 하나님께서 풍년이 있게 하십니다.

간사한 믿음을 갖지 마십시오. 안 주면 금방 삐지는, 견딜 줄 모르는 아무 쓸데없는 간사한 믿음을 갖지 마십시오. 간사한 믿음을 가진 자는 예수님만이 목자되신다고 말하기를 두려워합니다. 간사하기 때문입니다. 가뭄을 통과할 각오를 못하기 때문입니다.

열매를 맺는 나무는 몇 년은 자라야 하지 않습니까? 하나님의 믿음의 열매가 영글어 그 열매를 누리려면, 가진 게 없어도 퍼 줄 수 있는 자세가 필요하고 내가 아파도 다른 사람의 아픔을 돌볼 수 있는 자로서 자기 자신에게서 자유롭게 되는 자가 축복의 통로로 쓰임을 받는 것입니다. 예수님만이 목자라고 선포하지 못하는 자는 물질에 약한 자입니다. 예수님께서 목자가 되시게 해야, 물질을 목자로 섬기지 않게 됩니다. 그러려면 영그는 믿음이 있어야 합니다. 유치한 믿음, 파렴치한 믿음이 아니라 영그는 믿음, 자란 믿음, 장성한 믿음이 있는 사람이 되시기를 예수님의 이름으로 축복합니다.

쉽게 믿고, 쉽게 살고, 일확천금을 노리며 허망한 것에 마음을 두고 살지 말고, 하나님을 붙들고, 약속을 붙잡고, 갈팡질팡하지 말고 그의 뜻을 따라 그의 뜻이 무엇인가 고민하며 여지껏 한 번도 하지 않았던 그 일을 하십시오. 천국은 침노하는 자의 것입니다(마 11:12). 침노한다는 것은 부수고 들어가는 것입니다. 입으로는 '믿습니다' 하면서, 아무 일도 하지 않고 기다리면 결국 아무 일도 일어나지 않습니다.

예수님이 목자인 자는 목자가 오라고 하시는 대로 목자의 음성을 듣고 따라가는 자이지, 내가 원하는 대로 아무데나 가서 있으면 그게 무슨 목자의 음성을 듣는 자입니까? 예수님께서 원하시는 일을 묻고 순종하는 사람이 되기를 예수님의 이름으로 축복합니다. 예수님만이 목자되시면 하는 일마다 열매를 맺게 하십니다. 심은 대로 거두게 하십니다. 가난과 질병, 그릇된 습관과 기억에서도 자유롭게 하십니다.

예수님은 내가 원하는 것을 들어주시는 분이 아닙니다. 우리가 그가 원하는 것을 듣고 행할 때 우리에게 하나님이 원하시는 제일 좋은 일이 일어나는 것입니다. 많은 때에 잘 이해가 안 되고 손해를 볼 것 같을 때가 있습니다. 그러나 아무리 그렇더라도 양이 목자만 하겠습니까?

주님이 말씀하시면, 그때 '네, 주님'하고 순종하십시오. 때로 이해가 되지 않고 계산이 되지 않아도 하나님의 음성이라면 양심을 따라 순종한 이후, 그 이후에 따질 것이 있거든 따지십시오.

끝까지 순종하는 자는 하나님께서 대면하고 말씀하십니다. 그의 짧은 음성, 'No', 'Yes'를 들을 수 있는 자가 긴 음성도 들을 수 있는 것입니다. 양심을 따라 그의 음성을 듣고 예수님과 친해지는 사람이 되기를, 그래서 하나님의 친구 같은 자녀가 되기를 예수님의 이름으로 축복합니다.

우리를 위해서 죽으시고 부활하실 수 있었던 단 한 분 예수님만이 선한 목자이십니다

목자는 우리는 위해 죽으시고 부활하셔서, 우리를 천국으로 인도하시는 분만이 목자이십니다. 목자는 그의 양들을 영생으로 이끄시는 분입니다.

"내가 진실로 진실로 너희에게 이르노니 문을 통하여 양의 우리에 들어가지 아니하고 다른 데로 넘어가는 자는 절도며 강도요 문으로 들어가는 이는 양의 목자라 문지기는 그를 위하여 문을 열고 양은 그의 음성을 듣나니 그가 자기 양의 이름을 각각 불러 인도하여 내느니라 자기 양을 다 내놓은 후에 앞서 가면 양들이 그의 음성을 아는 고로 따라오되 타인의 음성은 알지 못하는 고로 타인을 따르지 아니하고 도리어 도망하느니라 예수께서 이 비유로 그들에게 말씀하셨으나 그들은 그가 하신 말씀이 무엇인지 알지 못하니라 그러므로 예수께서 다시 이르시되 내가 진실로 진실로 너희에게 말하노니 나는 양의 문이라 나보다 먼저 온 자는 다 절도요 강도니 양들이 듣지 아니하였느니라 내가 문이니 누구든지 나로 말미암아 들어가면 구원을 받고 또는 들어가며 나오며 꼴을 얻으리라 도둑이 오는 것은 도둑질하고 죽이고 멸망시키려는 것뿐이요 내가 온 것은 양으로 생명을 얻게 하고 더 풍성히 얻게 하려는 것이라 나는 선한 목자라 선한 목자는 양들을 위하여 목숨을 버리거니와 삯꾼은 목자가 아니요 양도 제 양이 아니라 이리가 오는 것을 보면 양을 버리고 달아나나니 이리가 양을 물어 가고 또 헤치느니라 달아나는 것은 그가 삯꾼인 까닭에 양을 돌보지 아니함이나 나는 선한 목자라 나는 내 양을 알고 양도 나를 아는 것이 아버지께서 나를 아시고 내가 아버지를 아는 것 같으니 나는 양을 위하여 목숨을 버리노라 또 이 우리에 들지 아니한 다른 양들이 내게 있어 내가 인도하여야 할 터이니 그들도 내 음성을 듣고 한 무리가 되어 한 목자에게 있으리라 내가 내 목숨을 버리는 것은 그것을 내가 다시 얻기 위함이니 이로 말미암아 아버지께서 나를 사랑하시느니라 이를 내게서 빼앗는 자가 있는 것이 아니라 내가 스스로 버리노라 나는 버릴 권세도 있고 다시 얻을 권세도 있으니 이 계명은 내 아버지에게서 받았노라 하시니라"(요 10:1~18)

이와 같이 목자되신 분은 단 한 분 예수님뿐이십니다. 즉, 교회도 하나이며, 목자도 하나이십니다.

그러면 목사는 무엇이냐고요? 목사는 목사입니다. 하나님이 허락하신다면 예수님의 양들을 치는, 먼저 음성을 들은 또 하나의 양일 뿐입니다. 같은 요한복음의 21장에서 예수님의 수제자라 할 수 있는 베드로에게 하신 말씀을 살펴보아도 알 수 있습니다. 15절 말씀에서 베드로에게, 예수님의 양, 즉 "내 어린양을 먹이라" 하시고 16절에서 "내 양을 치라", 17절에서 다시 "내 양을 먹이라"고 명하셨습니다. 우리의 양이 아닌 예수님의 양들을 말입니다.

물론 성령 하나님의 허락으로 오직 성령 충만할 때에 목자되신 그리스도 예수의 심정을 같이 지닐 수는 있으나, 다시 분명히 말하지만 참목자가 되는 것은 아닙니다.

이 사실이 분명해질 때, 그제서야 비로소 "가르쳐 지키게 하라"를 할 수 있는 것입니다. 그래야 나의 것을 가르치려 하지 않을 것 아닙니까? 내가 목자라고 생각하면, 내가 원하는 것을 가르치려고 할 것 아닙니까? 오직 예수님만 목자되시게 할 때, 그의 것을 가르치고 그의 것을 지키게 할 것입니다. 우리의 것이 아닌, 오직 목자되신 예수님의 가르침만을 알게 해야 합니다. 지금, 우리의 중심을 보고 계시는 하나님의 눈동자를 피해서 할 수 없는, 너무나도 중요한 사실이기에 다시 한번 상기 시켜드립니다. 그럴 때만이, 하나님의 도우심을 받고 오직 성령 충만함으로 예수 그리스도의 말씀의 진수를 깨닫게 하실 것입니다.

당신의 도움을 기다리고 있는 하나님의 백성들에게, 예수 그리스도의 양들에게 하나님께서도 분별력을 주시고, 같은 목자의 음성, 예수님의 음성만을 약속하신 대로 당신을 하나님의 축복의 통로로 쓰시는 희열을 맛보십시오.

진정으로 하나님의 천국의 비밀을 나누어 주고 싶습니까? 당신 앞에서 하나님의 백성들이 살아나는 것을 보고 싶으십니까? 기적을 경험하고 싶습니까? 본인의 생각과 아이디어를 전하지 마십시오. 헷갈리기만 합니다. 잘 모르면 예수님을 보라고 하십시오. 오직 예수님만이 우리의 목자라고 선포할 때, 하나님께서 그 마음을 보시고 기적을 일으키십니다. 하나님께서 약속하신 지혜와 계시의 영, 또 학자의 혀를 경험하십시오. 할렐루야!

지상 대명령

"예수께서 나아와 말씀하여 이르시되 하늘과 땅의 모든 권세를 내게 주셨으니그러므로 너희는 가서 모든 민족을 제자로 삼아 아버지와 아들과 성령의 이름으로 세례를 베풀고내가 너희에게 분부한 모든 것을 가르쳐 지키게 하라 볼지어다 내가 세상 끝날까지 너희와 항상 함께 있으리라 하시니라" (마 28:18-20)

의의나무 시리즈를 하는 이유도, 또 모든 성경 공부를 하는 이유도 사실 하나님의 이 명령을 지키기 위해서입니다. 예루살렘과 유대와 사마리아와 땅 끝까지 모든 족속으로 오직 예수님의 제자를 삼기 위한 것입니다. 그러면 하나님께서 아버지와 아들과 성령의 이름으로 도와주시겠다고 하십니다. 세례를 주게 하시고 능력과 권능을 주시고, 우리는 우리에게 예수님께서 분부한 모든 것을 가르쳐 지키게 하라고 하십니다. 그렇게 하면 세상 끝 날까지 예수님께서 항상 함께하시겠다고 하십니다.

이 일을 위해서 허락하신 하늘과 땅의 모든 권세는 함부로 쓰여서도 안 되며, 이 권세가 쓰일 때는 창조주 하나님과 구원자 예수님, 하나님의 성품으로 들어와 대화하시는 성령님의 이름으로 다시 태어나게 하고, 즉 세례를 주고 하나님의 자녀의 삶을 살 수 있도록 예수님의 올바른 가르침만을 '가르쳐 지키게 하라'고 명하신 것입니다. 이 일에 순종하려 할때에 "볼지어다", 즉 확실히 함께 계시다는 것을 증명하시겠다는 것입니다. 예수님께서 직접 약속하신 이 사실을 경험할 것입니다.

권능의 삶

"오직 성령이 너희에게 임하시면 너희가 권능을 받고 예루살렘과 온 유대와 사마리아와 땅 끝까지 이르러 내 증인이 되리라 하시니라" (행 1:8)

권능의 삶은 예수님만이 목자되시게 하는 삶이며, 성령이 임한 삶입니다(성령=권능=증인의 삶). 성령 하나님을 무슨 에너지나 힘으로만 생각하게 하는 것도 사탄의 공격입니다. 권능의 삶에는 반드시 하나님의 성품이 나타나야 하며, 그 일로 인해 살아 계시고 역사하시는 하나님이 드러나셔야만 합니다. 예수님이 나의 목자이시면 예수님을 닮은 성품이 삶 가운데 일어나야만 합니다. 예수님이 나의 목자라고 하면서 하나님의 자녀의 성품이 없으면 그냥 입으로만 하는 말입니다. 입으로만 하는 것을 믿지 말라는 것입니다. 역사하시는 하나님이 그의 삶에 드러나야만 합니다. 성령이 임하시면 자연적인 결과로 예수님의 증인(My Witness)이 됩니다. 그래서 "되리라"라고 강하게 말씀하신 것입니다.

"But you will receive power when the Holy Spirit comes on you; and you will be my witnesses"

권능의 삶은 능력의 삶이며, 하나님의 능력으로 인해 증인의 삶을 살 수 있게 되는 것입니다. 증인의 삶은 역동적인 삶이며, 그 삶은 반드시 능력의 삶의 영역을 넓혀 나가야만 합니다. 진정으로 예수님이 목자되시면 자연스럽게 예수님의 약속이 일어난다는 것입니다.

만일 예수님의 약속이 일어나지 않으면, 불평하지 말고 예수님만이 더 목자되게 하십시오. "예수님이 하라시는 대로 하지 않은 게 있지 않나?" 돌아보고 예수님께 "어떻게 할까요?"하고 물어 보십시오. 물어보지 않은 삶은 예수님의 양의 삶이 아닙니다. 양은 목자의 목소리를 듣습니다. 양은 할 수 있는 게 아무것도 없습니다. 양은 스스로를 방어할 수 있는 방법이 없습니다. 양은 거꾸로 제대로 넘어지면 혼자 일어서지도 못합니다. 그래서 반드시 목자가 필요한 것이 양입니다. 그런데 여태까지 예수님께 물어보지도 않고 길도 묻지 않고 나 혼자 살았으면 양이 아닙니다. 어느 누구도, 예수님께서 목자로서 양에게 하시는 그 일, 그 능력의 인도하심을 대신할 수는 없습니다. 예수님의 그 능력이 우리에게 없다는 것을 분명하게 깨달아 알아야만 합니다. 오직 예수님께만 그 능력이 있습니다. 그의 의견을 묻고 그의 말씀을 믿고, 예수님께서 원하시는 대로 생각하고 결정하고 살려고 하는 사람을 보고 양이라고 하는 것입니다.

예수님의 양된 기억이 없습니까? 그러면 오늘부터 그의 목소리를 듣는 양이 되기를 예수님의 이름으로 부탁드립니다. 확인하십시오. 예수님의 양이 되면 반드시 증인의 삶으로서의 역동성이 일어납니다.

지리학적 측면에서만이 아니라, 영적인 측면을 넓혀야만 합니다. 눈에 보이는 땅 끝만이 아닌 마음에서 가장 먼 자들에게도 이젠 이웃 사랑을 해야만 합니다. 때론 가장 가까운 데에 있는 사람이 어쩌면 가장 마음이 먼 땅 끝이 아닌지 분별하기 시작하십시오.

가장 무서운 땅 끝이 본인일 수 있습니다. 자기가 목자인 척 흉내내는 삶에게는 가장 먼 땅 끝이, 바로 자신이 되버리는 것입니다.

"내가 내 몸을 쳐 복종하게 함은 내가 남에게 전파한 후에 자신이 도리어 버림을 당할까 두려워함이로다"(고전 9:27)

교만한 자는, 즉 스스로를 쳐 복종시키지 못하는 자는 남에게 예수님을 목자로 전하고 본인은 천국에 못 갈 수 있는 위험이 있습니다. 그러나 예수님만이 목자라고 선포하면 본인이 본인에게서 자유로워집니다. 그런 삶을 살도록 예수님의 이름으로 축복합니다.

그리고 이젠 새로운 삶을 통해, 멋있는 삶을 통해, 자유한 삶을 통해, 그들을 또한 자유하게 하는 증인의 삶을 사십시오. 자유함을 받고 자유하게 하는 말씀을 듣기만 하는 자가 아닌, 말씀이신 예수 그리스도의 살을 먹고 그의 피를 마시어 '말씀 자체'가 되어 살아가길 예수님의 이름으로 축복하며 기도합니다.

그리하여서 진정으로 하나님 아버지께서 직접 하나님의 영광을 위하여 심어 주시는 의의나무의 삶을 살아가게 되길 바랍니다.